그리스문학 연구

프리드리히 슐레겔 지음

이병창 옮김

목 차

일러 두기

이 책은 『Kritische Friedrich Schlegel Ausgabe』, hg. v. Ernst Behler, Padeborn, 1958, Bd. 1에 실린 『Über das Studium der griechische Poesie』를 번역하였다. 이 책은 1797년 Michaelis출판사에서 발간한 초판과 일치한다.

1822년 Myer출판사에서 발간한 전집 속에서 수정된 재판은 역주 속에 번역하였다.

괄호 안의 숫자는 비판 전집 1권의 페이지를 표시한다.

번역 중에 [ ] 표시는 번역에 대한 번역자의 설명이며 ( ) 표시는 실제 본문 중에 나오는 괄호이다.

서문 [1]

그리스문학의 역사 전체는 연설의 역사나 역사서[書]의 역사도 포함한다. 그리스에 대한 전문가의 올바른 판단에 따르자면 사실만을

---

1 역주: 이 『그리스문학 연구』의 본문은 1795년 작성되어 1797년 출판사에서 출판되었다. 이 『그리스문학 연구』는 원래 그리스문학과 로마 문학에 대한 전반적 연구의 서론으로 쓰였다. 그래서 이 연구는 그리스문학과 근대문학 전체를 아우르는 일반적 문학론을 전개한다. 슐레겔은 나머지 본론에 해당되는 부분을 끝내 작성하지 못하였다. 결과적으로 이 『그리스문학 연구』는 『그리스문학 연구 1권』이라는 제목으로 발간되었다. 발간 직전 『그리스문학 연구』의 「서론」이 작성되었다. 슐레겔은 이 『그리스문학 연구』의 「서론」에서 완성되지 못한 본론 부분을 전체 논집의 2권이라고 지칭하면서 추후 발간될 것이라고 예고한다.

슐레겔은 1822년부터 자신의 전집을 발간하려고 시도했다. 전집 발간은 10권까지 발간한 이후 1825년 중단되었다. 이때 그는 1797년 발간한 이 『그리스문학 연구』를 상당히 수정하였다. 수정된 『연구』는 1822년 발간되었다. 아래 여러 주에서 『재판』이라고 지칭된 것은 이렇게 수정된 1822년 판 『연구』를 말한다. 수정된 내용은 상당히 많지만 거의 대부분 표현의 변경이나 부연 설명에 해당된다.

말한다는 투키디데스의 역사서는 동시에 아름다운[2] 문학이기도 하다
[3]; 또한 [205]데모스테네스[4]의 웅변은 소크라테스의 대화편들과 마찬
가지로 지적인 이해라는 특정한 목적 때문에 문학적 상상력이 부족하
기는 하지만 그럼에도 상상력의 자유로움을 전적으로 결여하는 것은
아니다. 또한 이를 아름답게 낭송하는 의무가 면제되는 것도 아니다.
왜냐하면 이런 웅변 속에서도 아름다움이 존재함에 틀림없기 때문이
다. 어떤 이야기라도 아름다움을 주요 목적이나 부차적 목적으로 삼
고 있는 한 전적으로든 부분적으로든 문학이다. −나아가서 그리스문

---

2 역주; 슐레겔에 '아름다움'이라 하는 경우 넓은 의미와 좁은 의미가 있다.
넓은 의미에서는 일반적으로 예술이 지닌 아름다움을 의미한다. 그런데 좁은
의미에서 아름다움이라는 말을 쓰는 경우에는 유기적 통일성을 지닌 고전미 즉
심미적(ästhetic) 아름다움을 의미한다. 번역상 모두 아름다움으로 번역했으니
독자가 본문 중에 두 의미를 가려서 읽어야 한다. 독일어 원어는 das Schöne
이다. 문맥에 따라 '아름다움'이라는 추상명사나, '아름다운 것'이라는 개별명사로
번역되었다.

3 영어 번역 주: 아리스토텔레스의 『시학』(38-51b1)을 보라. "그러므로
역사서와 문학의 차이는 시적인 언어인지 아니면 산문적인 언어인지에 있지
않다." 헤로도토스의 작품을 시적으로 번역하는 것도 참으로 가능하며, 시로 되어
있다고 해서 시로 되지 않았을 때보다 덜 역사적이라고 말할 수 없을 것이다. [
참고로 영어 번역판은 아래와 같다; 『On the Study Of Greek Poetry』, transed by
Stuart Barnett, State University of New York Press, 2001]

4 역주: 데모스테네스Demosthenes(기원전 384−322)는 그리스 전성기
아테네의 유명한 연설가이다. 그는 마케도니아의 침공을 경고하면서 그리스
도시동맹의 회복을 주장했으나 결국 실패했다.

학의 역사는 로마 문학의 역사도 포괄한다. 왜냐하면 그리스 시대에 제작된 원래 작품이 상실된 경우 우리는 매우 자주 로마에서의 모방 작품으로 그 손실을 보충할 수밖에 없기 때문이다. ―그리스문학의 역사를 위해서는 그리스 비평의 역사뿐만 아니라 그리스 음악의 역사와 무언극(Mimik)의 역사로부터 발견될 수 있을 단편들도 불가결하며 이는 그리스의 신화 전체나 그리스 언어의 모든 분야와 모든 변형에 대해서 아는 것이 불가결한 것과 마찬가지이다. ―예술사의 모순이나 틈을 해결해 주고 보완해주며, 흩어져 있는 단편들에게 질서를 부여하고, 겉보기에 수수께끼같은 것을 설명해 줄 수 있는 것은 흔히 도덕과 국가의 역사 가운데 가장 심원한 층에서만 발견됨에 틀림없다: 왜냐하면 예술은 그리스인의 습속이나 국가와 너무나도 밀접하게 얽혀있어서 그런 것들에 대한 앎들은 서로 분리되지 않기 때문이다. 일반적으로 그리스에서 문화는 전체를 이루고 있어서 개별적 부분들을 따로 떼어내어서는 완전하게 올바로 아는 것은 불가능하다.

이 거대한 전체 가운데 아주 작은 부분조차도 헤아릴 수 없을 정도로 이해하기 어렵다는 사실에 관해서는 말할 필요조차 없을 것이다. 단지 잘못된 연대를 바로잡고, 신화의 이본[異本]들을 검증하여 순화하며, 다만 한 명의 작가의 것일지라도 그의 단편들을 완전하게 끌어모아 완성시키는 데 얼마나 많은 시간이나 노력이 드는지를 전문가라면 누구나 흔히 알고 있다.

그러나 그리스문학의 역사를 완성한다면 이는 학자에게만 이익이 되는 것은 아닐 것이며 또한 역사 연구자를 위해 인류 역사의 중요한 틈을 메워 주는 것만은 아닐 것이다. 내가 보기에 그 역사는 *독일의 취미와 예술을 완성하기 위한 본질적인 조건이기도 한 것처럼* 보인다. 더구나 독일의 취미와 예술이 유럽의 문화에 기여하는 몫이 매우 사소한 것은 아니지 않는가.(206)

아마도 이 연구[계획된 전체 연구]의 앞부분[1권]에서는 이 연구의 제목으로부터 기대되거나 허용되는 것처럼 보이는 것보다 훨씬 많이 근대문학에 관하여 말할 것이다. 그 동안 근대문학의 특징에 관해서라면 전적으로 불완전하다고는 말할 수 없는 설명이 그래도 있었기에 비로소 *고대 문학*과 *근대문학*의 관계를 규정하고, 일반적으로 그리고 특히 우리 시대에서 고전 문학을 연구하는 목적을 규정할 수 있었다.

*그리스문학에 대한 연구*에 바쳐진 이 연구는 고대 문학예술을 지금까지보다 더 진지하게 연구하자는 초대에 불과하다. 즉 이 연구는 고대 작가이냐 근대 작가이냐 하면서 한편을 지지하는 지지자들 사이에서 오랫동안 일어났던 논쟁을 중재하려는 *시도*이며(나는 누구보다도 더 생생하게 그런 논쟁이 지닌 결함을 느낄 수 있다) 또한 아름다움의 영역에서 자연적인 문화와 인위적인 문화 사이에 선명한 경계선을 다시 그어보려는 *시도*이다; 또한 이 연구는 그리스문학의 연구가 용서할 만한 도락[道樂]에 그치는 것이 아니라 아름다움을 진정한 사랑으로 껴안는 애호가라면, 보편 타당하게 판단하고자 하는 전문가라면, 아름다움의 순수한 법칙과 예술의 영원한 본성을 완전하게 규정

하고자 시도하는 사상가라면 그 누구에게도 *필수적인 의무*이며 영원히 계속되는 의무라는 것을 입증하려는 시도이다.

이 연구에서 내가 요청하는 것이 있다면 그것은 그리스문학의 단적인 특징을 검증하기 위해서는 이를 그리스문학의 역사에 대한 개괄적인 설명과 비교할 필요가 있다는 것이다. 이 개괄적인 역사적 설명이 이 논집의 제2권을 이룬다. 제2권은 여기에서 내린 판단들에 대한 전거, 더욱 상세한 규정, 앞으로의 전개가 포함될 것이다.

근대문학의 지지자들은 이 논문이 그리스문학에 대한 연구로 자기들을 초대하는 것을 내가 근대문학에 대해 파멸 선고를 내리는 것으로 오해하지 않기를 바라며 적어도 너무 성급하게 내 취미가 일방적이라고 결정하지 말기를 바란다. 나는 근대문학을 존중해(207) 왔다[5]; 나는 여러 근대 작가를 어릴 때부터 사랑해 왔다; 나는 여러 작가를 연구하고 그 중 약간의 작가들은 안다고 자부한다. − 예리한 사상가라면 내가 왜 이런 입장을 선택해야 했는지를 쉽게 짐작할 것이다. 아름다움과 예술에 순수한 법칙이 있다면 그 법칙은 예외 없이 타당해야 한다. 그러나 사람들은 이 순수한 법칙을 *더 상세하게 규정하지도 않고 그리고 적용을 위해 먹줄을 그어놓지도 않은* 채로 근대문학을 평가하기 위한 척도로 삼는다: 근대문학은 그런 순수 법칙에 거의 철

---

5 역주: 이 문장은 『재판』에서 아래 문장으로 대체되었다: "나의 목표는 고대문학을 칭찬할 뿐만 아니라 또한 그만큼 근대문학의 완전함과 그것에 내재하는 관념을 칭찬하는 것이다."

저하게 모순되므로 그 결과 근대문학은 전적으로 아무런 가치도 없다
는 판단이 내려질 수밖에 없다. 근대문학은 순수하고 무제약적인 미
적 가치의 첫 번째 조건이라고 할 객관성을 한번도 요구하지 않는다;
근대문학의 이상은 그저 *흥미로운 것* 즉 주관적인 미적 힘이다. 우리
의 감정은 이런 판단에 명백히 모순된다! 이런 모순을 부인하지 않는
자라면 그는 이미 많은 것을 얻은 것이다. 이 감정이[6] 근대문학의 참
된 특성을 발견하고 고전 문학의 필요성을 설명하며 마지막으로는 근
대문학을 매우 찬란하게 정당화함으로써[7] 경이와 보상을 얻는 최단의
지름길이다.

이런 시도가 불완전하더라도 용서받을 만한 점이 있다면 그것은
인류의 역사와 실천 철학 사이의 *내적인 상호작용*이 전체적으로 그리
고 동시에 부분적으로 밝혀진다는 점이다. 인류 역사와 실천 철학이라
는 두 학문 속에는 측량할 수 없을 만큼 넓은 구간의 땅이 여전히 *개*
*간*을 기다리면서 남아 있다. 어느 지점에서부터 출발하더라도 틈이
남아 있을 수밖에 없으며, 이 틈은 다만 다른 측면으로부터 보완될 수
있을 뿐이다. 게다가 고대 문학과 근대문학의 영역은 다 합쳐 본다면
너무나 커다란 영역이기에, 사람들이 그 각각의 영역에(208) 모두 친
숙하게 되기 어려우니만큼, 그 어디에도 제대로 친숙하게 되지 못할

---

6 역주: 다음 구절이 『재판』에서 이 지점에서 삽입되었다. "예술 발전의
완전한 계열 전체를 위해"

7 역주: 다음이 『재판』에서 이 지점에서 삽입되었다. "근대문학에 대한
현존하는 관념을 적절한 자리에서 그리고 전체적 맥락 속에서 이해한다는 점에서"

것은 틀림없다. 적어도 근본적인 기선[基線]이나 가장 외면적인 윤곽만이라도 올바로 설정된다면; 예술 전문가가 거대한 전체를 조망하지 못하는 것이 아닌 한에서 또한 전체 범위 속에 있는 작은 부분만이라도 올바르게 알고 있는 한에서 그런 기선이나 윤곽은 입각점이 되어 문학을 더 상세하게 규정하거나 더욱 완성하는 데 기여할 수 있을 것이다.

성찰적 작가[8]*에 관한 쉴러의 논문*은 흥미위주 문학의 특성에 관한 나의 통찰을 확장하여 준 것 외에도 고전 문학의 영역을 구획하는 경계선을 새롭게 이해할 빛을 나 자신에게 주었다. 이 연구가 인쇄로 넘어 가기 전에 내가 그의 논문을 읽었더라면 *근대문학의 기원*이나 원초적 예술성에 관한 절이 비교할 수 없을 정도로 덜 불완전하게 되었을 것이다. 고대 예술의 최후 시기에 등장한 작가들을 지금까지처럼 오직 객관적 문학의 근본 원칙에 따라서만 평가한다면 이는 일방적이며 부적절한 판단이다. 자연적인 미적 문화나 인위적인 미적 문화는 서로 침투하고 있다. 그러므로 고대 문학의 후기는 동시에 근대문학의 선구적 시기가 된다. *시칠리 파의 전원 작가*[9]는 소박한 자연을 충

---

8 원주: 잡지 『호렌Horen』 95쪽 12절. 또한 11절의 토론에서나 96쪽 1절에서도 어느 정도 다루어진다. 이 자리는 문학을 소박 문학과 성찰 문학으로 나누는 쉴러의 구분이나 이 구분을 고대 문학이나 근대문학에 적용하는 것이나, 그가 내린 흥미로운 예술적 판단이 객관적인가를 검토할 자리는 아니다. 역주: 이 마지막 문장은 『재판』에서는 제거되었다.

9 영어 번역 주: 전원시는 목가시라는 용어로 지칭할 수도 있으며

실하게 모방했다. 이렇게 퇴폐적인 예술로부터 잃어버린 자연으로 되돌아가려는 것은 동시에 성찰 문학의 첫 번째 싹이 된다. 마찬가지로 그리스의 목가시 속에는 항상 자연적인 것만이 재현되지 않으며 오히려 이미 자주 *소박한 것이* 즉 인위적인 것과 대조되는 자연적인 것이 재현된다. 그런데 인위적인 것은 다름 아닌 성찰적인 작가가 재현하는 대상이다. *로마의 목가적 작가들이* 소박한 자연을(209) 충실하게 모방하는 것으로부터 멀리 떨어질수록 그리고 황금 시대에 출현한 순진무구함의 재현에 더 가까이 다가갈수록 그런 목가시는 더욱 덜 고대적이 되며 더욱 더 근대적이 된다. *호라티우스의 풍자시는* 사실 루키리우스의 풍자시와 [10]같다: 그것들은 모두 로마의 도시적 삶에 관한 문학적인 견해와 문학적인 표현이며; 그것은 도리아인의 무언극과 소크라테스의 대화편이 도리아인의 도시적 삶과 소크라테스의 도시적 삶에 관한 문학적 견해이며 문학적 표현인 것과 마찬가지이다. 그

시칠리에서 기원전 4세기에서 기원후 4세기까지 표현되었다. 가장 잘 알려진 시칠리 작가로는 테오크리토스Theocritos가 있다. 그는 실제로 생애 대부분을 코스Cos와 알렉산드리아Alexandria에서 살았다.

역주: 테오크리토스는 호머와 달리 영웅이나 전쟁을 묘사하지 않았고, 작은 내밀한 세계와 일상의 삶에 관심을 가졌다고 한다.

10 영어 번역 주: 루키리우스Gaius Lucilius는 기원전 2세기 라틴의 풍자 작가이다. 그의 작품은 별로 전해지지 않는다. 그는 그 시대에는 광범위하게 존경받았으며 풍자시의 개념을 시의 확장된 형식 중의 하나로 정의하였다고 평해진다. 그의 시는 욕설을 포함할 뿐만 아니라 도덕이나 정치 그리고 문학에 대한 주석까지도 포함했다. 남아 있는 시를 보면 루키리우스는 사회적이고 정치적으로 저명한 인물이나 아주 박학한 주제들을 언급하고 있다.

러나 몇몇 본래 로마 송시나 호라티우스의 *서정시*[11]는(결코 최악의 것
은 아니지만!)[12] *성찰적인 풍자시*이며, 현실과 이상의 대조[13]를 재현한
다. 그 원초적 특성으로부터 퇴화된 로마의 후기 풍자시가 지니고 있
는 성찰적인 음조는 *타키투스*[14]와 *루키아노스*[15]에 대한 쉴러의 탁월
한 언급에서 나타나듯이 명백하다. 그러나 *로마의 삼두 집정관 시대
의 비가는*[16] 서정시적인 것이며 따라서 성찰적인 것은 아니다. 심지어

---

11 역주: 호라티우스 Quintus Horatius Flaccus (기원전 65 –기원전 8),
아우구스티누스 시대 로마 서정시인, 그는 옥타비아누스의 체제에 협력했다.
호라티우스의 서정시epod 는 장단격iamb이 번갈아 나오는 독특한 서정시이다.

12 역주: 아래와 같은 구절이 「재판」에서 이 지점에 삽입되었다. "
시칠리아인이 사용하는 풍자시라는 의미에서"

13 영어 번역 주: 풍자적 요소는 송가나 서정시, 양자 모두에게서 발견될 수
있다. 예를 들어 호라티우스의 두 번째 서정시가 슐레겔의 요점을 멋지게 드러내
주는 예가 된다. 그 시는 전원에서의 삶을 찬양하는데 그 목적은 시의 마지막 네
줄에서 드러난다. 거기서 그 앞에서 했던 말들은 돈을 빌리고자 하는 도시인의
말이었다는 것이 드러난다.

14 역주: 타키투스 Publius (or Gaius) Cornelius Tacitus (기원후 약 56–117)
로마 제국 시대 의원이며 로마 최고의 역사가

15 역주: 루키아노스 Loukianos of Samosateus(기원후 약 25–180)
수사학자이며 풍자시인, 그리스어로 활동했지만 그는 아시리아인이다.

16 영어 번역 주: 시저Caesar의 죽음 이후, 옥타비우스Ocatavius,
안토니우스Antonius와 레피두스Lepidus는 삼두정치를(기원전 42년) 구성했다.
옥타비아누스는 곧 레피두스의 권력을 박탈했다(기원전 36년). 옥타비우스와
안토니우스는 옥타비우스가 안토니를 악티움 해전에서(기원전 31년) 이기기
전까지 삼두 집정관으로서 지배했다. 그 시대의 비가 시인에는 프로페르티우스

프로페르티우스[17]의 황홀한 작품은 비록 소재에서나 정신에서나 원초적으로 로마적인 것이라고 하지만 성찰적 문학의 본질적 특성이라고 할 현실과 이상의 관계를 다루는 흔적은 전혀 발견되지 않는다. 그러나 무엇보다도 특히 티불루스[18]에서, 그리스 목가시에서와 똑같이 퇴폐적인 도시 문화에 염증을 느껴서 단순한 시골의 자연을 동경하는 것이 발견된다. 가장 놀라운 것은 그리스의 성애시는 전체의 배열이나 재현의 색채, 비유의 방식 심지어 복합문의 구조에서 전적으로 근대적이라는 점이다. 성애시의 원칙은 원시적인 소재(210)나 단순한 삶

Propertius, 티불루스Tibullus 그리고 갈루스Gallus가 포함된다.

17 영어 번역 주: 프로페르티우스Sextus properitius는 로마 비가 시인 가운데 가장 위대한 시인이라고 생각된다. 그는 네 권의 비가를 발표했다. 그 속에 신시아 Cynthia에 대한 그의 사랑의 허망함이 뚜렷하게 새겨져 있다. 그의 비가는 개인적인 것과 인격적인 것에 강력하게 집중하고 있는 것 때문에 주목할 만하다. 그는 그의 시 제3권의 서두에서 칼리마쿠스Callimachus와 필레타스Philetas의 방식으로 글을 쓰려는 욕망을 공표했다. 그의 야망은 대부분 스타일과 형식에서 표현되었다. 그의 글쓰기는 암시성을 특징으로 한다. 이런 암시성은 선택된 전문가의 집단에게 호소하도록 계획된 것이다. 프로페르티우스도 언급했지만 다른 사람들도 언급한 내용에 따르자면 칼리마쿠스와 필레타스는 비가의 창시자라고 생각되었다. 그러나 그들의 비가는 유감스럽게도 거의 전해오지 않는다. 로마인들에게 그는 너무 자유분방했지만 이태리 시인 페트라르카Petrarch, 타소Tasso와 아리오스토 Ariosto의 관심뿐만 아니라 괴테의 관심도 끌었다.

18 영어 번역 주: 티불리우스 Albius Tibullus는 로마 작가(기원전 약 50-19)이다. 그의 비가는 갈루스의 전통을 따라서 한 명의 여인 델리아 Delia에 대한 사랑에 초점을 두고 있다. 그는 전원 생활의 단순한 즐거움에 대한 갈망을 시로 썼다. 연인과 더불어 전원으로 은거한다는 생각은 그의 시의 이상을 대변한다.

자체를 추구하는 것이 아니다. 그 원칙은 오히려 오피아노스[19]의 작품에서도 나타나고 훨씬 이전에 소타데스[20]의 작품에서도 나타나는 것처럼 삶의 특정한 방식이나 개인적인 소재에 대한 주관적인 흥미이다. 예를 들어 타티오스[21]를 가장 절제된 이탈리아나 스페인의 소설과 비교해 보라. 민족적인 것이 다르고 우연적인 것이 다를 뿐 두 가지가 가장 완벽하게 서로 같다는 것은 놀라운 일이다.

세 가지 성찰적인 문학 양식들[목가시, 풍자시, 성애시]의 특성에 관하여 쉴러가 탁월하게 그려 놓은 바에 따르면 이상적인 것의 *실현에 관해* 흥미를 갖고 있다는 특징이 그 세 가지 각각에 암묵적으로 전제되어 있거나 눈에 뜨이도록 명시되고 있다. 이런 주장은 내가 보기

---

19 영어 번역 주: 오피아노스Oppianos는 기원 후 3세기 경 그리스 작가이다. 교훈적 작품의 저자이다.

20 영어 번역 주: 소타데스Sotades는 기원전 3세기 그리스인이다. 그의 작품은 거의 남아 있지 않다. 소타데스는 욕설을 위해 이암보(단장)격의 사용을 부활했던 헬레니즘 시대의 전통에 포함된다. 그는 무엇보다도 일리아드를 풍자하기 위해 특정한 박자를 창조하여 사용했다. 특히 그의 시는 상스러운 말이나 음란한 말로 유명하다. 그래서 그의 시는 프리아푸스Priapus가 특별하게 음란한 시적 장르 즉 Priapeia를 창조하도록 도와주었다고 말할 만했다

21 영어 번역 주: 타티오스Achilles Tatios는 기원 후 2 세기 그리스 소설가이다. 그의 주요 작품은 「루키페와 크리토폰Leucippe and Clitophon」이다. 이 소설은 모험소설이며, 오랫동안 대중적이었으며 유럽 소설의 발전에 영향을 주었다. 타티오스는 고전적인 사건이나 주제를 자연적인 사건으로 만들고 이것을 환상적인 것이나 불가능한 것들에 대한 편애와 결합했다.

에 주목할 만한 가치가 있는 주장이며 나의 견해를 입증시켜 주는 주장이다.[22] 그러나 객관적인 문학은 이런 현실에 대한 흥미를 갖지 않으며 이상의 실현을 전혀 요청하지 않는다. 객관적 문학은 *유희*를 추구하더라도 그런 유희는 오직 가장 성스러운 엄숙함만큼이나 가치가 있어야 한다. 또한 객관적 문학은 *가상*을 추구하더라도 그런 가상은 오직 가장 무제약적인 진리만큼이나 보편 타당하며 입법적 규율이어야 한다. 바로 그런 이유 때문에 흥미위주의 문학이 필요로 하는 현실 기만과 아름다운 문학의 법칙이 되는 기술[機術]적인 진리는 전적으로 서로 다른 것이다. 만일 성찰적인 목가시가 당신을 매혹시킨다면 당신은 적어도 잠정적으로 황금 시대를 즉 지상 위에 건립된 천상을 *진지하게 믿어야* 할 것이다. 성찰적인 풍자 작가가 침울한 몽상이나 중상비방에 빠져있다는 것을 당신이 눈치채자 말자 성찰적인 풍자 작가가 엄청난 문학적인 활기를 가질 수 있다 하더라도 그는 당신을 다만 즐겁게 해 줄 수는 있지만; 더 이상 사로잡거나 열광시킬 수는 없을 것이다.

---

22 역주: 이 단락에서 슐레겔은 그리스와 로마에 걸쳐 있는 헬레니즘 시대 목가시, 풍자시, 성애시 속에 이미 근대의 문학적인 특징인 성찰적 특징이 등장한다고 말한다. 헬레니즘 시기는 고대의 몰락기에 해당된다. 고대의 몰락과 근대의 출발은 서로 연결되어 있다. 그는 고대 몰락기에 등장하는 성찰적 문학의 특징은 이상의 현실화, 현실에 대한 흥미에 있다고 본다. 성찰적 문학은 이런 점에서 성스러운 엄숙함과 무제약적 진리를 추구하는 객관적 고대문학과 구분된다. 흥미위주의 문학은 개별적인 것, 특징적인 것에 관심을 가지고 있다면 객관적 문학은 아름다운 가상이 주는 유희를 즐긴다.

흥미위주의 문학을 특징지워 주는 이런 특색을 간과하지 않는다는 것은 지극히 중요하다. 왜냐하면 그렇지 않으면 성찰적인 것과 *서정적인 것*을 혼동할 위험에 빠지기 때문이다. 무한에 대한 추구를 문학적으로 표현한다고 해서 그것이 무조건 *성찰적인 것*이 되지 않는다: 오히려 그런 무한의 추구가 이상과 현실의 관계에 관한 반성과 연결되어 있으면 성찰적이 된다.[23] 반면 어떤 개별적 대상에도 묶여 있지 않고(211) 감정이 어떻게 변화하더라도 순수하고 무규정적인 무한을 추구하는 것이 여전히 마음을 지배하는 기분이 아니라면: 서정적인 아름다움이 완성되는 일은 가능하지 않다. 이런 것은 *사포나 알카에우스, 바킬리데스나 시모니데스의 단편들이나*[24] *핀다로스의 작품* 그리고 그리스적인 것을 모범으로 하여 작성되어서 성찰적이라기보다 서정적인 *호라티우스의 송가들* 대부분에서 볼 수 있다. 내적이고 외적인 규정을 일반적으로 추구하는 것은 그리스 초기 공화주의의 시대와 그리스 서정 문학의 시대를 다른 시대와 구분하는 특징이며 무한

---

23 역주: 다음과 같은 문장이 『재판』에서 이 이후에 추가되어 있다: "이 [이상과 현실의] 관계는 목가시에서처럼 절묘한 일치로서 생각될 수 있다; 그리고 풍자시에서처럼 적대적인 갈등으로 생각될 수 있다; 또는 비가에서처럼 만족을 얻지 못한 갈망과 우울한 기억 사이에 떠도는 상태로 생각될 수 있다."

24 역주: 이들은 알렉산드리아 시대 사람들이 9명의 대표적인 그리스 서정시인으로 간주한 사람들이다. 그들은 대개 기원전 6-5세기경 활약했다. 그 9명을 열거하면 다음과 같다. 알크만Alcman of Sparta , Sappho of Lesbos, Alcaeus of Mytilene, 아나크레온 Anacreon of Teos, 스테시코러스Stesichorus of Himera, 이비쿠스Ibycus of Rhegium, Simonides of Ceos, Bacchylides of Ceos, Pindar of Thebes

에 대한 능력이 각성되어 등장한 최초의 표현이었다. 이와 같이 무한에 대한 각성을 통해서만 서정적인 소질이 서정적인 예술로 되었다. *칼리누스, 티르타에우스, 아르킬로쿠스, 미너무스와 솔론의 경우도*[25] 이런 서정적 예술이라는 사실은 비록 앞에서 말한 고상한 분위기나 고차적인 아름다움이 그런 단편들에서 발견되지 않는다 할지라도 부인될 수 없다. —절대자[26]를 문학적으로 재현한다고 해서 그것이 무조

25 영어 번역 주:이들은 대개 비가 시인으로 알려져 있다. 원래 그리스에서 비가는 응답 형식이고, 장례식 노래라 한다. 아르칠로쿠스Archilochus가 이 형식을 이용해서 전쟁과 여행, 가족에 대해 노래했다.기원전 7세기 말 밈너모스 Mimnermus of Colophon는 성애를 시구로 노래했으며 그의 시는 후기에 로마 시대 프로페르티우스에게 영향을 미쳤다. 스파르타의 티르타에우스Tyrtaeus 는 전쟁을 노래했으며, 메가라의 테오그니스Theognis of Megara 는 사회변동기 고난에 처한 귀족들을 노래했다. 대중의 지도자들이 비가의 작가이었다. 솔론 Solon은 아테네의 현자로 알려져 있지만 그 역시 비가 시인이다.헬레니즘 시대 알렉산드리아 학파는 비가를 애호했으며 이 형식을 가장 발전시켜서 경구로 사용했다. 이 학파의 창건자가 필리타스Philitas of Cos이다. 가장 존경받는 자는 칼리마쿠스Callimachus이며, 이들의 영향은 로마에까지 미쳤다. 그리스 비가는 기원전 1세기 후반 로마에 상륙했다. 카툴루스가 그 선구자였으며 그 이후로 한 세대 이후 티불루스와 프로페르티우스가 출현했다. 이들은 알렉산드리아적인 경구를 닮았다.

역주: 역사적으로 보면 그리스 서정시, 비가가 로마의 목가시에 영향을 미쳤으나 슐레겔은 양자의 차이를 엄격하게 구분한다. 비가는 서정시로서 무한에 대한 관심을 가지며 목가시는 이상의 실현에 관심을 갖는다는 것이다.

26 역주: 「재판」에서는 "절대자"라는 표현이 "무한한 것 그리고 나름대로 무조건적인 것 그리고 무조건적으로 완전한 것"이라는 표현으로 대체되었다.

건 성찰적인 것이 되지 않는다. 고전 문학의 전 영역에서 독창적인 소포클레스의 재현에서 절대자[27]가 재현된다. 또한 예를 들어 *애쉴루스*나 *아리스토파네스* 에게서도 절대자가 재현된다. 전자 즉 소포클레스가 비록 그의 이상에는 도달하지 못한다고 하더라도 그에게는 무한한 통일이 생생하게 현상하고 있음이 확인된다; 그리고 후자에게서는 즉 애쉴루스와 아리스토파네스에게는 무한한 풍요가 생생하게 현상한다는 것이 확인된다. 반면 성찰적인 문학의 특징은 이상이 실현되는 것에 대해 흥미를 느낀다는 것이며, 이상과 현실과의 관계에 대해 반성한다는 것이며, 창작 주체가 지닌 이상화하는 상상력이 산출한 개별적인 대상에 관계한다는 것이다. 오직 *특징적인* 것 즉 개별적인 것의 재현을 통해서만 성찰적인 분위기가 문학으로 된다. 나아가 *흥미위주의 문학*의 영역은 성찰적인 문학의 세 가지 방식들(목가시, 풍자시, 성애시)이 그 전부라고 할 수 없다(212); 성찰적인 것과 특징적인 것의 관계에 비추어 흥미위주의 문학 가운데서도 *유사 양식*이 또한 충분히 가능하다.[28]

_____

27 역주: 『재판』 에서 "절대자"이라는 표현은 "무조건적 또는 무한적인 것"이라는 표현으로 대체되었다.

28 역주: 다음의 것이 『재판』 에서 이 문장 뒤에 추가되어 있다:"즉 흥미위주의 문학은 이상과 현실 사이에 대한 성찰적인 관계가 지배적인 감정적인 관념으로서 엄격하고 순수하게 등장하는 것인가 아니면 특징적인 진실이 풍부하게 나타나는 것인가에 따라서 구분된다. 전자에 관해서는 페트라르카Petrach가 본보기가 될 수 있다; 그러나 후자에 관해서는 셰익스피어가 본보기가 될 것이다." 이 구절에서 슐레겔은 흥미로운 것은 성찰적인 것과 특징적인 것으로 이루어진다고 본다.

요즈음 대다수 철학자들의 생각에 따르자면 아름다운 것에서 얻는 즐거움은 *무관심적인 것*이라고 하는 사실 자체가 *아름다운 것*을 특징짓는 특징 중의 하나라고 한다; 아름다운 것의 개념이 실천적인 것이며 독특한 것이라는 점을 단적으로 인정하는 사람이라면, 설혹 그가 아름다운 것의 개념을 다만 문제로 제기하고 그 타당성이나 적용가능성이 미결정적인 것으로 본다고 하더라도 아름다운 것이 독특한 것이라는 사실까지 부인할 수 없을 것이다. 그러므로 아름다운 것은 근대 문학의 이상이라 볼 수 없으며; 흥미로운 것과 본질적으로 다른 것이다.

미학의 전 영역에 걸쳐서 흥미로운 것의 개념을 도출하는 것은 아마도 가장 어렵고 착잡한 과제일 것이다. 흥미로운 것을 정당화하기 위해서는 흥미로운 것이 어떻게 발생하고 그 영감이 어디서 온 것인지를 먼저 해명할 필요가 있다. 완전히 자연적으로 출현한 고대문화가 결정적으로 몰락하고, 구제 불가능할 정도로 타락한 이후에 유한한 현실이 상실되고 완전한 형식이 혼란에 빠지자, 그런 것 때문에 *무한한 실재를 추구하는 경향*이 출현했다. 이런 경향이 곧 그 시대의 일반적인 기조가 되었다. 무한한 실재를 추구하는 것과 동일한 원리가 로마인들의 엄청난 방종을 야기했다. 이 원리가 감각의 세계 속에서 찾던 희망이 기만이라는 것을 목격한 이후 신플라톤주의 철학이라는 기이한 현상이(213) 출현했다. 인간 정신이 사라진 것처럼 보였

___
전자는 이상의 실현에 관심을 가지며 후자는 개별자 자체에 관심을 가진다라고 정리할 수 있다.이상의 실현이 개별적인 것이므로, 양자는 서로 연관된다."

던 이런 주목할 만한 시대에서 보편 종교 및 형이상학적 종교이라는 일반적인 경향이 출현했다.[29] 이것은 로마의 도덕의 역사에서 결정적인 순간이었다. 아름다운 가상이 무엇인지, 도덕의 유희가 무엇인지에 대한 감각이 전적으로 사라졌고, 인간 종족이 벌거벗은 현실로 추락했으므로 예리한 감각을 지닌 역사 연구자라면 이를 주목하지 않을 수 없었다. 가장 절묘한 자연적인 문화도 완성의 가능성이나 지속성에는 필연적인 한계를 지닐 수 밖에 없으므로 *미적인 완성에 대한 명령*을 완전하게 충족할 수 없다는 사실이 비로소 입증된다. 그리고 인위적으로 얻는 미적 문화는 자연적인 문화가 완전하게 해체된 이후에 나올 수 있으며, 자연적인 문화가 중지되었을 때 즉 흥미로운 것이 등장하면서부터 시작된다는 것이 입증된다. 또한 그런 한계를 통해 인위적인 미적 문화는 여러 단계를 거쳐가야만 비로소 객관적인 이론의 법칙과 고전적인 문학의 예에 따른 객관적인 것과 아름다운 것에 도달할 수 있다는 사실도 입증된다. 또한 이런 것에 도달하는 경우 비로소 흥미로운 것은 인간의 미적 소질이 *무한히 완전하게 될 가능성*을 위한 필수적인 예비단계로서 *미적으로 합법화된다*는 점도 입증된다. 미적인 명령은 *절대적*이므로 그리고 결코 완전하게 충족될 수 없으므로 최소한 인위적인 문화가 끝없이 다가감을 통해서라도 더욱 가까이 도달되어야 한다. 고유한 학문인 *응용 문학*의 기초를 이루는 이와 같은 증명에 따른다면 *흥미로운 것*은 잠정적인 미적 가치를 지니는 것

---

29 역주: 『재판』에서 "보편 종교 및 형이상학적 종교를 향한 일반적 경향"이라는 문장은 "무한을 향한 그러나 보편적 종교 및 형이상학적 종교 속으로 미혹된 것처럼 보이는 일반적 경향"이라는 문장으로 대체되었다.

이다. 사실 흥미로운 것은 또한 지적이거나 도덕적인 *내용*을 가지지 않을 수 없다: 그러나 나로서는 흥미로운 것이 진리와 선이라는 *가치*도 갖는가는 의심스럽다. 흥미로운 것에서 진리와 선은 수행되고 인식되기는 해야 하지만, 재현되거나 느껴지지는 않는다. 갖가지 이유로 기꺼이 셰익스피어와 엘로이즈의[30] 문학을 추천하는 사람들이(214) 셰익스피어의 인간 인식이나 엘로이즈의 덕에 대해 그렇게 많이 칭찬하더라도; 나 자신은 셰익스피어로부터 얻어지는 인간에 대한 인식이나 엘로이즈로부터 얻어지는 덕을 높이 평가하지 않는다- 문학 속에서 흥미로운 것은 항상 독재 정부와 마찬가지로 *잠정적인 타당성*만을 갖는다.

새로운 기술적 용어를 주조하는 것은 위험스러운 일이다. 그럼에도 불구하고 어떤 특징을 보더라도 서로 거의 전적으로 대립적인 문학 양식이라고 할 소포클레스의 비극과 셰익스피어의 비극을 의미 있는 수식어를 통해서 구분하는 것은 나에게는 불가결하며 지금도 여전히 전적으로 불가결한 것처럼 보인다. 그러나 더 이상 나는 철학적인 비극이라는 용어를 사용하는 것 자체를 가장 적절한 것으로 보지 않는다. 오히려 그 개념이 순수 문학(장르의 지침에 따라 말하자면)에서 *선천적*으로 도출되는 것이고 그리스문학 양식에서 제공되는 비극을 예로 하는 것이라면 이를 *객관적인 비극*이라 부르는 것이 더 나을 것이다; 반면 셰익스피어의 문학 양식은 성찰적인 것과 특징적인 것

---

30 역주: 엘로이즈Héloïse d'Argenteuil (1090?[1]/1100?-1164) 프랑스 수녀이면서 작가, 교수이고 아벨라르Peter Abélard와의 사랑으로 유명하다.

을 구성요소로 삼아서 절대적으로 흥미로운 전체를 조직하는 것이므로 흥미로운 비극이라 부르는 것이 더 나을 것이다. 나아가서 코르네이유Corneille, 라신느Racine, 볼테르Voltaire의 문학 양식도 비극이라는 이름이 붙여진다면 이것은 언어사용에 있어서 고집을 과도하게 보호해 주는일이다: 그들의 비극은 프랑스적이라는 수식어를 통해서 구분하는 것이 어떻겠는가? 그러면 이것들을 비극이라 부르는 것은 민족적 월권에 불과하다는 점이 상기될 것이다.

그리스문학의 역사에 대한 개요가 서술된 다음에 가능한 한 곧바로 *아티카*[31] *비극의 역사*가 따라 나와야 한다.[32] 그 역사는 고전 문학이 도달했던 *최고의 정점*을 정확하게 규정함에 틀림없는 것이 될 뿐만 아니라 그 역사가 *형성되는 단계*들 역시 가장 명백하게 해명할 수 있는 것이 된다. 플라톤이 제시하는 소크라테스의 견해에 따르자면 본래 도덕적 완전성이라는 것은 개별 인간 속에서보다는 국가라는 더 커다란 집단 속에서 분명하게 된다; 그러므로 나는 차라리 이렇게 표현해도 무방할 것 같은데 즉 그리스 예술사의 발전 법칙은 아티카 비극들에서 더 큰 글자로 명백하게 새겨져 있다는 것이다.(215)

그리스문학이 근대문학이나 그리스적 문화 일반에 대해 맺는 관계

---

31 역주: 그리스 반도 중부 지역, 그 중심에 아테네가 있다.

32 역주: 「재판」에서 이 문장은 아래 문장으로 대체되었다: "이 이론에 대한 최고의 주석이나 이 다음 논문에 나타나는 전적으로 예술적인 관점은 아티카 비극의 역사를 통해 제공될 것이다. 그 역사는 전적으로 이런 의미로 전개되었다."

와 그 발전 단계나 방식, 그 경계선이나 발전법칙이 규정되면: 비로소 전체의 윤곽이나 기획이 완전하게 명시될 것이다.

이 연구 논집은 앞으로 고전 민족들의 *정치적 발전*도 포괄하려 한다.[33](216)

---

33 역주: 이 문장은 「재판」에서는 제거되었다.

I권 그리스문학의 연구에 관해[34]

1장 근대문학의 현재 혼란스러운 상태[35]

(217)근대문학[36]은 자기가 추구해온 목표에 아직 도달하지 못했거

---

34 역주: 이 제목은 그리스 문학에 대한 전반적 연구의 서론에 해당되므로 I이라는 수자가 매겨져 있다. 하지만 이 제목은 동시에 책의 제목이 되었다. 이어지는 II 본론 부분은 앞에서 밝힌 대로 작성되지 못했다.

35 역주: 『재판』에 다음과 같은 말이 추가되었다. "1장, 근대문학의 현재 혼란스러운 상태; 여기서 그 목적이 발견될 것이다. 근대문학이 갖고 있는 인위성 원리의 기원과 진화의 역사에 관해— 마찬가지로 그 특징적인 윤곽에 관해— 그리고 특히 근대의 비극예술에서 유행하는 철학적 정향성에 관해"

『재판』에 기초하여 장의 제목을 덧붙였다. 원저에는 장의 구분과 제목이 없지만 『재판』을 참조하여 위와 같이 제목을 덧붙였다. 나머지 장의 경우도 마찬가지이다.

36 영어 번역 주: 슐레겔이 '시poetry'대신 사용한 말이 '문학poesie'이다. '문학' 이라는 말은 16세기 말 경 프랑스어 'poésie'에서 차용되었다. 프랑스의 이 말은 그리스어 'ποησισ'와 라틴어 'poesis'에서 파생되었다. 원래 이 말은 생산 자체나 어떤 것을 생산하는 활동을 의미한다. 플라톤과 아리스토텔레스에 이르기까지 그리스 고대어에는 개념으로 '시poetry'라는 말은 존재하지 않았다. 그 말은 다만

나; 아니면 근대문학이 추구해온 것이 확고한 목표가 아니며 그 발전[37]이 일정한 방향성을 지니지 않고 그 역사적 축적물이 합법칙적인 연

점차적으로만 시적인 것과 서정적인 것에 제한적으로 적용되었다. 그 결과 문학poesie은 모든 언어예술이 공유하는 것, 정확히 말해서 언어예술을 예술로 만드는 것을 지시했다. 그것은 언어예술의 기초를 의미하는 것으로 보인다. 19세기 중반, 문학poesie은 '서정시Lyrik'라는 말이나 '시작(詩作)예술Dichtkunst'이라는 말로 대체되기 시작했다. 슐레겔의 이 연구의 핵심은 노래melic로부터 헬레네즘 서정시 lyrik까지 이르는 그리스문학에 대한 연구이므로 여기서 주요 관심은 언어예술의 기초나 한계를 이루는 것에 관한 것이다. 슐레겔은 문학에 대한 그리스인의 이해를 상당한 정도 충실하게 따를 뿐이다. 그리스인은 현대의 비평가가 대개 말하듯이 poesie을 개인적인 서정시와 일치시키지 않았다. 그리스인에게 문학 poesie은 서사시, 극시, 서정시를 포함한다. 사실 디오니시우스Dionysius of Halacarnasus 에 따르자면 문학은 산문과 수사학적 작품들 그리고 철학이나 역사까지 포함하였다. 슐레겔은 그의 말기 저술에 이르기까지 문학이라는 말에 대한 이런 광범위한 이해에 충실했다. 그래서 슐레겔의 『문학Poesie에 대한 담화』 는 겉으로 보기에는 비서정시적인 주제 즉 애쉴루스Aeschylus와 소설 『빌헬름 마이스터Wilhelm Meister』도 자유롭게 다루고 있다.

37 영어 번역 주: 엄격하게 말해서, 독일어 'Bildung'을 번역하는 것은 불가능하다. 그것은 '발전', '형성', '교육', '사회화', '성년화'를 의미할 수 있다. 이 모든 의미가 고려되어야 한다. '발전'이라는 말은 18세기 후반부에 문화적 개념으로서 중요하게 되었다. 비록 그 말이 교육을−엄격한 문화적 의미이거나 느슨한 문화적 의미이거나−개혁하고 공식화하는 운동과 연결된다 하더라도, 발전에 대한 관심은 원래 독일에서 강력하게 전개된 경건주의로부터 나왔다. 경건주의는 내적인 신성을 전개하고 드러내는 데 필요한 노력을 계속적으로 집요하게 추구해야 한다는 점을 강조했다. 발전이라는 말의 이런 의미는 곧 헤르더

관을 지니지 않고 그 전체가 통일성을 갖지 않는다는 것은 분명하다. 근대문학은 사실 작품 수에 있어서 적저 않다. 그러나 근대문학을 연구해 본 사람은 그 작품들의 무궁무진한 내용에 감탄하느라 아찔함을 느끼며 그 아득한 높이를 보고 놀라 주저 않고 만다; 그 작품들이 지닌 압도적인 힘 앞에 감복하고 가슴이 짓눌린다. 그러나 많은 경우 아주 강한 감동을 주고 아주 다양하게 표현되더라도 즐거움을 주는 경우는 거의 없다. 근대인의 탁월한 작품들은 그 엄청난 힘과 기술 때문에 외경의 대상이 되지만 그럼에도 마음을 집중시켜 놓고서는 곧 다시 고통스럽게 찢어놓는 경우도 적지 않다. 그런 작품들은 영혼에 가시를 박아놓으며[38] 주는 것보다 많은 것을 빼앗아 간다. 즐거움이란 야

Herder와 같은 작가에 의해서 역사철학으로 연결되었다. 그래서 발전이라는 말은 개인이나 인류의 잠재적 능력(곧 신적인 계획)을 실현하는 노력을 문화 발전의 내적 논리와 결합하는 데 이르렀다. 이런 방식으로 프로테우스Proteus적인 다양성을 지닌 발전이라는 개념은 역사의 다양한 시기에서 문화적 발전을 토론하는 경우에 표면에 등장했다. 그것은 또한 빌헬름 마이스터의 성장 이야기에도 그리고 근대 대학의 이념을 형성하는 데서도 등장했다. 이 책에서 제시된 의미에 적절한 말이 없는 경우에 이 말은 '문화Culturation'로 번역되었다. 문화는 '사회화acculteration'라는 말을 미화한 것을 의미한다. '사회화'란 여기서 개인이 문화에 들어가고 속하게 되는 과정을 기술한다. 문화 발전이라는 말은 문화가 자기 자신으로부터 다른 형태의 문화를 산출하는 그래서 이 새로운 문화에 속하게 되는 발전 과정을 의미한다.

38 영어 번역 주: 고린도 후서 12장 7절에 대한 암시: "내가 굉장한 계시를 받았다 해서 잔뜩 교만해질까봐 하느님께서 내 몸에 가시로 찌르는 것 같은 병을 하나 주셨습니다. 그것은 사탄의 하수인으로서 나를 줄곧 괴롭혀 왔습니다.

기된 기대가 모두 충족되고 가장 작은 동요조차도 진정되어 완전한 향락에 이르는 곳에서만 발견된다; 그 곳은 모든 동경이 종식되는 곳이다. 이런 즐거움은 우리 시대의 문학에는 없다! 탁월한 아름다움이 개별적으로 존재하지만[39] 풍부하게 존재하지는 않는다는 말이 아니라 *조화와 완성* 그리고 이런 것들로부터만 나올 수 있는 안정과 즐거움이 결여되어 있다는 말이다; 즉 *전체적*이며 *지속성*을 지닌다는 의미에서 *완전한* 아름다움이 결여되어 있으며; 또한 가장 뜨겁게 포옹하는 순간에 구름으로 변해 버리지 않는 여신 주노[40]가 부재한다는 말이다. 소박하기보다는 미련하며, 미완성이라기보다 미개한 사람들이 거대한 무리를 이룬다. 그들은 기꺼이 그들의 상상력을 단지 기이하거나 신기한 것들로 가득 채우면서 이를 통해 다만 무한히 텅 비어 있

그래서 나는 교만에 빠지지 않게 되었습니다."[공동번역 성경 참조]

39 영어 번역 주: 텍스트에서 "개별적"이라는 말을 사용한 것은 개별적이라는 말에 대한 슐레겔의 일반적 용법과 일치하지만 영어로 보면 때로 이상하게 들릴 것이다. 영어에서 "개별성"이라는 말은 하나이며 단일하다는 것을 의미할 뿐만 아니라 "다른 것으로부터 자기의 고유성에 의해 구별된다거나 특유하고 놀라운 특성을 징표로 갖고 있다"는 것도 의미한다.

40 영어 번역 주: 위−아폴로도루스 Pseudo-Appollodorus가 제우스에 대하여 말한 이야기를 암시한다. 익시온 Ixion 은 제우스의 초청을 받아 올림푸스에 갔다. 그는 제우스의 부인 헤라[로마에서는 쥬노]를 탐내었다. 제우스는 구름을 가지고 헤라를 닮은 형상을 만들어서 헤라의 은총을 받았다고 뽐내는 익시온을 속였다고 한다. 익시온과 구름으로된 헤라 사이에 난 자식이 켄타우로스 [Centauros: 반인반마 괴물]이다. 제우스는 익시온을 불타는 마차 바 퀴에 묶어서 처벌했다고 한다.

을 뿐인 마음을 달래면서; 참을 수 없이 지루한 생존을 한 순간 모면한다. 그렇다고 해서 예술이 아닌 것은 아니다. 진기하거나 유치한 형상을 갖고 놀면서 느슨해진 욕망을 채찍질하고 둔감해진 감각을 자극하며 야만적인 정욕을 즐기는 것을 문학이라고 부르는 경우에 예술이라는 이름은(217) 세속화된다. 그러나 진정한 문화가 대중 전체로 확산되지 않는 곳이라면 어디서나 비천한 예술이 있게 될 것이다. 그런 예술은 저급한 화려함과 역겨운 열정 외에 다른 자극을 알지 못한다. 소재가 아무리 바뀌더라도 그 정신은 항상 동일하다: 그 정신이란 곧 번잡하지만 빈약하게 보이는 정신이다. 우리에게 그것과 대립하는 더 *나*은 예술 역시 현존한다. 그런 더 나은 예술 작품이 비천한 예술의 작품 가운데서 돋보이는 것은 마치 멀리 떨어져 있는 대상들이 모호한 안개처럼 둘러싸고 있는 가운데 높은 바위가 솟아있는 것과 같다. 우리는 최근의 예술사의 여기저기에서 몰락한 시대의 한 가운데서 더 높은 세계로부터 온 낯선 자처럼 보이는 작가들을 만난다. 그 작가들은 온 마음을 다하여 영원을 의욕한다. 비록 그들이 아직 자기들의 작품 속에서 조화와 즐거움에 완전하게 이르지는 못한다 하더라도: 너무나도 강력하게 그런 조화와 즐거움을 추구하기에, 그들이 불러일으키는 희망은 가장 합당한 희망이 된다. 그런 희망이란 곧 문학이 추구하는 목적이 다른 방식으로 즉 힘과 기술에 의해서 또한 문화와 학문을 통해서 도달될 수 있는 한, 영원히 도달되지 않은 채로 있지는 않을 것이라는 희망이다. 그러나 이런 더 나은 예술 속에서 근대문학의 결함이 오히려 가장 명백하게 나타난다. 바로 여기 즉 어떤 작품의 높은 가치가 감정을 통해 인정되고 판단력이 그렇게 감정적으로 인정된 가치를 검증하고 입증했을 때조차, 지성을 통해 본다면 결코 적지 않은 혼란이 발생한다. 대부분의 경우 예술이 제일 자부심을 가질 만한 것은 예술적 차원이 전혀 아닌 것처럼 보인다. 근대문학의 훌륭한 공헌으로 간주할 만한 것이 있다면 그것은 체제나 사회 그리고 학교에서 배운 지혜 속에서 오인되고 혐오되며 기피되어 왔던 여러 가지 선이나 위대함이 근대문학 속에서 때로는 보호와 도피처를 얻었으며 때로는 원군과 고향을 발견했다는 사실이다. 여기에서, 마치 타락한 세기의 한 가운데 유일하게 존재하는 순수의 장소처럼 보이는 여기에서 소수의 고귀한 자들이 고상한 삶의 꽃을 피웠으니 그 꽃은 곧 그들이 수행했고 사유했으며 향수했고 추구했던 모든 것들 가운데 최선의 것이다. 이것은 마치 인류의 제단 위에 바쳐진 꽃과 같다. 그러나 이런 작가들이 추구한 목적은 종종 아름다움이라기보다는 오히려 진리이며 도덕성이 아닐까? 예술가는 자기의 의도를 명백하게 시사할 수도 있고 아니면 분명한 의식 없이 자신의 충동을 따를 수도 있지만, 하여튼 예술가의 의도를 분석해 보라; 또한 전문가의 판단과 대중의 결정을 분석해 보라! 거의 모든 곳에서(218) 당신은 예술의 최고의 목적, 제일의 법칙, 예술 작품의 가치를 위한 궁극적인 척도와는 다른 원칙이 암암리에 전제되거나 명백하게 제시되고 있음을 발견할 것이다; 반면 *아름다움*은 발견되지 않는다. 근대문학에서 가장 탁월한 작품들 가운데 많은 것은 추함을 재현한다는 사실은 전적으로 명백한 만큼 아름다움이 근대문학의 지배적인 원칙은 아니다. 우리가 비록 억지로이기는 하지만 결국 인정하지 않을 수 없는 사실은 가장 다양한 혼란이 재현되며 온갖 힘들이 들끓는 절망이 재현된다는 사실이다. 그와 같은 것들을 재현하는 것은 다양한 것들과 힘들을 완전히 조화롭게 재현하는 것만큼은 아니라고 할지라도 그와 동등한 정도로 높은 창조력과 예술가적인 지혜를 요구한다. 가장 칭찬받는 근대 작품들은 양식에서보다 그 정도에서 아름다운 예술의 유형과는 구별되는 것처럼 보인다. 거기에 완전한 아름다움에 대한 희미한 예감이 발견된다고 하더라도 그 아름다움은 고요한 열락에 이를 수 있는 것이라기보다 오히려 *즐거움을 얻지 못한 채 다만 동경되고 있는 것으로서* 나타난다. 아름다운 것으로부터 멀리 떨어져 있으면 있을수록 아름다운 것을 더 열렬하게 추구한다는 것은 드물지 않게 일어나는 것이다. 학문과 예술, 진리와 아름다움의 *경계*가 얼마나 모호해진 것인지! 심지어 진리와 아름다움을 가르는 영원한 경계가 불변할 것이라는 확신조차도 이미 흔들렸다. 철학이 문학으로 되고 문학이 철학이 된다[41]: 역사는 문학으로서 다루어지며, 반면 문학은 역사로서 다루어진다. 문학의 장르들조차 자기의 규정을 서로 바꾼다; 그래서 서정적인 분위기가 연극의 대상으로 되며 연극의 소재가 서정적인 형식에 구겨 넣어진다. *무정부적 혼란*은 예술을 경계짓는 외적인 경계선에 한정되지 않고 취미와 예술의 전 영역에 걸쳐 만연한다. 예술을 생성시키는 힘은 휴식도 없고 멈춤도 없다; 개인적인 감수성이나 대중의 감수성은 항상 만족도 충족도 얻지 못한다. 끝없는 변천 가운데 어떤 *고정점*이 있는지에 대해서 이론적으로 볼 때 완전한 회의만이 가능한 것처럼 보인다. 대중의 취미는— 대중적인 도덕이 없는 곳에 대중적인 취미가 어떻게

---

41 역주, 이 문장은 『재판』에서 다음으로 대체되었다: "철학은 문학적인 모호성으로 해소되고 문학은 음울한 깊이를 지향한다."

가능한가 의문스럽다고 하더라도- 또는 대중의 취미를 희화화시키고 있는 *유행*은 매순간 다른 우상을 섬긴다. 반짝거리는 새로운 현상을 보면 언제나 목표이었던 최고로 아름다운 것이 드디어 도달되었으며 취미의 근본법칙과(219) 모든 예술적 가치의 가장 명백한 척도가 발견되었다는 확고한 믿음이 생긴다. 하지만 그 다음 순간 꿈은 끝난다; 이어서 꿈에서 깨어난 사람들은 죽은 우상의 형상들을 해체하며, 새로이 조성된 도취 속에서 그 자리에 다른 우상을 봉헌하지만, 그런 신조차도 다시 그 신을 숭배하는 자들의 변덕보다 더 오래 계속되지는 않을 것이다! ─이런 예술가는 관능적인 소재의 호사로운 매력과 눈부시게 빛나는 장식과 황홀한 언어의 감미로운 선율을 추구할 뿐이다. 그러나 그의 진기한 창작은 진리와 인간의 본분[本分]을 모독하고 영혼을 텅 비게 할 뿐이다. 그런 예술가는 어느 정도 가공하고 다듬어서 질서를 부여하고 완성에 이르려 하지만 완성에 대한 성급한 망상을 통해 기만된다. 반면 어떤 예술가는 매력이나 가공에는 신경쓰지 않고 재현이 얼마나 감동적으로 충실했는가, 가장 깊게 감추어진 특이성[42]이 얼마나 심원하게 파악되었는가를 예술의 최고 목적으로 여긴다. 이탈리아, 프랑스, 영국이 제각각 지닌 일면적 취미가 독일에서는 다함께 더욱 첨예하게 다시 발견된다.─ 독일에서 몇몇 사상가가 아름다움에 대해 형이상학적으로 탐구하였지만 이는 독일인의 취미나 예술의 발전에 최소의 영향도 미치지 못했다. 도대체 지금까지 문학에 관한 관행적 이론은 몇몇 예외를 제쳐놓는다면 사람들이 완전히 부조

---

42 역주: "eigemtümlich"을 "특이한"이란 말로 번역했다. 반면 "charakterisch"라는 말은 "특징적"이라 번역했다.

리한 방식으로 수행해 왔던 것에 대한 *감각적 이해* 이상의 것은 아니었다; 즉 그것은 잘못된 취미에 의해 도출된 개념이며, 불운한 역사가 산출한 정신일 뿐이다. 그 결과 관행 이론은 자연적으로 세 가지 주요 방향을 따라 전개되었고 예술의 목적을 한 번은 *매력* 속에 다른 한 번은 *정확성* 속에 다른 한번은 *진리* 속에서 찾았다. 진리를 추구하는 경우 관행 이론은 권위 있는 자가 낙인을 찍어 신성화된 작품을 *모방의 영원한 모범*으로 강요했다.[43] 정확성을 추구하는 경우 관행 이론은 *절대적인 독창성*을 모든 예술적 가치의 최고의 척도로(220) 제기하였으며 모방이라는 의심이 눈꼽만큼만 들더라고 무한정 경멸했다. 이런 관행 이론은 스콜라주의로 무장하고 그들이 가장 자의적으로 만든 법칙이 명백하게 우스꽝스러운 것임에도 불구하고 그것에 무조건 복종하라고 엄격하게 요구했다. 아니면 관행 이론은 신비한 신탁의 말씀에 따라서 천재를 신격화했으며, 예술의 무정부성을 최초의 근본법칙으로 삼았으며, 종종 모호하기 짝이 없는 계시를 교만한 미신을 갖고 경배했다. 관행 이론의 희망은 근본법칙을 적용하여 생동적인 작품들을 고안하며 개념을 추종하여 아름다운 유희를 만들어내는 것이었지만, 자주 미혹에 빠져서 최종적으로는 그들의 신념과 달리 어느 것이나 그저 고만고만한 결과를 낳았다. 관행 이론은 천재적 예술가로부터도 또한 청중으로부터도 신뢰를 상실했으니 그 책임은 자기 자신에 있을 것이다! 그런 관행 이론이 어떻게 자기의 진술을 존중해 주기를 기대하며 자기의 법칙에 복종해주기를 요구하겠는가? 왜냐하면 관

---

43 역주: 『재판』에는 다음 구절이 이 지점에 추가되었다: "그런 모범 가운데 오직 고전적인 예만이 예술을 완성시킬 것이다."

행 이론은 문학 예술의 본성을 올바르게 해명하거나 문학 예술의 장르를 만족스럽게 분류하는 데 한번도 성공한 적이 없었으니까 말이다. 심지어 관행 이론은 예술을 일반적으로 규정하는 데 서로 한 번도 합의할 수도 없었으니까 말이다. 상이한 미적 체계를 추종하는 자들이 서로 합의하는 것처럼 보이는 주장이 있다 한다면 그것은 다만 다음과 같은 주장일 뿐이다: 즉 예술에는 어떤 보편 타당한 법칙도 없을 것이며, 취미에 어떤 지속적인 목표도 없을 것이며 또는 만일 그런 것이 있다 하더라도 유용한 것은 아닐 것이라는 주장이다;또한 취미의 적절함이나 예술의 아름다움은 다만 우연에 의존한다는 주장도 들을 수 있겠다. 여기서 실제로 오직 *우연*만이 유희하는 것처럼 보이며 이 기이한 착란의 왕국을 거침없는 전제자로서 지배하는 것처럼 보인다. 미학 이론이나 예술가의 관행에서 명백하게 드러나는 이런 무정부성은 심지어 근대문학의 *역사*에까지 미치고 있다. 축적된 역사적 사건들을 일별하면 공통적인 것이 거의 발견되지 않는다; 하물며 그 전개에서 합법칙성이나 그 발전의 특정한 단계들이나 부분들 사이에 그어지는 결정적인 경계선이나 전체 속에 만족스러운 통일성이 발견되지 않는다는 것은 말할 것도 없다.[44] 차례로 나타나는 일련의 작가들 가운데 지속적인 특이성이 발견되지 않으며 동시대 작품들의 정신에는 (221) 공통적인 배경이 존재하지 않는다. 위대한 스승의 정신이나 운 좋은 동시대인의 정신 그리고 스승의 자애로운 영향이 자기 주변에

---

44 역주: 『재판』에서 다음 구절이 이 지점에 삽입되어 있다: "물론 사람들이 근대예술에 관하여 이전에 존재했던 것과 전적으로 다른 관점을 탐구하거나 제시하려고 시도하지 않는 한에서 이런 통일성이 결여된다는 것이다."

멀리 퍼지기를 바라며 그러면서도 공동의 정신이 개인의 고유성을 지워 버리지도 않고 개인의 권리를 병들게 하지도 않으며 그의 창조력을 해치지도 않을 수 있을까 하는 것은 근대인에게서는 하나의 경건한 소망에 불과하다. 위대한 독창적 예술가의 경우, 유행의 파도가 그를 떠받드는 한 가련하기 짝이 없는 모방자들의 셀 수 없는 무리가 그를 따르곤 한다. 그 결과 그는 끝없이 반복되고 왜곡된 결과 위대한 원형 자체가 너무나도 평범하게 되고 싫증나는 것으로 되기에 이르며 이제 신격화는커녕 오히려 혐오나 영원한 망각이 등장하게 된다. 근대문학의 유일한 특징이 있다면 *성격의 결여가* 거기에 해당되는 것으로 보인다; 다시 말해서 혼란이 근대의 문학적 축적물이 지닌 공통성이며; *무법칙성이* 그 역사가 지닌 정신이며; *회의주의가* 그 이론이 낳은 결과이다. 특이성은 한번도 규정되거나 확고한 경계선을 지니지 않는다. 프랑스와 영국, 이태리와 스페인의 문학은 자주 가장무도회에서처럼 그 민족적 특성을 서로 교환하는 것처럼 보인다. 그러나 독일문학은 모든 시대에 속하는 민족적 특성들과 세계의 모든 지역에 속하는 민족적 특성들을 모두 모아놓은, 거의 완전한 지리 표본실을 보여준다: 그런데 그 지리 표본실 속에는 오직 독일민족의 특성 표본만은 빠져 있다고 한다. 근본적으로 말하자면 독일에서는 세련된 청중조차도 형식을 식별할 줄 모르며 소재에 대하여서만 결코 물리지 않는 갈증을 지니며 오직 예술가가 *흥미로운 개성을* 보여 주기를 요구한다. 효과가 *발휘되며* 그 효과가 단지 *강하고 새롭기만* 하면 청중은 그런 효과가 일어나는 종류나 방식 그리고 소재에 관해 무관심하며, 마찬가지로 개별적인 효과들이 결합하여 완전한 전체가 되는가에 대해서도 무관심하다. 예술은 흥미로운 개성에 대한 요구를 만족시키기 위해 자기 나름대로 기여한다. 미적 감수성을 파는 소매점에서처럼 여기서는 민중문학과 궁중문학이 나란히 놓여 있으며 형이상학자조차 자기만의 매점을 찾는 데 헛걸음하지 않는다. 또한 북구[45] 서사시나 기독교 서사시는 북구인이나 기독교인의 친구를 위한 매점을; 유령의 역사는 신비하고 소름끼치는 것을(222) 애호하는 사람을 위한 매점을 그리고 이로쿠아 인디안의 송가나 식인종의 송가는 인육의 애호자를 위한 매점을; 그리스의 의상[46]은 고대 애호 영혼을 위한 매점을, 기사문학은 영웅담에 맛들인 자를 위한 매점을; 심지어 민족문학은 독일성의 애호가를 위한 매점을! 그러나 이런 모든 영역에 걸쳐 가장 풍부하게 존재하는 흥미로운 개성들을 한데 끌어모으는 것은 헛된 일이다! 다나이데스Daneides[47]의 그릇은 영원히 비어있다. 한번 향락을

---

45 역주: 슐레겔이 말하는 북구는 로마의 북쪽, 그러니까 게르만 민족의 거주 지역을 말한다. 남구는 로마 문명이 확산된 지역을 말한다.

46 영어 번역 주: 항상 그렇듯이 슐레겔은 "의상"이란 말의 고어적이고 포괄적인 의미를 고려한다. OED2[옥스포드 영어사전 2판,1989] 는 의상이란 말의 맥락을 아래와 같이 규정한다. "의상이란 말은 이탈리아 예술가들이 예술적 재현 속에서 변장과 관습을 표현하기 위해 사용되었으며 이런 의미에서 18세기 초 프랑스와 영국에서 채용되었다. 따라서 옷을 입거나, 머리를 말거나 등의 방식에 전용되었고, 나중에는 옷에 전용되었다." 그러므로 슐레겔은 OED2가 제시한 다음의 의미에 주목하였다. "[무대의] 장면이나 재현이 속하는 시기의 관습이나 양식; 연극 장면이 속하는 시기나 장소에 적절한 태도, 옷, 문장, 의상, 그리고 다른 양상들"

47 영어 번역 주: 다나우스Danaus의 딸들. 다나우스는 (이집트 왕의

누릴 때마다 욕망은 더 격렬해질 뿐이다. 한번 허용해 주면 요구는 더욱 높아 가며 최종적인 즐거움에 대한 희망은 더욱 멀리 달아나 버린다. 새로운 것은 진부해지며 기이한 것은 흔한 것이 되며 매력을 주던 가시는 무디어 간다. 독립적 힘은 약해지며 예술적 충동은 시시해지면서 시든 감수성은 불쾌하게 느껴지는 무기력에 빠진다; 취미는 약화되어서 마침내 욕지기나는 조야함 이외의 다른 음식을 먹지 못하게 되며 마침내 전적으로 죽어가면서 단적인 공허만 남는다. 그러나 그 힘이 굴하지 않는다 하더라도 소득은 거의 없다. 그는 고상하지만 조화가 결여된 마음을 가진 사람과 같다. 어떤 작가는 조화가 결여된 자기 자신의 마음에 대해 이렇게 말한다:

"나는 비틀거리며 욕망으로부터 향락에 이르지만
향락 속에서 욕망 때문에 죽어간다;" (괴테, 『파우스트』, 1장 3250-1)

이와 같이 매우 정력적인 미적 성향을 지닌 사람은 만족되지 못하

후손으로서) 그의 형제 아에깁투스Aegyptus와 아버지의 왕위 계승을 다투었다. 아에깁투스는 왕위를 차지한 대가로 자기의 아들들 50명을 다나우스의 딸 50명과 결혼하도록 했다. 그러나 다나우스는 딸들과 함께 그리스로 도망가서 아르고스의 왕이 되었다. 결국 아에깁투스의 아들들은 다나우스를 발견해서 아르고스를 포위했다. 아르고스에는 우물이 없었으므로 다나우스는 갈증으로 죽을까 두려웠다. 다나우스는 최종적으로 양보해서 아에깁투스의 제안을 받아들였다. 그러나 그는 그의 딸들에게 결혼식날 밤에 남편들을 죽이도록 가르쳤다. 이런 죄를 범한 대가로 다나우스의 딸들은 하데스에서 구멍이 난 그릇을 채우도록 저주받았다.

는 동경 때문에 끊임없이 추구하고 애타게 노력한다. 그럼에도 불구하고 그는 헛된 결과를 얻을 뿐이며, 그 고통 때문에 자주 위로해 줄 수 없는 절망에 이른다.

근대문학의 전체가 목표와 법칙을 결여하고 있다는 사실과 개별적인 부분들이 높은 탁월성을 지니고 있다는 사실에 관해 똑같이 주목하게 되자 말자: 근대문학의 축적물은 서로 싸우는 힘들로 으르렁거리는 바다처럼 보인다. 여기에서 아름다움을 상실한 부분들과 예술의 단편적인 조각들이 혼탁함 속에서 서로 뒤섞여 움직이고 있다. 그런 축적물은 숭고하고 아름답고 매력적인 모든 것들의 혼돈이라 부를 수 있다. 전설이 가르쳐주듯이 시원적 혼돈으로부터 세계의 질서가 태어나듯이 이 혼돈은 *사랑과 증오의 힘*이 나타나기를 기다려야 한다. 그것을 통해 비로소 상이한 양식의 구성 요소들은 서로 구분될 수 있고 반면 동일한 양식의 구성 요소들은 서로 통일될 수 있다.

이 난마처럼 뒤얽힌 것을 풀고 이 미로로부터 출구를 발견하기 위해서는 어떤 *지도적인 실마리*가 발견될 수 있어야 하지 않을까? 근대문학의 수많은 기이한 특성들의 기원이나 상호 연관 그리고 근거는 어떤 방식으로든 설명되어야 한다. 지금까지의 근대문학의 역사를 이끈 정신을 발견한다면 아마도 이로부터 근대문학이 현재 추구하는 *의미*나 근대문학이 앞으로 나가야 하는 궤도의 *방향* 그리고 근대문학의 앞으로의 목표를 발견하는 데에 성공할 것이다. 우선 근대문학이 *발전하는* 원리를 남김없이 밝힌다면 아마도 이로부터 근대문학의 완전한 과제를 발견하는 것은 어렵지 않을 것이다. —이미 자주 일어났던 일이지만 당장의 필요가 발명을 낳은 적도 있었다; 절망으로부터 새로운 평온이 출현했거나 무정부성을 어머니로 하여 유익한 *혁명*이 [48] 일어났던 적도 있었다. 이와 마찬가지로 우리 시대의 미학의 무정부성도 *절묘한 파국*을 만나게 되는 일은 불가능한 것일까? *결정적인 순간*이 이미 다가왔을 지도 모른다. 이 순간은 취미가 철저한 쇄신에 직면하는 순간이며 그 이후에 취미가 후퇴하는 일은 결코 다시 일어나지 않고 오히려 필연적으로 전진해 나갈 수밖에 없는 순간이다;[49] 그렇지 않다면 이 순간은 예술이 영원히 몰락하는 순간이고 우리 시대가 아름다움에 대한 희망이나 진정한 예술의 회복을 전적으로 포기해야 하는 순간이다. 일단 이상과 같이 근대문학의 특성을 좀 더 정확하게 이해하고 그것이 발전하는 원리를 발견하며 근대문학이 지닌 개성의 가장 *원초적인 특징*을 설명한 이상 다음과 물음이 떠오를 것이다.

---

48 역주: "혁명"이라는 단어는 『재판』에서 "재생"으로 바뀌었다.

49 영어 번역 주: 여기서 슐레겔이 파국이라는 말을 사용할 때 의미는 이 말에 상당히 최근에 함축된 의미와 연결되어서는 안된다. 최근에 함축된 의미란 나쁜 쪽으로 극적이고 재앙적으로 전환하는 것이라는 의미이다. 반면 파국이란 그리스어에서 파생된 말이며, '전복', '종말', '대단원'을 의미한다. 이 말은 그리스어에서 연극의 대단원을 위해 사용되는 기술적인 용어이다. 이 경우 갈등의 최종적인 해결은 전복이나 전환 속에서 제시된다. 이런 의미에서 OED2는 파국을 아래와 같이 정의했다: 즉 "사물의 질서나 체제의 전복을 야기하는 사건"

－근대문학의 과제는 무엇인가?

－그 과제는 도달될 수 있는가?

－이를 위한 수단이 무엇인가?

가장 엄밀하고 말 그대로의 의미로 무성격이란 있을 수 없다는 점은 명백하다. 무성격이라는 말로 말하고 싶은 말은(224) 그 성격이 거의 탈색되어 있어서 읽을 수 없게 된 것처럼 보인다거나 아니면 그 성격이 지극히 복합적이고 뒤얽혀 있어 수수께끼같다는 것이다. 철저한 무정부성 자체가 근대문학의 축적물 가운데 *공통적인 것*이다; 즉 무정부성은 *공통적인 내적인 근거*가 없다면 존재할 수 없는 특징적인 특색이라는 것이다. – 근대문학은 서로 연관된 전체로서 고찰되곤 하지만 이는 그 이유가 명백하게 밝혀졌기 때문이 아니라 오히려 어떤 어두운 예감에 따른 것이다. 그러나 어떤 권리로 이런 사실을 암암리에 전제할 수 있는가?– 유럽의 국제 체제는 개별 민족들이 각기 특이하고 상이하더라도 언어나 사고방식, 관습이나 제도에 있어서 현저하게 유사한 정신을 가지고 있으므로 이전 시대가 남겨놓은 여러 흔적들을 보면 동질적이고 공통적인 기원을 지닌 문화가 드러난다. 유럽에는 공통적으로 존재하지만 나머지 다른 종교들[50]과는 현저하게 구별되는 종교도 그런 공통적인 문화에는 속한다. 더욱이 지극히 주목할 만한 민족 집단이 지닌 문화는 내적으로 서로 결합되어 있고 철저하게 상호 연결되어 있으며; 그 속에서 개별 부분들은 어느 것이나 지속

---

50 역주: 문장의 이 부분"나머지 종교들"은 「재판」에서 아래와 같이 변경되었다: "이교도적인 고대의 모든 실천과 개념들"

적으로 상호 영향을 미친다. 유럽 민족 집단들의 문화는 서로 상이함에도 불구하고 많은 공통성을 지니고 있으며 명백히 공동적인 목적을 추구하므로 *전체*로서가 아닌 다른 방식으로는 고찰될 수 없다. 전체에 대해 진리인 것은 부분에 대해서도 타당하다: 근대문화 일반과 마찬가지로 근대문학도 서로 연관된 전체이다. 그러나 이런 언급이 많은 사람들한테 아무리 명백하고 결정적이라 하더라도 이를 회의하는 사람들이 없을 수 없다는 것은 확실하다. 이들은 부분적으로는 이런 연관을 부인하고, 부분적으로는 이런 연관을 우연적인 상황 때문이지 공통적인 원리 때문은 아니라고 설명한다. 이 자리는 이런 공통적 원리를 찾아내는 자리는 아니다. 오히려 이 자리에서는 공통적 원리의 인도를 따라가는 것이 그리고 앞에서 제기한 연관된 전체라는 일반적 전제가 검증을 견딜 수 있을지를 과감하게 시험해보는 것이 정말로 보람있는 일이라고 말하는 것으로 충분하다. 근대문학에서 철저한 *상호 영향*이 나타난다는 사실이 이미 이런 내적인 연관이 존재함을 암시한다.(225) 학문이 부흥된 이래로 가장 위대하고 가장 개화된 유럽 민족들이 지닌 다양한 민족 문학들 가운데는 항상 *상호 모방*이 있었다. 이태리 양식이나 프랑스와 영국의 양식들이 황금기에 이르렀을 때 그 각각은 개화된 유럽의 나머지 전체 민족들의 취미를 전제적으로 지배했다. 단지 독일만이 지금까지 온갖 측면에서 외부 영향을 받았을 뿐 거꾸로 영향을 주지 못했다. 어떻든 원초적인 민족적 특성이 지닌 새된 딱딱함도 이런 공동성을 통해서 점차 지워지면서 마침내 거의 전적으로 사라졌다. 그런 민족적 특성 대신에 유럽의 일반적인 특징이 등장하였다. 근대의 각 민족의 문학사는 원초적인 특성으로부터 인위적인 문화라는 후기의 특성[51]으로 점진적으로 이행해 갔다는 사실 외에 다른 사실을 포함하지 않는다. 그러나 이미 가장 이른 시기에서조차 상이한 원초적인 특이성들은 여러 공통성 을 지니므로 마치 하나의 줄기에서 나온 가지들처럼 보인다. 언어나 산문 형식, 그리고 [유럽에만 존재하는] 전적으로 특이한 문학 양식들이 지닌 유사성을 보라! 기사 시대의 우화와 기독교 전설은 로망스 문학[52]이라는 신화를 잉태했던 한 소재에서나 재현의 정신에서 유사성이 너무나 크므로 민족적 상이성은 전체 집단의 동등성 속에 거의 사라져 버린다. 그 시대의 특성 자체는 단순하고 획일적이었다.(226) 사회 전반에 걸친 혁명[53] 이후에 유럽 세계의 모습이 전적으로 변화되었고 제3신분이 등장하면서 민족적 특성들의 다양성이 더욱 증가하였으며 나아가서 서로간의 차이도 커졌다. 그런 다음에도 남아있는 유사성이 대단히 많

51 역주: 이 구절 "인위적인 문화라는 후기의 특성"은 「재판」에서 아래 문장으로 변경되었다: "다른 관점, 새로운 관점에서 본다면 나타나게 되는 바, 인위성의 측면에서 진보하는 유럽 문화의 공동적 특성"

52 역주: 슐레겔은 중세 로망스 문학과 근대 낭만 문학 사이에 연관성이 존재한다고 보기에 두 경우에 같은 용어를 사용한다. 하지만 양자의 차이를 보이기 위해 중세의 경우 로망스 문학으로 근대의 경우 낭만 문학으로 구별하여 번역하려 한다.

"로망스 문학의 신화"라는 구절은 「재판」에서 "그리고 기독교 상징은 중세 문학에 대한 근대인의 신화를 길러낸 풍요한 창고이며, 그것도 특유한 종류의 창고이었다."로 대체되었다.

53 역주: 「재판」에서 "전반에 걸친 혁명"이라는 구절은 "커다란 역사적 변혁"으로 대체되었다.

앗다. 이런 유사성이 문학에도 영향을 행사했다; 이런 유사성은 부르주아의 삶을 소재로 삼고 있는 문학 양식들의 특징과 모든 재현의 바탕이 되는 정신에서뿐만 아니라 *기이함을 공통적으로 추구한다는 점*에서도 존재했다.

그러나 이런 특색들은 경우에 따라서는 유럽 민족들이 공통적인 유래를 가지고 있으며 외적으로 접촉을 유지하고 있다는 사실로부터 즉 간단하게 말해서 상황으로부터 설명될 수 있을 것이다. 그러나 근대문학에는 또 다른 주목할 만한 특징이 있다. 이 특징 때문에 근대문학은 역사적으로 알려진 다른 나머지 문학들로부터 구별된다. 그런 특징의 근거나 목적은 오직 공통적으로 존재하는 *내적인 원칙으로부터* 비로소 만족스럽게 도출될 수 있다. 이런 특징에 속하는 것으로 우선 유럽의 민족들이 *고대 예술을 모방할* 때 보여 주는 확고함이라는 지극한 특징을 들 수 있다. 유럽 민족들은 어떤 실패에 의해서도 겁을 먹지 않으며 종종 새로운 방식으로 고대의 모방으로 되돌아 간다. 이론과 실천의 *관계* 역시 이런 특징에 속한다. 이 관계는 기이하다. 왜냐하면 예술가의 인격이나 청중의 인격 속에 등장한 취미 자체는 자기의 진술에 대한 설명이나 그 법칙에 대한 해명뿐만 아니라 *올바른 방향설정*까지도 학문에게 요구했으며 예술의 목표나 방향, 법칙을 학문적으로 규정하기를 원했기 때문이다. 취미는 병이 들어 스스로 모순되며 내적인 견고함도 결여하게 되면 의사의 처방을 얻는다. 그렇지 않으면 취미는 돌팔이의 처방으로 도피하는 것처럼 보인다. 그러나 이런 돌팔이가 뽐내면서 마구잡이로 내리는 처방은 다만 아무나 쉽게 믿어 버리는 순진한 사람 정도나 기만할 수 있다. 나아가서 고급 예술과 저급 예술이 단적으로 대조된다는 것도 이런 공통적 특징에 속한다. 특히 요즈음 이런 두 상반된 문학들은 아주 가까운 거리에 서병존한다. 그 각각은 자기만의 청중을 가지며 다른 청중에 대해서는 걱정함이 없이(227) 홀로 자기 길을 간다. 두 문학들은 서로를 조금도 눈치채지 못하며 다만 서로 우연히 부딪히는 경우에만 적대적으로 경멸하거나 조롱할 뿐이다; 그들은 자주 상대가 가진 것을 즉 대중성 아니면 고상함을 은밀하게 시기하지도 않는다. 대중은 훨씬 조야한 비용으로 즐거움을 얻으려 한다. 대중은 너무나 소박하므로, 손사레를 치면서 더 고상한 것을 요구하는 문학은 오직 학식을 지닌 사람들을 위한 것이며 다만 비범한 개인이나 단지 띄엄띄엄 존재하는 축제의 순간에나 적합한 것으로 규정한다.[54] 나아가서 근대문학 전체 속에서 특히 후기에는 특징적인 것, 개별적인 것, 흥미로운 것이 전적으로 압도적이었다는 특성 역시 공통성에 속한다. 마지막으로 동경하는 마음은 새로운 것, 신랄한 것, 기발한 것을 쉼 없이 지칠 줄 모르고 추구하면서도 여전히 만족을 모른다는 사실도 이런 공통성에 속한다.

근대문학 가운데 각 민족에 속하는 부분들은 서로의 연관으로부터 분리되어 개별적인 것 그대로 자립적인 전체로 고찰된다면 설명되지 않는다. 그런 부분들은 상호 연관을 통해서만 비로소 존립할 수 있으

---

54 역주: 다음 문장이 「재판」에서 이 지점에 추가되었다: "그리고 반대로 자기 만족적인 자기의식을 가지고 그 문학적인 조야성의 책임은 통속적인 유희나 소설이 유통되는 일상화된 예술 시장에 돌린다."

며 의미를 얻는다. 그러나 근대문학의 전체가 주의깊게 고찰되면 될수록 그런 부분들은 더욱 더 *전체의* 단순한 부분으로서 나타날 것이다. 이상에서 언급된 다양한 공통적인 성질들을 하나의 전체로 결합하는 *통일성*이 무엇인지는 근대문학의 역사적 축적물을 뒤진다고 해서 곧바로 눈에 뜨이는 것은 아니다. 우리는 그런 통일성을 심지어 역사적 축적물의 경계선을 초월하는 곳에서 찾아야만 할 것이다. 그런 통일성 자체는 우리가 어느 방향으로 가야하는 지를 눈짓해 줄 것이다. 내적인 연관이 드러나는 흔적처럼 보일지 모르는 그런 공통적 특징들 가운데 몇 가지는 근대문학 자체의 성질에 속하는 것이라 말하기는 어렵고(228) 오히려 기울인 노력과 공유하는 상황에 기인하는 것으로 보인다. 몇몇 특징들의 경우 그 유사성은 현재의 시대로부터 뒤로 거슬러 올라가면 갈수록 증가한다; 몇몇 다른 특징들의 경우 그 유사성은 우리가 처한 현재의 시대로 내려오면 올수록 증가한다. 그러므로 우리는 *이중적인* 방향으로 그 통일성을 연구해야 한다; 즉 뒤로 올라가면서 그 생성하고 발전하는 최초의 *기원*을 연구해야 하며; 앞으로 내려오면서 그것이 전진해가는 최종 *목표*를 연구해야 한다. 아마도 이런 길 위에서 우리는 그 역사를 완전하게 설명하며 그 특징의 *근거*뿐만 아니라 목적조차도 만족스럽게 도출하는데 성공할 것이다.

자기를 통해서 자기 속에서만 작용할 수 있는 완전하게 고립된 힘이라는 관념보다 더 인간의 특성이나 개념 자체에 모순되는 것은 없다. 적어도 우리가 알고 있는 인간은 다만 세계 속에서만 현존할 수 있다는 사실을 아무도 부인하지 못할 것이다. 통상적인 언어 용법에 따라"문화, 발전, 교양"이라는 말들과 결합되는 개념이 어떤 것인지 아직 규정되지 않았다고 하더라도 그런 개념은 이미 두 *가지 상이한 자연*을 전제로 한다; 하나는 문화화되는 자연이며 다른 하나는 상황이나 외적인 상태를 통하여 문화를 야기하고 변용시키며 촉구하거나 저지하는 본성이다[55]. 인간은 문화화되지 않으면 활동할 수 없다. 문화는 모든 인간적 삶의 참된 내용을 이루며 역사가 가변적인 것 속에 들어있는 필연적인 것을 발견하는 과정이라면[56] 그 역사의 높은 단계에서 획득하는 진정한 대상이다. 인간은 현존하자말자 곧 운명과 고투를 벌이게 된다. 인간의 전체 삶이란 이런 가공할 만한 힘과의 생사에 걸친 지속적인 *투쟁*이다. 인간은 이런 가공할 만한 힘이 뻗치는 손길로부터 결코 도피할 수 없다. 이런 가공할 만한 힘은 인간을 꼭 껴안고 한 순간도 풀어주지 않는다. 인간의 발전은 필연적으로 생성하며 진보한다는 특징을 가지므로 인류의 역사는 전쟁의 역사에 비유될 수 있다. 역사는(229) 인간성과 운명 사이의 전쟁에 대한 충실한 기록이다. 그러나 인간은 자기 밖에 있는 세계를 필요로 한다. 왜냐하면 세계는 인간의 활동을 위해 때로는 영감을 주고 때로는 지반이 되며 때로는 도구가 되기 때문이다; 그 뿐만 아니라 인간의 고유한 본성

---

55 역주: 이 문장에서 '자연'과 '본성'은 본문에서는 모두 Nature로 표현되어 있다. 맥락상 번역은 달리하지만 원어는 동일하다는 것을 고려해야 한다.

56 역주: 문장의 이 부분은 『재판』에서 이렇게 변경되었다: "[역사가] 외면적으로 보면 가변적인 것이 겉으로 보기에 우연적으로 변화되는 가운데 내적으로 필연적인 것을 추구하거나 또는 외적인 것의 진화를 추구하는 [과정이라면]"

의 한 가운데에 여전히 인간의 적 즉 인간에게 대립된 자연적 힘이 뿌리 박고 있다. 이미 자주 언급되어 왔지만 다음과 같은 말이 있다: 즉 인간성은 자웅동체의 한 변종이며, 신성과 동물성의 애매한 혼합물이다. 인간성은 무한히 대립된 것들의 합성으로부터 발생하는, 해결할 수 없는 모순과 파악할 수 없는 수수께끼를 자기 속에 합일하고 있다는 사실이 인간성의 영원하며 필연적인 특성이라는 사실을 모르는 사람은 없다. 인간의 본성에는 순수한 자기 자신과 이질적인 본질이 혼합되어 있다. 인간은 혼합으로서의 운명을 결코 깨끗하게 청산할 수 없으며 다음과 같이 단정적으로 말할 수 없다: 즉 저것은 너의 것이며 이것은 나의 것이라고. 이런 운명으로부터 충분할 정도로 시달림을 받아온 마음만이 자립적으로 존재할 수 있다는 행복에 도달하지만 이는 드물게 얻어진다. 인간이 가장 자부심을 갖는 작품의 토대가 자주 자연이 단순하게 선물한 것에 지나지 않으며, 인간이 이룩한 최고 행위의 반쪽조차도 그 자신이 이룬 것이 아닌 경우가 자주 있다. 인간의 자유라는 것이 전혀 없다면 행위도 불가능할 것이지만: 낯선 것으로부터의 도움이 조금도 없다면 어떤 인간적인 행위도 없을 것이다. 그러나 문화화되어야 하는 힘[자연]은 문화화하는 힘[본성]의 선물을 소화하는 능력을 갖고 있어야 하며 다시 말해서 그 선물이 고취하는 것에 따라서 자기 자신을 규정하는 능력을 갖고 있어야 한다는 것은 필연적이다. 문화화하는 힘은 *자유로운 것*이어야 한다. 자유의 발전과 계발은 인간이 능동적으로 수행하는 것과 수동적으로 영향받는 것 모두의 필연적인 결과이며 자유와 자연 사이의 모든 상호작용의 궁극적인 결과이다. 두 가지 힘들 사이에서 일어나는 상호 작용이나 지속적인 상호 규정 속에서 하나의 힘은 작용하는 힘이며 다른 힘은 반작용하는 힘이어야 한다는 것은 필연적이다. 인간 문화에게 최초로 규정하는 충격을 주며, 이를 통해서 걸어가야 할 방향이나 따라 가야할 법칙과 전체 궤도의 최종 목표를 결정하는 것은 자연이어야 하든가 아니면 자유이어야 한다; 이는 전체 인류의 발전에 관해서든지, 전체 인류의 본질적인 구성요소인 개별자의 발전에 관해서든지 마찬가지일 것이다. 첫 번째 경우에서 문화는 *자연적인 문화*며 두 번째의 경우에 문화는 *인위적 문화*이라 말해진다; 전자의 경우 활동을 위한 원초적인 원천은 무규정적인 요구이다; 후자의 경우 일정한 목적이 활동의 원초적인 원천이다. 전자의 경우 지성은 가장 연마되는 경우에조차 기껏해야(230) 자연적 경향성의 앞잡이든가 번역자에 불과하다; 그러나 복합적인 전체의 충동이 무제약적인 입법자가 되며 문화의 인도자가 된다. 이 경우 사실 충동이 운동을 야기하는 능동적인 힘이다; 그에 반해서 후자의 경우 지성이 인도하고 법칙을 부여하는 힘이다: 즉 지성이 최상의 *인도 원리*이며, 이는 맹목적 힘을 조종하고 그 방향을 결정하며 전체의 질서를 규정하고 개별적인 부분을 자기 뜻대로 분리하고 결합시킨다.[57]

---

57 역주: 슐레겔은 자연과 인간, 필연과 자유 사이의 투쟁에 의해 인간 문화가 발전한다고 주장한다. 양자는 이미 상호 침투하고 있다. 자연은 자유의 가능성을 지니며, 자유는 외적이며 내적인 자연을 토대로 한다. 자연으로부터 시작하는 문화가 고대문화이고 자유로부터 시작하는 문화가 근대문화이다. 고대문화는 자연으로부터 나와서 자유를 지향한다. 이 경우 충동이 입법자이다. 반면 근대문화는 자유를 넘어서서 근원적 자연으로 되돌아 간다. 이 경우 지성이 인도

경험을 통해서 볼 때 어느 지역에서나 어느 시대, 어느 나라에서나 또 인간 문화의 어느 부분에서나 실천이 이론에 앞서며 문화는 자연으로부터 시작하였다. 또한 동기가 결과에, 작용이 반작용에, 자연의 충동이 인간의 자기규정에 선행하여야 한다는 사실은 어떤 경험보다 앞서서 이미 이성을 통해 선천적으로 확실하게 규정될 수 있다. 자연 다음에 비로소 예술이 나올 수 있으며 자연적 문화 다음에 비로소 인위적 문화가 나올 수 있다. 그것도 자연적 문화가 *실패한* 다음에 말이다: 왜냐하면 인간이 자연의 쉬운 길을 따라 방해받음 없이 점차 목표를 향해 전진할 수 있다면 예술의 도움이란 전적으로 불필요하게 되고, 인간을 움직여서 새로운 길을 닦게 만드는 것이 무엇인지 사실상 알 수 없게 되기 때문이다. 외부로부터 오는 돌연한 변화가 운동하는 힘에게 새로운 방향을 부여하지 않는다면, 운동하는 힘은 관성적으로 한번 취한 방향으로 계속 움직여 나갈 것이다. 마찬가지로 자연은 자신의 권리를 *상실하기*까지 여전히 문화를 인도하는 원리가 될 것이다. 아마도 자연의 힘이 과도하기 때문에 발생하는 불행만이 인간으로 하여금 *자연의 자리를 빼앗도록* 만들 수 있을 것이다. 하여튼 자연적인 문화의 시도가 성공할 수 없다고 전제하는 것은 결코 불가능한 일은 아니다: 사실 충동은 강력한 운동 원인이지만 맹목적인 인도자이다. 게다가 충동은 입법에서 어떤 이질적인 것을 받아들인다: 왜냐하면 전체 충동은(231) 결코 순수하지 않으며 오히려 인간성과 동물성의 합성으로 이루어진 것이기 때문이다. 그에 반해서 인위적인 문화

원리이다.

는 적어도 올바른 입법, 지속적인 완성 그리고 최종적이며 완전한 충족으로 이끌 수 *있다*: 왜냐하면 여기에서는 전체의 목표를 규정하는 바로 그 힘이 동시에 궤도의 방향을 결정하고 개별적인 부분들을 인도하고 규제하기 때문이다.

이미 유럽의 문화가 생성하던 가장 이른 시대부터 근대문학의 *근원인 인위적 문화*의 흔적이 명백하게 발견된다. 물론 힘이나 소재는 자연적으로 주어졌다: 하지만 미적 문화를 인도하는 원리는 충동이 아니라 어떤 *통제적인 개념*[58]에서 나온다. 이런 개념이 지닌 개별적 특성 자체는 상황에 의해 야기되며 외적인 처지에 의해 필연적으로 규정된다. 그러나 인간은 이런 개념에 따라서 자기 자신을 규정했으며 주어진 소재를 규제했고 자기의 힘의 방향을 결정했다; 이는 마음이

---

58 원주: 이런 통제적인 개념이 애매하고 혼란스러운 것인지 아닌지 상관없이 그런 개념은 문화를 지배하는 원리가 되는 충동과 혼동될 수 없으며 그래도 안된다. 충동과 개념은 서로 다른데, 정도에서가 아니라 유형적으로 다르다. 물론 통제적인 개념은 유사한 성향을 야기할 수 있으며 거꾸로도 마찬가지이다. 그럼에도 불구하고 양 방향은 전적으로 서로 대립하므로 지배력이 어느 것인지에 관해 오인할 수는 없다. 전체 충동이 지닌 경향성은 불확실한 목표를 향한다; 추상화하는 지성이 지닌 경향성은 특수한 목표를 향한다. 결정적인 차이는 전체의 조직과 모든 힘의 방향이 어느 것에 의해 결정되는가가 결정되는 지점 즉 전체적이며 아직 미분적으로 존재하는 능력이 결정되는 지점이다. 여기서 추구하고 느끼려는 노력에 의해 결정되는가 아니면 개별적인 개념이나 의도에 의해 결정되는가가 문제이다. 역주: 이 노트는 「재판」에서는 텍스트에 삽입되었다.

자유롭게 행한 행위이었다.(232) 하여튼 이런 자유로운 행위가[59] 인위적 문화의 원초적인 원천이며 최초로 결정하는 동인이다. 즉 이런 결정 동인은 자유에 기인한다고 보는 것이 전적으로 합당하다. 낭만주의 문학에 나타나는 공상은 오리엔트에서 발견되는 과장처럼 일탈적인 자연적 기질에 근거하는 것은 아니다. 오히려 원래는 절묘하며 아름다운 것을 향하는 환상이 이런 진기한 개념 때문에 부조리한 방향을 취했다[60]. 그러므로 환상은 개념의 지배 아래 들어갔다: 이런 개념이 아무리 궁핍하고 둔감한 것이라 할지라도 이렇게 하여 지성의 능력[61]이 미적 문화를 지도하는 원리로 되었던 것이다. ―냉혹했던 시대의 우울한 밤에 출현했던 숭고한 현상인 *단테*/Dante의 걸작은 가장 오래된 근대문학에서 이미 인위적 문화의 특성이 나타났음을 증언하는 신선한 자료이다. 특히 이런 특성이 그의 작품의 도처에 대대적으로 만연하고 있다는 사실을 아무도 눈치채지 않을 수 없을 것이다. 그런 특성이란 가르쳐질 수도 없으며 배울 수도 없는 원초적인 힘으로부터만 길어낼 수 있는 것이다. 그러나 전체적으로 볼 때 그의 작품이 변덕스러운 배열을 취한다든지, 거대한 작품 전체가 매우 이상한 골격

---

59 역주: 다음이 『재판』에서 이 지점에 삽입되었다: "그 동인이 지성의 목적에 따르거나 이성의 개념에 따르거나"

60 역주: "부조리한 방향을 취했다"는 구절은 『재판』에서는 다음과 같이 변경되었다: "참으로 놀랄 만한 것이지만 고대의 원형과 비교해 본다면 다만 주관적으로만 아름다울 뿐인 방향을 [취했다]."

61 역주: 『재판』에서 "지성의 능력"은 "반성적인 이해능력 즉 관념을 산출하는 능력"으로 대체되었다.

을 가지고 있다는 사실은 음유시인으로서 그가 지니는 신성에 기인하는 것도 아니며 예술가로서 그가 지니는 현명함에게 기인하는 것도 아니고 오히려 야만인 출신으로서 그가 지니는 고딕적 개념에 기인한다. *각운*이라는 것 자체가 우리의 미적 문화가 지닌 원초적인 예술성의 징표로 보인다. 유사한 음성들이 법칙적으로 반복되는 것을 즐거워한다는 것은 아마도(233) 인간의 감정능력의 본성 자체 속에 근거를 두고 있을 것이다. 살아있는 존재의 모든 음성은 고유한 의미를 지니고 있으며; 여러 음성들이 동질성을 지닌다는 것은 무의미한 것이 아니다. 개별적인 음성이 곧 사라지고 마는 상태를 표시한다면 여러 음성들의 동질성은 지속적으로 존재하는 고유성을 표시한다. 이런 음성의 동질성은 울림의 특징이며 개별 유기체를 그려내는 음악적 초상이다.[62] 그러므로 동물의 여러 종들은 동일한 소리를 반복함으로써 마치 자신의 동일성을 세계에 알리려는 듯하다.즉 동물의 종들은 저마다 자기만의 각운을 가진다. 어떤 민족은 자연적인 기질이 불리하거나 매우 일탈적이기 때문에 순전히 소리의 유사성[각운]에서 매우 과도한 즐거움을 발견할 수도 있지 않을까 하는 생각이 들 수 있을 것이다.[63] 그러나 부조리한 개념이 문학의 발전을 인도하고 있는 곳에서

─────────

62 역주: "개별 유기체"라는 말은 『재판』에서 "살아 있는 인격성 또는 유기적 특성"이라는 말로 대체되었다.

63 역주: 다음 구절이 『재판』에서 이 다음에 삽입되었다: "우리는 이런 음악적인 단어 놀이나 이런 반복적 환상이 지니는 문학적 의미를 감수성의 가장 심원한 특징에서만 탐구하고 발견할 수 있다. 각운의 토대가 어려움의 극복, 예기치 않은 단어에서 발견되는 즐거움, 단조로움에 익숙한 귀에는 무의미한

만 각운과 같이 낯선 고딕적인 장식 방식이 필연적 법칙으로 고양될 수 있었다. 또한 그런 곳에서만 그런 고집스러운 유희를 아이처럼 즐거워하는 것이 거의 예술의 최종적 목적인냥 고양될 수 있었다. 각운이 지닌 이런 원초적인 야만성 때문에 각운을 현명하게 다루는 예술은 어려우며 또한 지극히 드물게 나타난다. 따라서 놀랄 만한 숙련을 갖고 있는 가장 위대한 장인조차도 그런 각운을 해롭지 않게(234) 만드는 데 별로 성공하지 못한다. 각운은 항상 아름다운 예술 속에서 이질적인 교란 요소로 남게 된다. 아름다운 예술은 운율과 멜로디를 요구한다: 왜냐하면 차례로 나타나는 음들이 강약과 고저라는 이중적 양의 상호 관계의 측면에서 법칙적인 동질성을 가지는 경우에만 보편성을⁶⁴ 표현할 수 있기 때문이다. 여러 울림들이 물리적인 성질의 측면에서 규칙적인 유사성을 갖는다면 이는 다만 개별자의 고유성만을 표현할 수 있을 뿐이다⁶⁵. 이런 유사성은 위대한 장인의 손에서 비범하게 다양한 의미를 획득할 수 있으며 *특징성을 추구하는* 문학의 중요한 도구가 될 수 있다는 것은 논박할 여지가 없다. 그러므로 특징적인 것 자체의 지배 외에 각운도 인위적인 문학의 발전 속에 본래의 자리

선율에 불과한 소리를 외면적으로 가공하는 것에 두고 있는 곳이라면 어디서든 −이런 것이 진정으로 근대적인 작가들에게는 일반적인 경우이지만−그런 식으로 다루어진 각운은 야만적이고 비난받을 만한 것으로서 보임에 틀림없다."

64 역주: 『재판』에서 다음 구절이 이 지점에 삽입되었다: "더우기 느낌과 열정의 변화 속에서 지속하는 보편성을"

65 역주: 『재판』에서 이 지점에 다음 구절이 삽입되었다: "그리고 개별자를 언어의 요소들에 의해서 문학적으로 특징짓는다."

를 차지하고 있다는 결론은 이런 측면에서도 진실임이 판명된다.

　오직 이런 인위성의 흔적은 근대문학의 후기에 비해 초기에 오히려 적다는 사실 때문에 우리가 미혹되어서는 안된다. 고대문화와 근대문화 사이를 채우고 있는 기나긴 야만 시대라는 막간 시대가 끝난 다음에야 후자 즉 근대문화의 특성이 정말로 명백하게 될 수 있었다. 물론 여전히 고대의 특이성을 드러내는 단편들이 충분하게 남아 있었다; 그럼에도 불구하고 북구를 지배하게 된 승리자들이 지닌 민족적 개성은 손상당한 줄기 위에 마치 새로운 가치처럼 접붙여졌다. 새로운 본성이 생성하고 깨어나고 발전할 시간이 어느 정도 지나가야만 비로소 이제 예술을 자기 마음대로 인도하고 예술에서 자신의 미숙함을 음미할 수 있게 되었다는 것은 말할 것도 없다. 인위적 문화의 싹은 이미 오래전부터 현전해 왔다.(235) 즉 그것은 인위적인 보편종교 속에서 그리고 자연적 문화가 불가피하게 퇴보함으로써 발생했던 최종적인 결과인 형언할 수 없는 비참함 자체 속에서 현전했다[66] ; 그것은 또한 망각될 수 없는 여러 가지 문명의 이기[利器]나 발명품과 지식에 현전했다. 야만 시대에 새로 출현한 민족들은 부분적으로 렀다. 이런 자연적 특성 곁에서 인위적인 문화의 특성이 남긴 소수의, 오인될 수는 없지만 드물게 나타나는 흔적이 가시화된다.

---

66 역주: "인위적인 보편종교"라는 구절은 『재판』에서 "모든 예술과 문화뿐만 아니라 삶의 전체를 더욱 지적으로 만드는, 철저하게 정신적이며 보편적인 종교"로 대체되었다.

물론 통제적 개념은 미학적인 실천에도 영향을 미친다: 그러나 이런 개념은 그 자체로만 본다면 너무나도 빈약한 것이기에 기껏해야 미래에 등장하는 이론의 초기 흔적으로 간주될 수 있을 뿐이다. 아직 참된 미학적 이론은 전혀 현존하지 않는다. 있는 것이라면 그저 실천과 무관하며 임시방편적인 일관성 정도나 가지는 이론으로 보인다. 그러나 나중이 되면 미학적 이론은 수많은 파생적인 결론과 더불어 등장하여 더욱 더 권세를 드러내고 더욱 더 많은 것을 움켜쥐면서 자기 자신을 근대문학의(236) 입법적 규율 원리로 선포한다. 예술가나 전문가나 청중도 이를 인정하게 된다. 오염된 취미가 상실된 합법칙성을 회복하도록 만들며 길을 잃은 예술이 진정한 방향을 회복하도록 만드는 것이 참된 미학적 이론의 커다란 사명일 것이다. 그러나 이제 미학적 이론이 보편 타당성을 지니게 되면 일반적으로 받아들여질 수 있으며 무기력한 월권에 지나지 않았던 것에서부터 벗어나 실제로 공적인 힘을 가진 지위에 오를 수 있다. 그러나 지금까지 미학적 이론들이 마땅히 되어야 할 것으로 실제로 된 적이 얼마나 적었던가는 미학적 이론들이 상호간의 합일에도 결코 이를 수 없었다는 사실로부터 분명하게 드러난다. 그 지점에 이르려면 예술의 영역에서 지성이나 감정이 각자 자기의 한계를 지속적으로 넘어서야 한다. 일면적인 것에 불과한 미학적 이론이 보편적으로 타당한 이론에게 속할 수 있는 것보다 더 큰 권리를 행사하는 일은 쉽게 일어나는 일이다. 낡은 취미가 학문으로부터 더 나은 방향을 수용하는 대신에 거꾸로 학문에게 자기의 부조리한 방향을 전달하는 경우도 있다. 둔하거나 저급한 감정, 혼돈되고 비뚤어진 판단, 틈이 많은 진부한 견해가 개별적으로 잘못된 개념이나 근본법칙을 수없이 많이 생산할 뿐만 아니라, 미적 탐구를 근본적으로 비뚤어진 방향으로 인도하고 근본법칙을 전적으로 전도시키는 원인이 된다. 따라서 근대문학의 두 번째 특징이 대두한다. 이는 근대문학의 역사 전체로 볼 때 부인할 수 없는 결과이다. 즉 근대문학은 한편으로는 근대적 취미를 그대로 반영하며, 부조리한 실천으로부터 개념을 추상하며, 야만성을 규칙화한다: 또한 다른 한편으로는 근대문학은 보편적으로 타당한 학문을 지속적으로 추구하는데 엄청난 성과를 달성한다.

지성이 지배하고 있다는 사실로부터, 우리의 미적 문화가 인위적이라는 사실으로부터 근대문학의 가장 기이한 특성들 모두가 완전하게 설명된다.

통제하는 지성이 유아적인 시기에 머무를 때, 이론적 본능이 자기 자신으로부터 자립적인 생산물을 아직 생산할 수 없을 때: 지성은 기꺼이 이미 *주어진 직관*에 (237) 의존하여 거기에서 지성이 스스로 추구하는 대상인 보편적인 타당성을 *예감*하곤 한다. 따라서 지성은 이 시기 *고대적인 것*을 대놓고 *모방*한다. 유럽의 모든 민족들은 이미 일찍부터 그런 모방에 빠졌으며, 그들은 가장 집요한 인내심을 가지고 그런 모방에 집착했으며 항상 짧은 휴식 이후에는 다만 새로운 방식에 불과한 모방으로 되돌아갔을 뿐이었다. 왜냐하면 이론 본능은 특히 이런 모방 속에서 자기가 추구하는 것을 만족시키기를 즉 추구하던 객관성을 발견하기를 기대하였기 때문이다. 유아적인 단계에 머무르던 지성은 고대의 개별적인 예를 일반적 규칙으로 고양하며 고대의 관례를 고귀한 것으로 여기며 고대의 편견을 신성하게 여긴다. 지성은 고대인을 이해하지 못했으니 그런 만큼 이를 부조리한 방식으로 모방했다. 그러기에 가장 고전적인 미적 교의를 구성하는 데서 *고대인의 권위*가 최초의 근본법칙으로 여겨졌다. 하지만 그렇게 구성된 교의조차 문학에 관한 참으로 철학적인 이론을 세우기 위한 예행연습에 불과했다.

문화를 지배하는 인위성이 지닌 자의성은 한정없다; 미숙한 인위성이 가지고 노는 위험한 도구들은 주어진 소재와 현존하는 힘을 모조리 *갈라놓거나 뒤섞는다.* 미숙한 인위성은 자기가 무엇을 하는지 전혀 예감하지도 못한 채, 파멸을 야기할 불법적인 것을 가지고 예술의 궤도를 달리기 시작한다; 그런 인위성이 시도한 최초의 오류를 이어서 다른 오류들이 수없이 뒤따르며 그러면 그런 오류들은 수 세기에 걸친 노력에도 불구하고 다시 고쳐질 수 없다. 그 자의적인 인위성이 획득한 우스꽝스러운 법칙이 부여한 부조리한 강제 뿐만 아니라 그 인위성이 강제하는 분리와 결합은 예술의 본성을 저지하고 혼란하게 만들며 최종적으로 무화시킨다. 그것이 생산하는 작품에는 내적인 생명의 원리가 결여되어 있다; 개별적인 부분들은 다만 외적인 강제에 의해서만 서로 속박되며, 그 결과 참된 연관이 결여되어 하나의 전체를 이루지 못한다. 그런 인위성이 여러 모로 노력한 결과 오래 동안 땀흘려 최종적으로 만들어낸 산물은[67] 자주 전적으로 무정부적이며

---

67 역주: 이 지점 이하의 구절은 『재판』에서 변경되었다: "모든 자연적으로

전적으로 성격이 결여된 것에 불과하다. 민족적 특성들이 일반적으로 뒤섞이고(238), 또한 근대문학의 영역 전체에서 상호의 모방이 항상적으로 일어난다는 사실은 물론 유럽의 민족 체제가 가지고 있는 정치적, 종교적 연관을 통해서 설명될 수 있을 것이다. 이런 민족 체제는 지리적인 위치상 여러 측면에서 서로 접촉이 일어날 수밖에 없다는 사실로부터 또한 유럽 민족들이 공통적인 줄기로부터 갈라져 내려왔다는 사실로부터 생겨나는 체제이다: 그럼에도 불구하고 문화가 인위성을 지니므로 이런 뒤섞임이나 상호 모방은 전적으로 특이한 색채를 띠게 된다. 자연적인 문화의 경우에는 구분하거나 결합하는 경계선은 적어도 단정적이거나 결정적일 것이다. 의도가 자의적일 경우에만 끝없는 혼란이 야기될 수 있거나 합법칙성의 어떤 흔적도 남김없이 제거될 수 있을 것이다![68] 위대한 민족들은 개화가 되면 각기 나름대로 특이성을 가지게 된다는 것은 당연하다. 이런 민족들 사이에 몇몇 공통적인 특징이 있다 하더라도 이런 공통성은 별로 확고하지 못하다. 개별 예술가는 어디까지나 자기의 시대나 자기의 민족 가운데서만 각자, 고립된 개인으로서 현존한다. 독창적인 예술가의 수만큼 많은 개별적인 타성[惰性]들이 있다. 자연적으로 생겨난 힘이 인위적 강제가 가한 압박을 통해 풍요롭게 발전하기 시작하는 시대부터 일면적으로 타성화된 방식이 아주 다양하게 등장한다. 왜냐하면 순수한 진리로부

주어진 관계를 혼동에 빠뜨리고 자기 자신에 대한 더 세부적인 규정을 절대적으로 불확실하게 만든다."

68 역주: 다음 구절이 『재판』에서 추가되었다: "그리고 근대문화와 예술의 진보에서 자연적이며 자유로운 진화가 제거될 수 있을 것이다."

터 멀리 떨어지면 떨어질수록 진리에 관한 더욱 더 일면적인 견해가 성립하기 때문이다. 이미 현존하는 독창성이 많으면 많을수록 새로운 진정한 독창성은 더욱 더 결여된다. 따라서 모방에 머물러 그저 메아리에 불과한 예술가들의 수없는 군단이 출현한다: 반면 천재적인 독창성은 예술가의 최고의 목표가 되며, 비평가의 최상의 척도가 된다.

지성은 수없는 오류를 거쳐서 비싼 대가를 치루고 마침내 늦게나마 더 나은 통찰을 얻을 수 있다. 그때 비로소 지성은 견고한 완전성에 확실하게 다가간다. 그때 비로소 지성이 원초적인 민족적 특성을 (239) 올바르게 그리고 더 고차적인 목적에 이르도록 변화시키고 탈색시키며 심지어 제거할 수 있다는 것은 논쟁의 여지가 없을 것이다. 아무튼 원초적인 예술들이나 순수한 예술형식들을 자의적으로 분리하고 혼합하는 화학적인 실험[69]은 훨씬 더 가련한 결과를 낳는다. 이런 실험은 그 가련한 통찰력 때문에 불가피하게 자연을 폭력적으로 뒤흔들고, 자연의 단순성을 훼손하며 자연의 아름다운 유기체를 소위 원

---

69 영어 번역 주:"화학적"이라는 말을 슐레겔이 어떻게 사용하는가에 관해 혼란을 일으키지 않도록, 여러 가지 분자나 원자 구조에 관한 근대적 관심을 무시해야한다는 것을 명심하며 화학에 대한 가장 본질적이며 기초적인 정의를 염두에 두어야 한다는 것을 명심하라. OED2가 화학을 단적으로 규정하는 것을 보자면 다음과 같다. 화학은 "여러 분자적 실체를 다루거나 물체를 구성하는 물질의 형식을 다루거나 복합적 물체를 구성하는 데서 분자의 조합을 규제하는 법칙을 다루는 물리학이나 연구의 영역"이다. 슐레겔이 문학적 생산의 다양한 역사를 고려하면서 이 개념을 사용할 때 그 의미는 이런 정의로부터 쉽게 이해할 수 있다.

소들 속으로 분해하고 해체한다. 그러나 최소한으로 말해서 이런 인위적인 합성을 통해서 새로운 결합이나 새로운 유형이 실제로 발견될 수 있는가는 지극히 불확실하다. 여러 가지 예술들을 결합하는 가운데 어떻게 하면 개별적인 예술들이 지닌 경계선이 혼란에 빠지지 않을 수 있을까? 동일한 예술작품 속에 문학이 음악에 대해 주인이면서 동시에 노예가 되는 일은 자주 일어나는 일이다. 작가는 단지 배우만이 할 수 있는 것을 재현하려 한다; 그러면서 작가는 다만 그만이 메울 수 있는 결함을 배우에게 채우라고 시킨다. 연극이라는 장르만 해도 주어진 집합 속에는 순수한 문학 양식들이 자연스럽지 못하게 혼합되어 있음을 보여주는 예들이 풍부하게 존재한다. 한 가지, 그러나 현란한 예를 보자: 이 경우 탁월한 공연 때문에 오히려 연극이라는 장르 자체의 괴물성이 더욱 눈에 뜨인다.[70] 근대 연극에서 *서정적*이라고 불릴 수 있는 양식이 있다. 그것은 개별적 부분이 서정적이기 때문에 그렇게 불리는 것이 아니다. 왜냐하면 아름다운 연극이라면 어느 것이나 그 전체는 서정적인 부분들로 합성된다는 것은 명백하기 때문이다.(240) 서정적 연극이란 연극의 형식상의 통일성이 음악적인 분위기를 내거나 서정적인 동질성을 갖는 작품을 말한다. 즉 이는 서정적인 감흥을 연극으로 표현하는 것이다. 형편없는 전문가들 때문에 어떤 장르도 이 서정적 연극 장르만큼 그렇게 자주 그리고 그렇게 심하

---

70 역주: 「재판」에서 다음 구절이 추가되었다: "이 예에서 많은 이행 단계나 중간 단계들이 발생하며 문학에서 진정으로 새로운 조합이 발생한다. 그런 새로운 조합에 대한 개념은 아직 없으며 심지어는 그런 조합은 예술에 관한 보통의 이론에서는 적합한 자리조차 얻지 못한다."

게 오인된 경우는 없다: 왜냐하면 분위기의 통일성은 지성에 의해 통찰되지 않으며 다만 상당히 민감한 감정을 통해서만 지각될 수 있기 때문이다. 이런 종류의 작품 가운데 가장 탁월한 것은 셰익스피어의 『로미오와 줄리엣』이다. 이 작품은 오직 청년들의 기쁨이 얼마나 빨리 달아나는가에 관한 낭만적인 탄식일 뿐인 것으로 보인다; 다시 말해서 인생의 봄에 피는 가장 신선한 꽃들이 거친 운명으로부터 나오는 차가운 입김 아래 얼마나 빨리 시들어 버리는가를 탄식하는 아름다운 노래처럼 보인다. 이 작품은 가장 미묘한 사랑의 달콤한 고통 또는 고통스러운 향락이 난마처럼 서로 뒤얽혀 있다는 것을 보여 주는 마음을 사로잡는 비가이다. 아무튼 우아함과 고통이 난마처럼 뒤얽혀 황홀하게 혼합되어 있다는 사실이 바로 비가의 참된 특성이다.

 *개성적인 것, 특징적인 것 그리고 철학적인 것*이 근대문학의 작품이라면 어디에서도 *압도적*으로 나타난다는 사실보다 더 잘 근대적인 미적 문화의 인위적 특성을 해명하고 입증해 줄 수 있는 것은 없다. 철학적인 관심을 목적으로 삼고 있는 많은 탁월한 예술작품들은 아름다운 문학에서 중요하지 않은 곁가지 양식에 불과한 것은 아니며 오히려 근대문학에 전적으로 특유한 주요 장르이다. 이 작품들은 다시 두 가지 하위 양식으로 구분된다. 즉 개별적인 인식이거나 아니면 보편적인 인식에 관한, 제약된 인식이거나 아니면 무제약적인 인식에 관한 자발적인 재현이다. 이런 재현은 학문이나 역사와 다를 뿐만 아니라 아름다운 예술과도 다르다. 이런 재현을 완성하는 과정에서 자주 추악함이 불가결하다. 그리고 원래 이런 재현은 아름다운 것조차

일정한 철학적 목적을 위한 수단으로서만 사용한다. 지금까지 일반적으로 재현 예술의 영역이 너무나 좁게 제한되고 그에 반해서 아름다운 예술의 영역은 너무 넓게 확장되어 왔다.[71] 아름다운 예술의 특수한 특성은 규정된 목적이 없이 자유롭게 유희한다는 것이다.[72](241); 반면

---

71 영어 번역 주: 여기서 슐레겔이 논의하고 있는 많은 것들은 역사적으로 예술을 어떻게 분류해 왔는가에 대해 어느 정도 알아야 할 것을 전제로 한다. 그리스인들은 예술의 개념을 아름다운 예술에 한정하지 않았다. 오히려 예술은 규칙에 따라 어떤 것을 생산하는데 필요한 기술이라는 특징을 부여받았다. 그러므로 예술은 아름다움에 대한 미적인 기준에 부합되는 것과 무관하며 차라리 장인정신이나 기술과 관계된다. 그러므로 모든 기술, 즉 목공이나 요리조차도 예술의 평가 기준 아래 집어넣어진다. 플라톤은 생산적 예술과 모방 예술을 구분했다. 따라서 문학은 모방 예술로 간주되었다. 아리스토텔레스는 그의 책 『시학』에서 문학이 따라야할 규칙을 제공함으로써 이런 분류를 강화하였다. 재현적 예술에 관한 슐레겔의 개념은 모방적 예술과 나란히 서 있는 것으로 이해된다.

역주:위의 구절에서 슐레겔은 예술을 두 가지로 즉 재현예술과 아름다운 예술로 구분한다. 아름다운 예술은 미적인 질서 즉 유기적 통일성을 추구하는 예술이다. 이것은 대상을 이 질서에 따라서 재구성한다. 슐레겔은 이런 구성을 '자유로운 유희'로 규정한다. 반면 재현예술은 인식['자발적', 선험적 인식]을 목적으로 하지만 단 여기서의 인식은 감각적, 직관적인 방식으로 이루어지는 것이다. 철학적 문학은 이런 인식을 목표로 한다. 이런 감각적 직관을 통해 무제약적 이념 [선, 자유]을 인식하게 될 때 '이상적인 재현' 또는 '개별적인 이념적인 직관'이다. 이 경우 철학적 문학은 교훈적 문학에 이르게 된다. 재현예술과 아름다운 예술의 구분은 현대 미학에서 리얼리즘과 모더니즘 사이의 구분에 상응한다.

72 역주: "이 문장은 『재판』에서 아래와 같이 변경되었다: "아름다운 예술의

재현적 예술 일반의 특수한 특성은 재현을 이상화한다는 것이다. 그러나 이상적인 재현이라고 한다면-그 도구는 서술일 수도 있으며 모방일 수도 있다-그 속에서 재현된 소재는 재현하는 정신의 법칙에 따라서 선택되고 질서가 부여되며 또한 가능한 한 발전된다. 이상적인 재현을 매체로 하고 무제약적 대상을 목적으로 삼는 사람을 모두 *예술가*라고 부르는 것이 허용된다면: 그 목적이 선함이나 아름다움이냐 아니면 진리냐에 따라서 세 가지 특수하고 상이한 종류의 예술가들이 존재한다. 어떤 인식은 역사적인 모방이나 지적인 서술을 통해서는 전혀 전달되지 않으며; 다만 예나 전거 속에서 개념이나 이념을 직관하는 것으로서 개별적인 이념적 직관을 통해서 재현될 수 있을 뿐이다. 다른 한편 명백히 인식외 다른 목적을 지니지 않은 예술작품, 이상적인 재현도 존재한다. 철학적 관심을 목적으로 하는 이상적인 문학을 나는 *교훈적인 문학*이라 말한다.[73] 그 소재는 교훈적이지만 그 목적은 미적인 작품 또는 그 소재와 목적이 모두 교훈적이고 그 외적인

뚜렷한 특색은 영혼의 힘을 자유롭게 유희한다는 것에서 발견되며 그러므로 지적인 목적을 가지지 않는다는 것이다."

73 역주: 이 문장은 「재판」에서 아래 구절로 대체되었다: "나는 진정으로 교훈적인 문학은 이상적인 재현이라고 생각한다. 왜냐하면 이상적 재현의 궁극적 목표와 내적인 정신은 전적으로 철학적이기 때문이다; 이상적 재현이라는 장르의 내적인 본질이 교훈적 문학 속에서 진정으로 해명된다. 그런데 이런 내적인 본질은 예술에 관한 우리의 일상적인 이론 속에서는 그저 이상한 혹이나 설명될 수 없는 예외로 간주되는 것으로 보인다; 그러므로 이상적 재현이라는 장르가 지적인 생산의 총체성 속에서 차지하는 위치에 대한 해명은 교훈적 문학이라는 것 속에 발견될 수 있다."

형식만 문학인 작품은 절대 그런 교훈적인 문학으로 말할 수 없다[74]:

74 원주: 우리는 오락 기술을 아름다운 예술의 부수적인 형식이라고 말한다. 그러나 오락 기술은 아름다운 예술로부터 무한한 심연을 통해 분리된다. 오락적 수사학은 다른 재주들과 마찬가지로 더 이상 문학 예술에 직접 관련되는 것은 아니다. 플라톤은 이런 재주들을 예술이라고 부르지 못하게 했으며, 요리술과 같은 류에 집어넣었다. 가장 일반적 의미에서 '기[예]술'이란 자연 속에서 인간이 어떤 목적을 수행하기 위해 사용하는 기술 즉 자연적으로 얻은 것이든 획득해서 얻은 것이든 기술을 의미한다; 그것은 어떤 이론을 실천적으로 만드는 데 필요한 재주이다. 인간의 목표는 무한하며 필연적인 것이거나 아니면 제한되어 있고 부수적인 것이다. 그에 따라 기술은 관념의 자유로운 기술이든 아니면 필요로부터 나온 기계적 기술이다. 후자와 같은 형식이 유용하며 오락적인 기술이다. [전자의 경우] 정신의 법칙을 출현시키는 소재는 인간 안에 있는 세계이든가 아니면 인간 밖에 있는 세계이며, 인간에게 직접적으로 부착되어 있는 자연이든 아니면 간접적으로 부착되어 있는 자연이다. 관념의 자유로운 기술을 분류하면 삶에 대한 기술(윤리 기술과 국가 기술이 이런 형식에 속한다)과 앞에서 이미 그 정의를 제시했던 대로의 재현 예술로 나누어진다. 과학적인 재현은 — 그 도구는 자의적인 서술이든가 아니면 그림과 같은 모방이다— 재현적 예술로부터 구분된다. 그 차이는 과학적 재현은 그 소재를 선택하는 일이 드물며 결코 소재를 형성한다거나 발견하지 않고 다만 재현하는 정신의 법칙에 따라서 눈앞에 있는 소재를 조직할 뿐이다. 한마디로 말해 그것은 이상적이지 않다. 재현 예술은 다시 세 가지 류로 나누어진다. 그 각각은 그 목표가 진리인가, 아름다움인가, 선함인가에 따라서 구분된다. 처음 두 범주 즉 진리와 선함에 관해서는 위의 텍스트에서 언급되어 있다. 세 번째 범주 즉 아름다움의 재현 예술이 존재하며 특별한 차이를 가지고 있다는 사실을 나는 부정할 수 없다. 내가 보기에 문학에서 이상적인 재현이 지닌 목표와 경향은 미적인 것도 철학적인 것도 아니고 도덕적인 것이다. 도덕적 탁월성을 전달하기 위해— 예전에는 소크라테스의 철학의 핵심이었으나,

왜냐하면 소재가 개별적으로 어떤 성질인가는 미학적으로 타당한 분류를 위해 충분한 원리가 될 수 없기 때문이다. 가장 탁월하고 가장 유명한(242) 대부분의 근대 작품들은 철학적인 경향을 가진다. 여기서 근대문학은 그런 종류로서는 최고에 도달하여 확실하게 완성된 것처럼 보인다. 교훈적인 부류는 근대문학의 자랑이며 명예이다; 교훈적

스콜라주의에 의해서 이런 핵심이 추방되어 버렸다- 문학 속으로의 도피가 일어날 수도 있다. 그리스인에게서 도덕을 파종하는 매체는 우정과 육체적 사랑이었다. 그러므로 이 매체는 상호 내밀한 근접성을 통해 고조되고 강화되며 증식되었으나 실제 더 이상 그런 매체는 존재하지 않는다. 도덕적 예술가는 이런 매체와 관련하여 다만 이상적인 재현만을 발견한다. 예술가는 그런 이상적 재현을 가지고 내재하는 예술적 충동을 충족시킬 수 있을 것이다. 위대한 장인은 그런 내재적 예술적 충동을 가지고 있어야 그의 재능을 전달하고 그의 정신을 학생들의 마음 속에 심을 수 있다. 개별적인 경우에 이상적 재현의 경계는 종종 결정하기 어렵다. 결정적인 지점은 전체의 조직에서 발견된다. 교훈적 작품의 특수한 구조가 오인을 허용하는 경우는 거의 드물다. 도덕적 문학에서는 도덕적 감정이 자유롭게 분출하면서도 적절한 가공이나 법칙에 의해 지배되는 통일성이 결여하는 경우가 발생하는 경향이 있다. 나는 유명한 독일작품들을 철학적인 문학보다는 도덕적 문학에게 귀속시키려 한다. 헴스테뤼 [Tiberius Hemsterhuis ;18세기초, 네델란트 문헌학자이며 비평가] 는 주신찬양 극과 닮은 철학에 대해서 언급한다. 이것이 도덕적 감성의 가장 자유로운 분출 즉 고귀하고 선한 덕 ethos의 부여 외에 다른 무엇을 의미할 수 있었을까? 나는 이 철학자의 시몬 [Luciani colloquia et Timon (1708)] 을 소크라테스적 문학이라고 지칭할 것이다. 그것의 전체적 조직은 내가 보기에 교훈적인 것도 아니고 연극 것은 아니며 오히려 주신찬양가(디트람브)적이다. 역주: 이 노트는 『재판』의 텍스트 속에 포함되었다.

인 문학은 근대문학에서 가장 독창적인 산물이며, 부조리한 모방으로부터 아니면 잘못된 교의로부터 꾸며낸 것이 아니며; 그것은 오히려 원초적인 힘의 감추어져 있는 심연으로부터 생산된 것이다.(243)

근대인의 미적인 문화 전체에서 특징적인 것이 차지하는 반경이 얼마나 큰 것인가는 문학이 아닌 다른 예술들에서도 드러난다. 회화를 보자. 미적인 것에 관심을 가지지도 않고 역사적인 것에도 관심을 가지지 않으며 순수하게 *관상적*[physiogomisch]인 것 따라서 철학적인 것에 관심을 가지는 특징적인 *회화*가 있지 않을까?; 그런 회화가 대상을 다루는 방식은 역사적이지 않으며 오히려 이상적이다. 그런 특징적 회화는 심지어 개성의 면에서 본다면 문학을 무한하게 능가하지만 그 범위나 짜임새 그리고 완성도에서 본다면 문학보다 뒤떨어진다. 음악에서도 개별적 대상의 특징을 그려내는 특징적[표제] 음악이 음악이라는 예술의 본성에 반하여 우위를 차지하여 왔다. *무대 예술*에서도 특징적인 것이 무제한적으로 지배한다. 무대에서 위대한 배우는 어떤 행동 방식도 어떤 성격도 세부적인 특징들에 이르기까지 모방할 수 있다는 점에서 신체 조직에서뿐만 아니라 정신에서도, 육체적으로뿐만 아니라 지적으로도 프로테우스[75]임에(244) 틀림없다. 그런 가운데 아름다움은 무시되며 미풍양속은 자주 훼손되고 모방의 운율은 거

---

75 역주: 프로테우스Proteus는그리스 신화에 나오는 바다의 신이며 예측 능력을 가지고 끊임없이 변화하는 성질을 지닌다. 그는 볼 수 있는 사람만에게만 나타난다.

의 전적으로 망각된다.[76]

　인도하는 원리가 입법적 규율이기도 하다는 사실, 철학적으로 흥미로운 것이 문학의 최종적 목적이라는 사실보다 더 자연스러운 것이 있었을까? 지성의 추상화하는 활동은 자연의 전체를 분리하고 개별화하기 시작했다. 따라서 지성의 인도 아래서 예술을 관통하는 방향은 개별적인 것을 충실하게 모방하는 것으로 향한다. 그러므로 지성이 더욱 발전하자 자연히 *독창적이며 흥미로운 개별성*이 근대문학의 목표로 되었다. 그러나 개별적인 것을 뻔하게 모방하는 것은 모사가의 단순한 숙련에 불과하며 자유로운 예술은 아니다. 개체의 특징을 그려내는 것은 오직 *이상화*를 통해서만 철학적인 예술 작품으로 된다. 이와 같은 이상화에 의해 전체의 법칙이 소재로부터 분명하게 떠오르고 쉽게 눈에 뜨인다; 재현된 본질이 지니는 의미나 정신 그리고 내적인 짜임새는 이런 전체의 법칙으로부터 스스로 밝혀져야 한다. 또한 특징성의 문학은 개별자 속에서 일반자를 재현할 수 있고 따라서 재현해야 한다; 다만 이런 일반자 즉 전체의 목적이나 전체를 배열하는 원리는 미적인 것이 아니라 교훈적인 것이다. 그러나 가장 내용이 풍부한 철학적인 특징 묘사조차도 지성에게는 다만 일별할 정도의 가치가 있을 뿐이며, 이성이 추구하는 것을 만족시킬 수 없는 제약된 인

---

76 역주: 다음과 같은 문장이 「재판」에 추가되었다: "고대 작품 가운데에는 예술적인 무용의 운율 가운데 표현되는 궁극적 아름다움은 그런 운율에 의해 연극 속에서의 단순히 모사적 요소와 열정적인 요소 또한 모방적인 요소와 결합되면서 완전한 전체를 이룬다."

식이고 전체의 단편에 불과하다. 이성의 본능은(245) 항상 자기 완결적인 완전성을 추구하며 제약된 것으로부터 무제약적인 것으로 부단히 전진해 나간다. 무제약적이고 완전한 것에 대한 욕구가 교훈적 장르라는 두 번째 양식의 기원이며 근원이다. 이것이 지성에 관심을 가질 뿐만 아니라 이성에도 관심을 지니고 있는 참된 *철학적* 문학이다. 특징성의 문학은 고유한 자연적인 발전과 진보에 따라 *철학적 비극*에 즉 미적인 비극과 완전히 대립하는 비극에 다가간다. 미적 비극은 아름다운 문학의 완성이며 명백히 서정적인 요소들로 이루어지면서 그 최종적인 결과는 최고의 조화이다. 반면 철학적 비극은 교훈적 문학이 도달한 최고의 예술작품이며 명백하게 특징적인 요소들로 이루어지며 그 최종 결과는 최고의 부조화이다.[77] 철학적 비극이 재현하는 파국은 비극적이다; 하지만 철학적 비극의 구조 전체가 비극적인 것은 아니다: 왜냐하면 비극적인 것이 순수하게 관철된다면 이는 특징적이며 철학적인 예술이 지니는 진리를 붕괴시킬 것이기 때문이다.

철학적 비극에 대한 이론을 아직 완전하게 알지 못하고 있으므로 이를 지나치게 상세하게 전개하는 것은 이 자리에 맞지 않은 일이다. 그러나 이런 문학 양식은 그 자체로 흥미로운 현상이며 게다가 근대 문학의 특징을 규정하는 데서 가장 중요한 자료 중의 하나이므로 이런 문학 양식에 대하여 제시된 개념을 몇 가지 예를 통해 해명하는 것

---

77 역주: 다음이 『재판』에서 이 지점에 추가되었다: "즉 그 결과는 불협화음적인 우주 속에서 파괴된 본성의 부조화이다. 철학적 비극은 불협화음적인 우주의 비극적인 혼란을 믿을 만한 이미지 속에 섬뜩하도록 반영한다."

은 허용될 것이다. 그런 예는 마땅히 그 내용에 있어서나 전체적 짜임새의 완전함에 있어서나 그런 종류로서는 지금까지 나타난 것 가운데 가장 탁월한 것이어야 할 것이다. 「햄릿」은(246) 종종 아주 잘못 이해되어서 그 결과 「햄릿」에 대한 사람들의 애호는 부분적인 것에 그치고 있다. 암암리에 전제되는 것처럼 그 작품의 전체가 실제로 짜임새를 결여한 것이고 무의미한 것이라면 그럼에도 이 작품에 대해 사람들이 그렇게 관대한 것은 상당히 모순적이다! 셰익스피어의 연극에서 대체로 짜임새 자체는 너무나 단순하고 명백하기에 공공연하고 숨김없는 의미를 뚜렷하게 또 자명하게 드러낸다. 그러나 이런 짜임새의 근거는 종종 아주 깊은 곳에 감추어져 있다. 그리고 비가시적인 연결이나 관계가 무척이나 미묘하다. 따라서 분별력이 없다면 또는 잘못된 기대를 동반하거나 잘못된 원칙들로부터 출발한다면, 가장 예리한 비판적인 분석에 이를 수가 없다는 것은 틀림없다. 「햄릿」에서 모든 개별적 부분들은 필연적으로 공통적인 중심점으로부터 전개되며 다시 그 중심으로 되돌아 간다. 이런 예술가적인 지혜가 녹아들어간 걸작[78] 속에 낯설거나 불필요하거나 우연적인 것은 아무 것도 없다. 전

---

78 원주: 이런 완전한 짜임새가 한 위대한 작가의 판단에 의해 인정되고 있다는 것을 보는 일은 나로서는 깜짝 놀랄 만한 일이다. 괴테의 「마이스터」에서 빌헬름이 그런 짜임새에 대해 그리고 오필리아의 성격에 관해 말한 모든 것은 특히 적절한 것으로서 나에게 충격을 준다. 어떻게 햄릿이 그런 존재가 되었는지에 관한 괴테의 설명은 정말로 성스러운 것이다. 우리는 햄릿이 과거에 무엇이었는지를 망각해서는 안된다.

역주: 이 원주는 「재판」에서 아래와 같이 변경되었다. "이런 완벽한 짜임새는

체의 중심은 영웅의 성격에 놓여 있다. 놀랄 만한 상황 덕분에 영웅의 고귀한 본성이 지닌 강력한 힘이 온통 지성 속으로 집중되면서 반면 그의 행동력은 전적으로 무기력하게 된다. 햄릿의 마음은 마치 고문대 위에서 상반된 방향으로 찢어지듯이 분열된다; 그의 마음은 쓸모없는 지성의 과잉 속에서 무너지며 몰락하고 이 쓸모없는 지성은 그에게 가까이 있는 어떤 것보다도 더 고통스럽게 그를 압박한다.(247) 철학적 비극의 참된 대상은 해결되지 않는 부조화이다.[79] 그런데 햄릿

위대한 작가에 의해 인정되었다. 햄릿에 대해서 그리고 오필리아의 성격에 대해, 마찬가지로 「햄릿」의 개별적 요소들에 관해서 괴테가 「마이스터」에서 말한 것은 정말로 눈부신 것이다. 그러나 「마이스터」에는 전체에 대해서 그리고 이 장르 일반에 대해서 어떤 생각도 언급되지 않는다. 즉 인간의 현존이 지니는 영원히 해결할 수 없는 부조화에 관하여 그리하여 인간 현존이 명백히 몰락했다는 것에 관해서 영혼이 느끼는 고통스러운 깊은 감정, 그것이 이런 특별한 비극적 세계관에 관한 관념이 의존하고 있는 것이라는 사실은 언급되지 않는다."

79 원주: 연극의 대상은 일반적으로 인간성과 운명의 혼합을 드러내는 것이며 가장 엄청난 내용을 가장 커다란 위트와 결합시키는 것이다. 특수한 것들의 짜임새가 무제약적인 전체로 완성될 수 있는 방식에 두 가지가 있다. 인간성과 운명은 완전한 조화 속에 출현하거나 아니면 완전한 갈등 속에 출현한다. 철학적 비극은 후자의 경우이다. 이렇게 혼합이 출현하는 경우 운명이 지배하면 그것이 사건이라는 이름으로 불린다. 철학적 비극의 대상은 따라서 비극적 사건이다. 이 사건의 소재나 외면적인 형식은 미적이지만 그 내용과 정신은 철학적인 관심이다. 이 갈등을 의식하는 경우 절망이라는 느낌이 야기된다. 무한한 결핍과 해결할 수 없는 갈등 때문에 생기는 도덕적 고통을 동물적인 고통과 혼동해서는 안된다: 동물적 고통의 경우 정신적인 것은 감각적인 것과 너무나 밀접하게 연결되어 있으나 인간 속에서는 정신적인 것은 자주 정신적 고통을 동반하기 때문이다.

의 성격에서 나타나는 것과 같이 사유하는 힘과 행동하는 힘 사이의 무제한적인 부조화를 더 완벽하게 재현한 비극은 아마도 없을 것이다. 이런 비극이 주는 총체적 인상은 *극도의 절망*이다. 개별적으로 크고 중요한 것처럼 보이는 인상은 어떤 것이든 여기에서 모든 존재와 사유의 궁극적이고 유일한 결과로 나타나는 것 앞에서는 사소한 것으로 사라진다; 다시 말해서 그것은 인간성과 운명을 끝없이 분리시키는 영원히 지속하는 *거대한 불화* 앞에서 사라지고 만다.

근대문학의 영역 전체에 걸쳐 미학의 역사를 연구하는 연구자에게는 이 연극 즉 『햄릿』이 가장 중요한 자료들 중의 하나이다. 이 연극 속에서(248) 작가 셰익스피어의 정신이 가장 명백하게 드러난다; 이 작가의 다른 작품들에서 다만 개별적으로 분산되어 나타나는 것들이 여기에 모두 모여 있는 것 같다. 하여튼 *셰익스피어*는 모든 예술가들 가운데 근대문학의 정신적 특징을 가장 완전하고 가장 탁월하게 그려내는 예술가이다. 가장 매력적으로 피어난 낭만적인 환상과 고트 족의 영웅 시대에 나타나는 웅장한 규모 그리고 근대적인 사교성의 가장 미묘한 특색과 가장 심원하고 가장 풍부한 내용을 지닌 시적인 철

역주: 『재판』의 텍스트에는 다음과 같은 구절이 추가되어 있다: "오직 동일한 작가의 다른 비극 즉 『리어왕』에서는 이런 비극적 요소들은 세계의 일반적인 해체에 대한 의식을 동반하는 가운데 대규모로 포착되고 광범위한 범위로 실행된다. 그러나 『햄릿』에서는 이 특이한 예술장르에 대한 본질적인 관념이 적어도 좀 더 이해가능한 방식으로 그리고 대중들이 이해하기 쉬운 방식으로 제시된다."

학[80]이 다 함께 셰익스피어 속에 결합되어 있다. 나중에 언급한 두 가지 관점에서 때로 셰익스피어가 우리 시대의 문화를 미리 예감했던 것처럼 보인다. 흥미로운 것이 무궁무진하다는 점에서 누가 그를 능가할 자가 있었는가? 온갖 열정이 지니는 활력이라는 점에서는? 특징의 묘사가 모방할 수 없을 정도로 정확하다는 점에서는? 유일하고도 독창적이라는 점에서는? 그는 근대문학의 양식 전반에 걸쳐 가장 고유한 미적인 장점을 가장 광범위하게, 가장 탁월하게, 전적으로 고유하게 포함하고 있으며 또한 근대문학이 수반하고 있는 가장 주변적인 기이성이나 오류까지 포함하고 있다. 그를 *근대문학의 정점*이라고 말하더라도 결코 과장이 아니다. 어떤 양식이든 그것에 고유한 개별적인 아름다움을 그는 얼마나 풍부하게 성취하는가! 그는 얼마나 자주 도달가능한 최고에 지극히 가까이 다가가는가! 근대문학의 전체 속에

---

80 영어 번역 주: 셰익스피어의 작품은 독일에서 18세기 후반에 문학적 근대성에 관해 논쟁이 벌어졌을 때 일종의 접합점이라는 역할을 수행했다. 레싱G. E. Lessing 은 일찍이 『함부르크 연극 연구Hamburg Dramaturgy』에서 프랑스 고전주의가 아리스토텔레스의 『시학』의 엄격한 준수를 주장했던 것을 논박하기 위해 셰익스피어를 이용했다. 마찬가지로 괴테도 '질풍노도 Strum und Drang시기'로부터 말기에 이르기까지 셰익스피어를 문학적 형식의 진정한 모범으로 찬양했다. 특히 괴테가 『빌헬름 마이스터』에서 셰익스피어에 관해 논의한 것이 슐레겔에게 큰 영향을 주었다. 셰익스피어 덕분에 괴테는 연극에서 아리스토텔레스의 통일성 원리에 저항할 수 있었다. 아리스토텔레스의 통일성 원리는 프랑스 작가들이 따랐으며 고트쉐드Gottsched와 같은 비평가가 널리 알렸던 것이다. 또한 셰익스피어는 근대문학이 달성하기 위해 노력해야 했던 형식, 특성 묘사, 양식을 제시하는 기능을 수행했다.

서 『시저』의 주인공 *브루투스*Brutus가 지닌 매혹적인 위대함만큼 그리고 완성에 이른 결과 우아하게까지 보이는 그의 덕성만큼 완전하게 아름다운 것에 상응하는 것은 아마도 없을 것이다.

그럼에도 불구하고 학식이 많고 통찰력을 지닌 많은 사상가들은 셰익스피어를 어떻게 평가해야 하는지에 관하여 올바르게 알지 못했다. 이런 정확하지 못한 사상가들은 자기의 상투적인 이론을 밝히겠다는 약속도 제대로 하지 않았다. 즉 셰익스피어에 대한 저항할 수 없는 공감이 확산되자 분별력이나 적합한 관점도 없는 전문가들은(249) 소위 정통 작가들을 방패로 내세우지만, 그런 작가들은 너무나도 연약하기에 방탕할 능력조차 없는 작가들이다. 따라서 *정확성*이라는 이름으로 인정되고 숭배되는 것은 뜨뜻미지근한 예술가들이 지닌 진부함 이상은 결코 아니다. 셰익스피어는 부정확성 때문에 예술의 규칙을 위반한다고 통상적으로 판단되지만 이런 판단은 적어도 예술에 관한 객관적인 이론이 아직 전혀 현존하지 않는 한 매우 성급한 판단이다. 더우기 일반적으로 아직까지 어떤 이론가도 특징성의 문학이나 철학적인 예술의 법칙을 좀 더 완전하게 전개시키려는 시도조차 하지 않았다. 셰익스피어는 규칙성에 대해 지속적으로 저항했음에도 불구하고 대중을 더욱 저항할 수 없도록 매혹시켰다는 것은 사실이다. 그럼에도 불구하고 나는 대중이 셰익스피어의 철학적인 정신을 본래 이해할 수 있을까에 관해 회의한다. 대중은 셰익스피어의 강력한 감각에 휩쓸리고 그의 기만적 진리에 사로잡혀 있으며 그의 작품이 지닌 고갈될 수 없는 충만함에 극도로 매혹당했다. 그러므로 대중은 아마도 *그의 작품의 재료로 포함되는 소재*를 살피는 데 머물렀다.

　그를 평가하기 위한 올바른 관점이 전적으로 결여되었던 것처럼 보인다. 그의 문학을 아름다움의 예술[81]로 평가하는 사람은 작가 셰익스피어에 대한 통찰을 더 많이 얻을수록 그리고 더 잘 알게 될수록 더 깊은 모순에 빠져들 뿐이다. 자연이 아름다운 것과 추한 것을 한데 섞어서 또한 동등하게 풍부하고 풍요롭게 생산하는 것과 마찬가지로 셰익스피어 역시 그렇다. 그의 연극의 어떤 것도 *전체적으로 보면* 아름다운 것은 아니다; 즉 어떤 아름다움의 규정이 있어서 그 전체를 질서 있게 배치하는 것은 결코 아니다. 자연 속에서와 마찬가지로 개별적인 아름다움이 *추한 부속물*로부터 깨끗하게 벗어나는 일은 드물게 일어나는 일일 뿐이다; 아름다움이나 추함은 다른 목적을 달성하기 위한 *수단*에 불과하다; 그의 연극은 특징적인 것이나 철학적인 것에 대한 관심을 위해 봉사한다.(250) 그는 세련되게 다듬어야 할 필요가 가장 많은 곳에서조차 자주 모나고 거칠다. 그 까닭은 그가 더 높은 것에 대해 관심을 가지고 있기 때문이다. 종종 셰익스피어에게 충만하게 보이는 것은 해결할 수 없을 정도로 혼란스러우며 전체적 결과는 무한한 갈등 속에 있다. 삶의 목적을 완전히 상실한다는 것 또한 어떤 식의 현존도 완전히 공허하다는 것에 대한 쓰라린 기억이 어린이같은 솔직함이나 청년다운 경건함과 같은 경쾌한 형상들 한 가운데 출현하여 우리를 어리둥절하게 만든다. 어떤 것도 셰익스피어처럼 역겹고

---

81 역주: "아름다운 예술"이라는 구절은 『재판』에서 "고전의 표준에 따르자면 아름다운 예술로"대체 되었다.

쓰라리며 짜증나고 욕지기나고 진부하고 소름끼치게 하는 것은 없다. 그런 것들이 재현의 목적상 필요한 순간에도 누구나 그런 것들에 대한 재현을 회피하려 들 것이다. 종종 그는 그의 대상의 *가죽을 벗겨내며*, 욕지기나도록 부패하고 있는 도덕의 시체를 마치 해부용 칼을 가지고 하는 것처럼 파헤친다. 따라서 "셰익스피어가 인간의 운명을 가장 친근한 방식으로 알려준다"는 말은 그를 너무나도 많이 미화시키는 것이리라. 셰익스피어가 우리를 순수한 진리로 인도할 것이라고는 본래 누구도 말할 수 없다. 셰익스피어는 가장 내용이 풍부하고 가장 포괄적인 진리라는 것을 인정하더라도 그가 우리에게 제시하는 것은 다만 *일면적* 것에 불과한 진리이다. 그의 재현은 결코 객관적이지 않으며 오히려 철저하게 타성화된 것이다.[82]: 그의 타성은 지금까지 알려진 것 가운데 가장 위대한 것이다. 그의 개성은 가장 흥미로운 것이라는 사실을 최초로 인정하는 사람이 나라고 할지라도 나는 그렇게 말하지 않을 수 없다. 그의 개성적인 타성이 지닌 독창적 특색은 오인할 여지가 없으며 누구도 모방할 수 없는 것이라는 사실은 이미 자주 언급되어 왔다. 아마도 대체로 개성적인 것은 다만 개별적으로 파악되고 재현될 수 있을 뿐이다. 특징성의 예술과 타성은 적어도 서로 분리할 수 없는 동반자이며 필연적인 상관물인 것처럼 보인다. 예술에서 타성이란 정신이 취하는 개성적인 방향이며,(251) 감각의 개성적인 성향을 의미한다. 그러므로 타성은 재현이 이상적이어야 하는 한에서

---

82 역주: 다음이 『재판』에서 추가되었다:"셰익스피어의 재현은 순전히 객관적인 것은 아니다; 오히려 그것은 전적으로 개별성의 낙인과 특이한 지역적 색채를 취하고 있다; 그것은 전적으로 특별한 양식으로 받아들여져야 한다."

그런 재현속에 당연히 나타난다.[83]

---

83 역주: 「재판」에서 다음 문장이 추가되었다: "우리는 문학에서 그와 같이 정교한 양식에 의해 순수한 문체, 객관적 진리 그리고 아름다움의 이상을 획득할 수 있는 것인지 그리고 어떻게 획득할 수 있는 것인지를 물어야만 한다. 이것은 별도의 독립적인 연구를 필요로 한다."

2장 아름다운 것과 흥미로운 것[84]

보편 타당성이 이처럼 결여되어 있다는 것으로부터,[85] 그리고 타성적인 것이나 특징적인 것, 개성적인 것 이 이처럼 지배하고 있다는 것으로부터 근대문학의 일관된 방향 즉 흥미로운 것에 기초한 근

---

84 역주: 슐레겔은 『재판』에서는 이 구절로부터 2장이 시작된다. 그는 다음의 노트를 추가했다: " 2장. 아름다운 것과 흥미로운 것의 더 상세한 전개와 대조. 근대문학의 과제와 그 가능한 해결에 관한 반대자들의 이의. 객관적으로 아름다운 것의 근사치에 관해; 그리고 문학이 새롭게 탄생할 가능성에 관해. 이론 외에 완전한 직관을 예술가가 필요로 하는 이유에 관해; 그리스의 작품들이 어떻게 그러한 원형을 제시하는가에 관해."

85 원주: 어디든 아름다움이 존재한다고 가장 큰 소리로 선포되는 곳을 좀 더 면밀하게 분석해보면 우리는 거기서 단지 흥미로운 것을 발견할 뿐이다. 예술가가 아름다움의 이상에 따라 판단하지 않고 기교나 힘 또는 기술의 개념에 따라 판단하는 한, 미적 판단에 관한 동일한 원리를 보는 두 가지 대립된 견해가 계속된다; 그리고 정확성의 지지자와 진정한 독창성의 지지자는 원리에 의해 구분되는 것이 아니며 오히려 긍정적인 것이나 부정적인 것에 대하여 그들이 어떻게 비판하는가 하는 경향성에 의해 구분된다. 역주: 이 노트는 『재판』의 텍스트에 포함되었다.

대의 미적인 문화 전체의 일반적 방향이 저절로 설명된다. 어떤 개체가[86](252) 지적 내용이나 미적 활력에서 양적으로 더 큰 것을 간직한다면 *흥미로운 것이 된다.* 심사숙고 끝에 나는 그렇게 말하였다: *더 크다*라고. 즉 그 개별 작품이 감수성을 지닌 개인이 지금까지 소유하고 있는 것보다 더 크다는 말이다: 왜냐하면 흥미로운 것은 개인적인 감수성을 요구하며 종종 감수성의 순간적인 조율을 요구하기 때문이다. 모든 양적 크기는 무한히 증가할 수 있으므로 이런 길로 계속 가도 완전한 즐거움에 도달할 수 없는 이유는 분명하다; 그리고 *최고로 흥미로운 것*이 존재하지 않는 이유도 분명하다. *완전한 즐거움에 대하여 동일하게 욕구하며 즉 예술의 특정한 절대적 준칙을 동일하게 추구하는 것이 근대문학의 전체를 관통하고 있으며* 이는 가장 다양한 형태와 방향 아래 그리고 온갖 정도의 힘으로 표현된다. 이론이 약속하는 것, 사람들이 본성적으로 추구하는 것을 각각의 개별적인 우상을 통해 발견하기를 기대하는 것; *그것이 미적인 정점이 아니라면 무엇이었을까?* 인간의 본성 속에 근거하고 있는, 완전한 즐거움에 대한 요구가 자주 개별적인 것이나 가변적인 것을(예술은 지금까지 오직 이런 것들을 재현하고자 했다) 통해서 기만되면 될수록 그런 요구는 더욱 더 격렬하고 부단한 것이 되었다. 단지 보편 타당한 것, 견고한 것 그리고 필연적인 것– 즉 객관적인 것만이 요구와 현실 사이의 엄청난 틈을 채울 수 있는 것이다; 단지 아름다운 것만이 뜨거운 동경을 가라앉힐 수 있다. *아름다운 것은*(나는 이 개념을 여기서 다만 잠정적으로

---

86 역주: 다음 구절이 『재판』에서 이 지점에 삽입되었다: "문학 작가이든 새로 생산된 문학 작품이든"

제기하며 그것의 현실적 타당성이나 적용가능성은 현재로서는 모호하다) 무관심한 쾌감[87]을 야기할 수 있는 보편 타당한 대상이다. 무관심한 즐거움이란 욕망이나 법칙의 강제로부터 독립되어 있고 자유로운 것이지만 그럼에도 불구하고 필연적인 것인 것이며 또한 목적성을 전적으로 결여하지만 그럼에도 불구하고 무제약적으로 합목적적인 것이다. 개성적인 것의 과잉 때문에 자연히 객관적인 것이 등장한다. 흥미로운 것은 아름다운 것을 예비하며 근대문학의 최종 목표는 *최고로 아름다운 것*, 즉 객관적인 미적 완전성이라는 극한 외에 다른 것일 수 없다.

근대문학의 기원 이래 분열되었던 상이한 흐름들은 모두 두 번째 접점에서(253) 새로이 모인다. 근대적 문화가 지닌 인위성은 근대문학

---

87 역주: 칸트의 미학에서 미적인 것은 무관심성을 전제로 한다는 주장을 상기시킨다. 칸트에게서 미적인 현상은 그 자체로서는 무규정적이지만 상상력에 의해 규정적인 개념 아래 포섭된다. 이런 포섭이 반성적 판단이다. 칸트에게서 미는 욕구라는 목적에 복종하는 것(경험적 미)도 아니며 자연의 조화로운 질서 (고전적인 미)도 아니다. 그것은 따라서 미는 욕구의 차원도 표상의 차원도 아니고 고유한 차원에 속한다. 그에게서 미적인 것은 욕구라는 목적과 구분되는 것이므로 무관심적인 것이다. 이런 무관심성과 상상력의 자유로운 반성이라는 개념로부터 칸트의 미학에서 다양한 모순적 개념들이 출현한다. 미적인 것은 무목적적인 목적이며, 개별적인 보편이며 필연적인 자유이다. 나아가서 칸트는 취미와 숭고미를 구분한다. 전자는 감각적 현상이 오성적인 개념에 포섭되는 경우이다. 이 경우 상상력의 자유가 즐거움을 준다. 그런데 후자는 무한의 현상이 이성적인 개념 즉 신적 존재에 포섭되는 경우 발생하는 감정이다.

의 그와 같은 성질들이 나타나게 되는 근거이다. 근대문학의 나가는 길의 방향이나 목표를 통해 근대문학이 *추구하는 목적*이 파악된다면 근대문학 전체의 의미는 완전하게 설명되며 이로써 우리의 물음은 대답을 얻게 된다.

흥미로운 것이 지배적이더라도 이는 취미의 역사에서 단순히 *잠정적인 전환기 국면*일 뿐이다. 왜냐하면 흥미로운 것의 지배는 결국 필연적으로 부정되고 말기 때문이다. 그러나 흥미로운 것의 지배가 선택할 수밖에 없는 두 가지 파국은 서로 엄청나게 다른 것이다. 미적인 활력으로 방향을 취할수록, 취미는 오래된 매력에는 더욱 더 심드렁해지며 다만 더욱 격렬하고 더욱 통렬한 매력만을 갈망하게 된다. 취미는 아주 재빠르게 신랄하고 기발한 것으로 넘어가게 된다. *신랄한 것*은 둔감해진 감각을 발작을 일으키도록 자극하는 것이다; *기발한 것*은 상상력에 유사한 채찍질을 가한다. 이러한 것들은 취미의 죽음이 가까이 다가왔다는 것을 알리는 전조이다. *김빠진 것*은 무기력한 것으로 만든 묽은 음식이며 *불쾌한 것*은 진기하거나 구역질나거나 소름끼치거나[88] 죽어가고 있는 취미가 최종적으로 경련을 일으키는 것이다.[89] 그것에 반하여 취미의 경향에서 철학적인 내용이 압도적으로 된

---

88 역주: 문장의 이후 부분이 「재판」에서 변경되었다: "죽어가고 있는 예술적 감각과 스스로 광기에 빠진 문학은 심지어 구역질나는 것으로 도주하기도 한다."

89 원주: 충격적인 것은 세 가지 세부적인 아류를 갖는다: 상상력에 반역을 일으키는 것-즉 기이한 것; 감각에 과도한 것-즉 구역질 나는 것; 느낌을 고문하고 고통스럽게 만드는 것-즉 무서운 것이 그것이다. 더욱 세련되고

다면 그리고 자연이 너무 강하여(254) 심지어 가장 격렬한 감동에 의해서도 자연이 진압될 수 없다면: 문화의 추진력은 흥미로운 것을 과도하게 충족시키는 경향을 힘이 다할 때까지 밀고나간 다음 스스로부터 용기를 짜내서 객관적인 것을 시도하는 데로 이행한다. 따라서 우리 시대 진정한 취미는 자연의 선물도 아니며 문화의 결실만도 아니며 다만 위대한 도덕적 힘이나 확고한 자립성이 있는 한에서만 가능하다.

그러므로 근대문학의 숭고한 사명은 모든 다른 문학이 지닌 최고 목적보다 결코 하찮은 것이 아니다; 즉 그 사명은 예술이 요구해 왔고 예술이 추구할 수 있는 궁극적인 것에 속한다. 그러나 무제약적인 *최고*는 결코 전적으로 도달될 수 없다. 문학의 추진력이 기껏 도달가능한 가장 극한적인 것은: 이런 도달불가능한 목표에 좀 더 다가가는 것이다. 이런 *끝없는 다가감*은 내적인 모순없이 존재하지 않는 것처럼 보인다. 그런 모순 때문에 다가감의 가능성은 의심스럽게 된다. 타락한 예술로부터 진정한 예술로 돌아가고, 오염된 취미로부터 올바른 취미로 돌아가는 것은 *돌연한 도약*일 수밖에 없는 것처럼 보인다. 그런 도약은 일반적으로 성숙한다고 말하는 경우에 일어나곤 하는 *지속적인 전진*과 결코 합치되지 않는다. 객관적인 것은 불변적이며 고착된 것이다: 그러므로 예술이나 취미가 객관성에 도달해야 한다면 미

공통적인 예술이 나아가는 서로 다른 길은 흥미로운 것이 자연적으로 진화하는 것을 통해 설명된다. 역주. 이 노트는 『재판』에 포함되었다.

적 문화는 흡사 *고정*되어버릴 수밖에 없는 것처럼 보인다.[90] 미적 문화가 절대적으로 *정지*하는 것은 전혀 생각할 수 없다. 그러므로 근대문학은 항상 자기를 변화시킨다. 그렇다면 근대문학은 심지어 자기의 목표로부터 *거꾸로* 다시 멀어질 수는 없을까? 근대문학이 이미 더 나은 방향을 취한다고 하더라도 그때에도 이런 일 즉 목표로부터 멀어지는 일이 가능한가? 그렇다면 인간의 어떤 노력도 허망한 것이지 않을까?[91] (255) 개별적인 경우들을 보더라도 아름다운 것은 자연이 이미 베푼 은총의 덕분이다. 전체적으로 본다면 아름다운 것은 항상 희귀하게 일어나는 상황들이 단 한번 만나서 만든 것에 의존하는경우가 얼마나 많은가? 그런 상황들을 인간이 생산한다는 것은 말할 것도 없고, 심지어 조종한다는 것도 결코 가능하지 않을 것이다. 오히려 전체는 자발적이라고 주장하는 것은 아무리 삼가하더라도 결코 충분하지 않는 것처럼 보인다. 전체가 형성되고 진보하며 끝없이 성취하는 것은 -슬픈 운명이지만- 우연에 맡겨져 있다.

좀 더 탁월한 인간은 누구나 우연을 증오하며 어떤 형태로든 우연을 따르는 것을 싫어한다. 운명이라는 거창한 과제는 말하자면 문학

---

90 역주: 이 문장이 『재판』에서 다음과 같이 변경되었다. "예술과 예술적 취미가 아름다움을 재현하는 속에서 그런 객관성을 포착하면, 예술적 발전은 지속적으로 영원히 고정된 것으로 머무른다."

91 역주: 이 문장은 『재판』에서 변경되었다: "예술의 목표를 향한 의도적인 노력은 어느 것이나 -지성에 의해 적절하게 포착되지 않았을 때- 허망한 것이 아닌가?"

에 관심을 지닌 사람이면 누구나 온갖 힘을 다하여 주목하고 다루어 보고자 하는 것임에 틀림없다. 희망은 여전히 아주 작더라도 그리고 해결은 여전히 무척 어렵더라도: *시도는 불가피하다!* 이 운명에 대해 계속해서 무관심하거나 게으른 사람이라면 그에게는 예술적 가치에서 나 인간성에 있어서나 아무 것도 남지 않는다. 견고한 토대가 없다면 문화가 고상한들 무슨 소용이겠는가? 확실한 방향이 없다면, 비율과 균형이 없다면, 아무리 힘이 있은들 무슨 소용이 있겠는가? 완전하게 독립적이며 순수한 아름다움이 없다면 개별적으로 아름다운 요소들이 뒤죽박죽 섞인 것이 무슨 소용인가? 우리는 오직 미래에 다가올 파국 이 유익한 전기[轉機]가 될 것이라고 확실하게 전망하고 있는 경우에 만 미적 문화가 처한 현재의 상태에 만족하고 안심할 수 있을 것이다.

근대문화가 나가는 길 즉 우리 시대의 정신, 특히 독일의 민족적 특성은 문학이란 것에 썩 유리하지 않는 것처럼 보인다! 아마도 많은 사람들은 "우리의 모든 제도나 사고방식이 얼마나 몰취미한가; 근대 인의 모든 관습, 전체적인 생활 방식이 얼마나 비문학적인가!"하고 생 각할 수 있을 것이다. "도처에 생명감이나 정신성이 결여된 답답한 상 투성과 격렬한 혼란, 추잡한 갈등이 지배하고 있다. 여기서 자유로운 충만감과 산뜻한 통일성을 찾으려는 나의 시선은 헛될 뿐이다. ─고 트 족이 타고난 작가이었을까(256) 하고 의심한다면 그것은 독일인의 선조들이 지닌 고귀한 힘을 간과한다는 말이 되는 것일까? 또는 수도 승의 야만적 기독교조차 아름다운 종교이었을까? 수천 개의 증거들은 한 목소리로 당신에게 외친다: *산문이 근대인의 참된 본성이다.* 그럼에도 불구하고 근대문학 초기에는 적어도 웅장한 힘과 환상적인 삶은 있었다. 그러나 곧바로 예술은 자만으로 가득찬 고수들이 가지고 노는 현학적인 유희도구가 되었다. 이제 영웅 시대의 생명력은 소실되었고 정신은 날아가버렸다; 그 뒤 옛날의 감각이 남긴 메아리만이 남았다. 근대 후기의 문학은 로망스 문학에서 떨어져 나온 혼돈이 아니면 무엇이란 말인가? 이 혼돈은 빈약한 단편들, 밀납으로 된 날개를 가지고 하늘을 향해 일직선으로 날아가서 최고의 완전성에 도달하려는 무기력한 시도 그리고 모범을 오해한 결과 생겨난 실패한 모방으로 이루어진 것에 불과하다. 그와 같은 방식으로 야만인들은 탁월한 세계로부터 떨어져 나온 아름다운 단편적 누더기들을 기워서 고딕 건축물을 만들었다. 그와 같은 방식으로 북구파 화가들은 강철 같은 근면성을 지니고 고대의 그림들을 힘들게 모방하면서 생명이 없는 그림을 완성한다. ─인간성은 단지 한번 꽃피었으나 결코 다시 꽃피우지 못했다. 이 꽃은 아름다운 예술이었다. 혹독한 겨울에는 봄을 인위적인 방식으로 쥐어짜낼 수 없다. 게다가 흐늘거리는 쇠약성과 도덕성의 상실이 시대의 일반적 정신이다. 당신은 사악한데도 아름답게 보이기를 원하는가? 당신의 내면은 좀 먹었지만 당신의 외면은 순수하다고 하는가? 이런 모순적인 출발점이 어디 있는가? 예술은 특성이 거세된 곳에서, 어떤 참된 문화도 존재하지 않는 곳에서 풍만함이 이울고 남은 저급한 간지럼으로 전락한다는 것은 당연하다. ─독일문학의 운명은 가장 절망적인 것이다! 그러나 영국인이나 프랑스인에게서는 적어도(257) 사회적 삶에 대한 재현만은 원초적인 진실성을 가지며, 고유한 구성과 생동적인 감각과 진정한 의미를 갖는다. 그에 반해서 독일인은 갖고 있는 현실이 전혀 없으니 재현할 수 있는 것도 전혀 없다; 그런 재현을 시도하는 경우 독일인은 극단적인 몽상에 빠지거나 초연함을 보인다. 물론 영국인은 모난 서투름이라든가, 둔중한 우울감이라든가, 강철같은 완고함 때문에; 또한 프랑스인은 피상적인 조급함이라든가, 천박한 표독스러움이라든가, 일면적인 민족성의 세련되지 못한 공허함 때문에 완전히 아름다운 것으로부터 엄청 멀리 떨어져 있다. 그러나 그 정신에 있어서 사소한 것에 꾸물거린다거나 혼란 속에 맴도는 듯 답답하게 보인다거나, 태고 이래로 내려온 신중한 느림 때문에 성격을 결여한 독일인에게는 자유로운 예술의 경쾌한 유희는 전적으로 불가능한 것이 된다. 한두 가지 예외가 있다고 해서 전체가 그렇지 않다는 것이 증명되는 것은 아니다. 독일에 이런저런 취미가 있다고 한다면 네로 시대 로마인에게도 취미가 있었다 하겠다."

이상의 인용문에서 본 것은 렘브란트의 식의 역사적 초상화, 그것은 어쩌면 그보다 더 어두운 초상화이며, 사실 그림의 솜씨를 본다면 그 가운데 장엄한 열정이 없는 것은 아니지만 본래로는 매우 경솔한 것이다. 하지만 거기에는 위대한 민족들의 정신, 놀랄 만한 동시대인들의 정신이 재현되어 있다. 이런 재현의 각 개별적인 특징은 진리일 수 있으며 또는 그래도 어떤 진실한 것을 포함할 수 있다. 하지만 그럼에도 불구하고 이런 특징이 완벽하지 않다면, 그리고 맥락이 결여된다면 전체는 잘못된 것이다. ―그와 같이 우리 시대가 처한 맥락 속에는 미적 쇠약성이 최고도에 달하였다. 이런 미적 쇠약성은 흥미로운 것이 이행하는 전환기 국면이지만 동시에 유익한 전환기 국면을 보여 주는 것이므로 명백히 *바람직한* 증상이다. 그런 전환기 국면 앞에 굴복하는 자가 있다면 그는 다만 약한 자일 것이다. 그러나 이런 쇠약성은 가장 강력하고 자주 도를 넘치는 노력으로부터 나온다; 따라서 자주 그런 미적 쇠약과 가장 위대한 힘은 아주 가까이 있다. 높이 올라간 자가 추락하며 긴장한 자가 허물어진다는 것은 당연하다. 도덕성의 결여라는 판단은 전체적으로 본다면 옳을 수 있으나 그럼에도 불구하고 이것이 취미의 진보를 방해하기는 어려울 것이다. 왜냐하면 취미의 진보가 쉽사리 도덕적 문화에 앞서 서둘러 출현할 수 있기 때문이다. 취미는 외적인 강제나 오염의 전염으로부터 비할 수 없이 자유로운 것이다. 개인적인 경우에서도 도덕적 발전이 대중의 유혹하는 힘에 의해 내팽겨쳐지며, 지배적인 일반적 편견에 의해 경직되며, 모든 종류의 외적인 제도에 의해 구속되는 일은 아주 쉽게 일어나는 일이다. 근대인의 문학이 자신의 고귀한 사명에 도달하게 되는가 아닌가는 민족적 특성의 행운에(258) 전적으로 의존할 수는 없다: 왜냐하면 근대문화는 인위적이기 때문이다. 근대인의 취미가 더욱 훌륭하게 되는 것은 자연의 선물이어서는 안되며 그가 자유롭게 산출한 자립적인 산물이어야 한다. 힘이 있기만 한다면 결국에 가서는 예술은 근대인의 일면성을 교정하고 자연이 부여한 위대한 선물의 역할을 대신하는 데 성공할 수 있다. 근대인에게 현명한 지도가 결여된다고 하더라도 *미적인 힘*까지 결여되는 것은 아니다. 근대인이 좋은 문학적 소질을 받았다는 것은 확실하다. 그런 것이 아니라면 자연은 이태리인에게조차 인색했다는 말이 될 것이다. 독일인의 취미는 최근에야 형성되었다고 기억하는 사람이 독일인 중에 여전히 존재한다. 독일인이 개인적으로 보아서 탁월한 정도만큼 민족 전체로 본다면 유럽의 다른 개화 민족들보다 뒤떨어져 있다. 그러나 창의적이더라도 분수를 알며 힘이 있더라도 겸손한 것이 독일 민족의 원초적인 특징이지만 이 특징은 자주 오해받는다. 독일인의 악명을 높여준 *모방욕*은 이런저런 점에서 실제로 조롱받을 만하며, 그런 조롱은 독일인을 낙인찍곤 한다.[92] 그러나 전체적으로 본다면 독일인의 다면적인 특성은 미적 문화가 진정으로 진보한 결과에 속하는 것이며 그만큼 보편 타당성에 근접했다는 것을 보여 주는 전조[前兆]이다. 그러므로 소위 말해서 독일인이 성격이 결여한다는 것도 다른 민족들의 타성적인 특성에 비해 본다면 훨씬 탁월하다. 각 민족의 문화에 나타나는 민족적인 일면성이 더 많이 뒤섞이고 개정되는 경우에 비로소 각 민족의 일면성은 독일인에게서 나타나는 다면성이라는 더 높은 단계로 고양될 수 있을 것이다.

우리 시대 그리고 우리 민족의 미적 문화의 특징은 주목할 만한, 위대한 징조를 통해 잘 드러난다.(259) *괴테*의 문학은 진정한 예술,

---

92 영어 번역 주: 이런 모방욕은 고대의 모델이 문학적 생산이나 미적인 이론에서 독일인에게 주는 영향력이 어느 정도이었는가를 암시해 준다. 이런 모방욕은 고트쉐드Johann Christoph Gottsched(1700-1766)가 지은 『독일 비평문학의 시론』(1729)과 같은 중요한 작품에도 간직되어 있다. 이 저서는 최근의 작가인 셰익스피어나 밀톤Milton보다 아리스토텔레스와 호라티우스를 모범으로 설정한다. 이런 견해는 특히 레싱Lessing이나 니콜라이Nicolai와 같은 저명한 비판가들에 의해 끊임없이 비판받아 왔다.

순수한 아름다움의 여명이다. ─강렬한 감각은 하나의 시대, 하나의 민족을 고무시키기는 했으나 청년기 괴테가 보여준 장점들 가운데에는 가장 사소한 것이었다. 괴테의 후기 작품들이 가지고 있는 철학적 내용이나 그것들의 특징을 이룬다고나 할 진실성은 셰익스피어의 다 할 수 없는 풍요로움과 비교될 수 있을 것이다. 사실 『파우스트』가 완성되었더라면 이 작품은 영국인 셰익스피어의 걸작이며 아마도 『파우스트』와 동일한 목적을 가진 것처럼 보이는 『햄릿』보다 훨씬 뛰어나게 되었을 것이다. 저기 『햄릿』에서 단지 운명이나 상황이었던 것이 즉 약점이었던 것이 여기 『파우스트』에서는 마음이며 행위가 되고 강점이 된다. 즉 햄릿의 기분이나 태도는 그가 처한 외적인 상황의 결과이다; 반면 파우스트의 유사한 태도는 원초적인 성격의 결과이다. ─작가 괴테가 가진 재현 능력은 무제한적으로 다변적이므로 그는 예술가들 가운데 프로테우스로 불리는 바다의 신과 등치될 수 있을 것이다. 그는 아래와 같이 찬양받는다.

처음에 그는 무섭게 휘날리는 갈기를 지닌 사자이었다.
곧 그는 물처럼 흘러가면서 구름 속에서 나무처럼 살랑거렸다; [93]

---

93 영어 번역 주: 오디세이 iv, 456-459

"처음에 그는 커다란 갈기를 지닌 사자로 변했고 이윽고 뱀으로 변했고, 이어서 표범으로 변하고 그 다음에는 커다란 수퇘지로 변했다. 그리고 그는 흐르는 물로 변했고, 높다란 가지를 지닌 나무로 변했으나 우리는 인내하는 마음으로 그를 꼼짝하지 않고 지켜보았다."

이 구절에서 메넬라우스Menelaus는 텔레마쿠스Telemachus에게 그가 트로이에서 집으로 돌아오는 여행에서 파로스의 섬으로부터 어떤 식으로 따라서 몇몇 애호가들이 그에게 *문학적인 전능성*을 부여하고, 아무 것도 못하는 것이 없는 사람이라고 주장하며, 그의 독창성을 예리하게 지적하는 논문을 아무리 읽어도 지치지 않는다고 말 하더라도, 이는 기껏해야 지각이야 틀린 바 없지만 표현은 신비하게 된 것 정도로 용서받을 수 있을 것이다.

내가 보기에는 이런 절제된 방식으로 표현된 찬탄에 올바른 관점이 결여되어 있다; 즉 괴테가 이런 방식으로 독일의 셰익스피어로 변용된다면 이는 괴테에게 엄청 불공정한 것이다. 특징성의 문학에서는 타성적인 영국인 셰익스피어가 장점을 가지고 있다고 주장될 수 있을 것이다. 그러나 독일인 괴테의 목표는 객관적인 것이다.(260) 아름다운 것이 그의 매혹적인 창작을 평가하는 진정한 척도이다. —그의 작품의 분위기에 해당하는 가벼운 흥겨움, 고요한 쾌활함보다 더 매력적인 것이 있을 수 있는가? 그의 작품의 윤곽이 지닌 순수한 규정성, 미묘한 유연성보다 더 매력적인 것은 있을 수 있는가? 여기에는 힘만 있는 것이 아니라 비율과 균형도 있다! 우아함 자체는 그것을 사랑하는 사람에게 *아름다운 배열*의 비밀을 가르쳐 준다. 괴테는 정지와 운동 사이에 일어나는 유익한 상호 작용을 통해서 가장 매혹적인 삶을 전체에 걸쳐서 골고루 분산할 줄을 알며 자유롭게 움직이는 풍요한

도망했는지를 이야기한다. 그는 도망가기 위해 바다의 신 프로테우스를 포로로 잡았다. 프로테우스는 그에게 집으로 돌아가는데 필요한 정보를 주었다. 위에서 인용한 시구는 프로테우스가 메넬라우스를 피하기 위한 노력에서 취했던 모습들을 이야기한다.

내용들은 단순한 전체 속에서 스스로 질서를 형성하면서 우아한 통일성을 이룬다.

괴테는 흥미로운 것과 아름다운 것 사이에, 타성적인 것과 객관적인 것 가운데 있다. 따라서 몇몇 작품들 속에 그의 고유한 개성이 너무나도 뚜렷하게 나타나고, 다른 많은 작품들에서 그는 변덕을 부리고 낯선 타성을 수용한다는 것도 우리를 전혀 불쾌하게 하지 않을 것이다. 이것들은 말하자면 특징적인 것과 개성적인 것의 시대가 남긴 잔재들이다. 그리고 그는 객관성을 타성 속으로 끌어들이는 것이 가능하다면 그렇게 할 줄도 안다. 그는 때때로 여기저기 성긴 듯하며 서로 무관한 듯하기에 변변치 않은 소재 속에 푹 빠져 버린다. 그 결과 반대로 그는 ─마치 내용이 없는 공허한 사유가 있는 것과 같이─ 어떤 소재도 없이 전적으로 순수한 작품을 산출하는 일에 진지하게 매달리는 것처럼 보인다. 그의 작품들 속에서 아름다움을 향한 충동을 찾는 것은 무용하다; 그의 작품들은 오직 재현 충동의 순수한 산물이다. 대체로 그의 예술의 객관성은 타고난 선물일 뿐만 아니라 동시에 자기 도야의 결실인 것처럼 보일 수 있다; 반면 그의 작품의 아름다움에 관해서라면 그것은 그의 원초적인 본성이 자기도 모르는 사이에 부여한 것이다. 그는 기쁨이나 감동의 장면에서 더욱 매력적이다; 그는 종종 아름답기를 원한다; 하지만 고상한 경우는 드물다. 그의 광적인 힘은 충동적인 성급함 때문에 여기저기서 쓰라린 것이나 짜증나는 것에 부딪히고 풀린 듯한 나른함 때문에 축 늘어진 것에 부딪힌다. 그러나 대체로 그의 광적인 힘은 현명한 보존의 능력과 가장 절묘한 방식으로 결합한다. ─그가 타성으로부터 전적으로 자유로운 곳에서 그의 재현은 마치 더욱 고차적인 정신이 지닌 고요하면서도 쾌활한 관점에서 나온 듯하다. 이런 더욱 고차적인 정신은 어떤 약함도 나누어 갖지 않으며 어떤 고통에 의해서도 제거되지 않으며 오직 순수한 힘만을 포착하며 영원히 그 힘을 제시할 뿐이다.(261) 그가 전적으로 그 자신인 곳에서 그의 매혹적인 창작 정신은 *사랑스러운 풍요로움과 감동적인 기품*이라는 특징을 지닌다.

이 위대한 예술가는 *미적 문화가 도달하는 전적으로 새로운 단계*에 대한 전망을 연다. 그의 작품은 객관적인 것이 가능하며 아름다움에 대한 기대가 이성의 공허한 광기가 결코 아니라는 사실을 반박할 수 없도록 믿게 해 준다. *객관적인 것*은 여기 그의 작품이 실제로 이미 도달한 것이다. 본능이 지닌 필연적인 강제력은 흥미로운 것이 부딪힌 위기 국면으로부터 벗어나서 객관적인 것으로 모든 더욱 강한 미적 힘(이런 힘은 스스로 소모되는 것은 아니다)을 인도할 수밖에 없으므로; 객관적인 것은 곧바로 더욱 일반적인 것으로 되며, 공공연하게 인정되며 *철저하게 지배적인 것으로* 될 것이다. 그때 미적 문화는 *결정적인 지점에 이른 것이다.* 그 지점에 이르면 미적 문화는 방임된다더라도 더 이상 침몰하지 않고 오히려 그것의 전진을 멈추게 하는 것은 아마 외적인 강제일 뿐이며 또는 그것을 완전하게 파괴하는 것이 있다면 그것은 아마 물리적 재난일 뿐이다. 나는 위대한 윤리적 혁명이 가능하리라 생각한다. 그것을 통해 자유는 운명과의 투쟁에서 자연을 결정적으로 압도한다. 이 혁명은 자립성이 물체의 힘을 운동

원리에서조차도 지배하게 되는 중요한 순간에 일어난다; 왜냐하면 인위적인 문화를 조종하는 원리는 말할 것도 없이 자립적인 것이기 때문이다. 그런 윤리적 혁명 이후에는 문화가 나가는 길, 미적 힘이 취하는 방향, 공동적 생산물 전체의 배열은 인간성이 지닌 목적이나 법칙에 따라서 결정될 뿐만 아니라; 또한 인간적인 것이 문화에 현존하는 힘이나 문화에 내재하는 물질적 요소를 압도하게 될 것이다. 물론 모든 문화를(262) 단번에 절멸시킬 지도 모를 물리적 재난의 경우에[94] 그런 것처럼 자연적 힘이 *강화*되지 않는 한: 인간성은 중단 없는발전 속에서 앞으로 나갈 수 있다.[95] 그때 인위적인 문화가 자연적인 문화가 그랬던 것처럼 적어도 *자기* 속으로 침잠하는 일은 일어날 수는 없다. -또한 자연이 문화의 초기에 지니는 우월한 힘이 아무리 크다고 할지라도 자유가 자연과의 힘든 투쟁 속에서 마침내 승리를 획득한다는 것은 결코 기적이 아니다. 왜냐하면 인간의 힘은 제곱 급수로 성장하기 때문이다. 그 이유는 모든 진보는 더 큰 힘을 보장할 뿐만 아니라 더 멀리 나가는 진보를 위한 새로운 수단까지도 손에 쥐어 주기 때문이다. 문화를 지도하는 지성은 능숙하지 못한 한 자주 그랬듯이 스

94 영어 번역 주: 문장의 이 앞의 부분은 「재판」에서 변경되었다: "진화의 투쟁에서 어느 곳에서든지 정신에 폭력적인 방식으로 대립하는 적대적인 요소가 마치 외적인 자연의 재난의 경우에서처럼 지원을 받지 않는다면"

95 역주: "혁명"이라는 말이 「재판」에서는 모든 경우에 제거되었다는 것은 주목할 가치가 있다. 이것은 슐레겔이 청년기 혁명적인 입장에서 1807년 가톨릭으로 개종 이후 오스트리아에 봉사하면서 보수적 입장으로 정치적 태도를 변경했다는 것과 맞물리는 것으로 보인다.

스로를 해칠 수도 있다: 지성이 그의 모든 실수를 충분하게 대체할 때가 올 것임에 틀림없다. 우월했던 맹목적 힘은 결국 지성이라는 상대 앞에 굴복할 수밖에 없다. —완전성에 관한 이론보다 더 자명한 것은 없다. 인간성이 필연적으로 무한히 완성된 것이라는 이성의 순수 명제는 전혀 어려움 없이 이해된다. 다만 이를 역사에 적용하려는 경우 참된 지점을 적중시키고 올바른 계기를 지각하고 전체를 개괄할 만한 *전망*이 결여된다면 최악의 오해가 야기될 수도 있다. 경험이라는 뒤얽힌 실타래를 한 줄기 실로 풀어내고 문화의 현재 단계를 올바르게 평가하며 바로 다음에 다가올 단계를 기막히게 추측하는 것은 항상 어려운 일이며 종종 불가능한 일이기도 하다.

근대문화가 가는 길이나 방향을 규정하는 것은 그 문화를 *지배하는 개념*이다. 그러므로 그 개념의 영향은 무한하게 중요하며 결정적이기도 하다. 근대 전체를 통하여 진정한 도덕적 문화를 나타내는 것으로서는 몇몇 파편조각들밖에 없고, 일반적으로 본다면 위대하고 선한 의지가 아니라 오히려 도덕적인 편견이 지배하고 있다: 마찬가지로 근대 전체를 통해 현존하는 것은 미적 편견일 뿐이다. 그런 미적 편견은 무척이나 깊게 뿌리내리고 있으면서 일반적으로 만연되어 있어서 처음 힐끗 볼 때 나타나는 것보다 비교할 수 없을 정도로 더 해로운 것이다. 점진적이고 느리게 나아가며 단계를 거쳐 전진하는 지성의 길은 어쩔 수 없이 일면적인 견해들을 동반한다. 이 견해들은 개별적으로는 진리라는 특색을 포함한다; 그러나 이런 특색은 불완전하며 그 참된 맥락으로부터 분리되어 있다. 이런 특색은 관점을 전도시키며(263) 전체를 파괴한다. 그와 같은 편견들은 때때로 자기 시대에는 일정한 정도 유용하며 국지적인 합목적성을 갖는다. 이런 편견들 때문에 아름다운 작품을 완성하기에 그 자신만으로 충분한 학문이 있을 거라는 교조적 믿음이 생기며 그 결과 객관적인 것을 향한 노력이 유지되어 왔으며 지속적으로 간직되어 왔다; 미적인 무정부 체제는 적어도 일면적 이론의 전제적 지배를 해체시키는 데 기여했다. 그러나 앞으로의 전진 자체를 가로막고 있는 다른 미적 편견들은 더 위험스러운 것들이니만큼 단적으로 내버려져야 할 것이다. 예술의 친구라면 누구에게나 가장 성스러운 의무는 자연이 지닌 자발성을 칭찬하고 인간의 자립성을 손상시키는 오류와 가차없이 투쟁하며 이런 오류를 가능한 한 전적으로 제거하는 것이다. 왜냐하면 이런 오류는 예술에 대한 희망을 불가능한 것으로 간주하면서 예술을 위해 노력하는 것을 무망한 것으로 묘사하기 때문이다.

그러므로 많은 사람들은 이렇게 생각한다:"아름다운 예술은 인류 전체가 소유하고 있는 것이 결코 아닐 것이다; 아름다운 예술은 결코 인위적인 문화의 열매는 아닐 것이다. 아름다운 예술은 자연의 은총이 부지중에 쏟아져나온 것이며 특정 지역의 가장 절묘한 기후가 낳은 *지역적 산물*일 것이며; 역사상 *한 순간에 머물렀던 획기적인 시기*이며, 곧 지고 말았던 꽃이며, 흡사 인류의 짧은 봄과 같을 것이다. 그 획기적 시기에 현실 자체가 이미 고귀하고 아름답고 매력적일 것이며 가장 흔한 민중의 이야기조차 인위적인 손질이 전혀 없더라도 황홀한 문학이 될 것이다. 생기 있는 환상이 피우는 신선한 꽃, 강력하고도

민첩한 탄력, 감정의 고차적인 건전성은 결코 꾸며낼 수 있는 것은 아닐 것이며 한번 흩어지면 다시 회복될 수 있는 것이 아닐 것이다. 그런 것들은 북구의 음울한 하늘이 지닌 혹독함, 고트족의 사고방식들이 보여 주는 야만성, 현학적인 박사들이 간직한 차가운 가슴 아래에서는 조금도 나타날 수 없을 것이다."

이런 말들은 적어도 발전하고 있는 예술의 어떤 부분에 있어서는 아마도 매우 제한적이기는 하지만 타당할 수 있다. 사실상 아름다운 조각에 있어서는 절묘한 신체조직이 결여되고(264) 적당한 기후가 결여되면 이런 결여는 자유가 아무리 강제적으로 활기를 불어넣어도 그리고 문화가 최고로 발전하더라도 대체될 수 없을 것같다.[96] 그러나 이런 대체불가능성이라는 사실을 문학에까지 확장하는 것은 부당하며 경험과 전적으로 대립된다. 원초적인 열정의 힘이 아무리 심하게 억압받더라도 질식되지 않을, 위대한 음유시인들이나 절묘한 작가들이 각 지역에 엄청나게 많이 있었지 않는가? 문학은 *보편* 예술[97]이다: 왜

---

96 원주: 인간의 본성을 도덕적으로 치유하는 힘은 일반적으로 믿을 수 없을 만큼 강하며 그러기에 어떤 유형의 동물이 지닌 독특한 유기체적 재생 능력과 전적으로 다른 것은 아니다. 그런 동물의 경우 완강한 생명력은 찢겨나간 수족을 대체하고 재생한다. 역주: 이 노트는 『재판』의 텍스트에 추가되었다.

97 영어 번역 주: 슐레겔이 그리스를 연구하도록 고취한데서 빙겔만 Winckelmann이 아무리 중요하다 하더라도 이 점에 관해서는 슐게겔은 유력한 레싱의 평가를 고수한다. 조각에 관한 레싱의 평가는 작품 「라오쿤Laokoon」에 대한 평가에서 나온다.

냐하면 문학의 기관인 *환상*은 자유와 비교할 수 없을 정도로 더 가까이 연관되며 반대로 외적인 영향으로부터 독립적이기 때문이다.[98] 따라서 문학과 문학적 취미는 조각보다 훨씬 더 타락하기 쉽지만[99] 그러나 *무한히 더 완전하게* 될 수 있다. 물론 생기 있는 환상의 신선한 꽃은 자연의 값비싼 선물이지만 동시에 가장 일시적인 것이다. 단 한 번 독기를 품은 숨을 불어 넣으면 무구한 색깔은 바래고 아름다운 꽃은 시들어 고개를 숙인다. 그러나 환상은 비록 이미 오래전부터 박식함에 짓눌리며 둔감해지고, 관능적 쾌락에 의해 축 늘어지고 흩어질 때조차 자유의 활약에 의해 그리고 진정한 문화에 의해 새로이 솟아날 수 있으며 점차 완전하게 될 수 있다. 환상은 강도과 열기, 탄력성에 완전히 다시 도달할 수 있다; 다만 봄에 나타났던 신선한 색깔이나 낭만적인 향기는 가을에 쉽게 다시 돌아오지 않는다.(265)

또 다른 편견이 아주 일반적으로 유포되어 있다. 그 편견은 아름다운 예술에게 어떤 자립적인 현존도 그리고 어떤 고유한 지속성도 부여하기를 완전히 거부하며; 아름다운 예술의 특수한 차이를 전적으로 부인한다. 나는 어떤 사람이 다음과 같은 생각을 떠들면 너도 나도 소

---

98 역주: 다음이 「재판」에서 이 지점에 삽입되었다: "기도문의 음악성은 훨씬 정신적인 유형이며 이는 문학을 발생시키며 문학을 작동시키는 뿌리이다."

99 역주: 이 문장은 「재판」에서 다음과 같이 변경되었다: "문학과 문학적 취미는 아름다운 형체나 물질적 형체 속에 있는 고귀한 형식에 대한 조각의 감각(보다 더 타락하기 쉽지만); 문학은 다른 한편 끝없는 완성이 가능하며 정신적 재생에 의해서 가장 심각한 타락으로부터 더 쉽게 회복될 수 있다."

리치며 이 생각에 동조하지 않을까 두렵다: 즉 "문학은 아직도 청년기에 머무르는 인류가 사용하는 유아적인 상징 언어에 지나지 않는다: 즉 문학은 *학문에 이르기 전의 예습이며, 인식을 포장하는 껍질이며*; 본질적인 선과 유용성에 추가된 불필요한 덤이다. 문화의 수준이 올라가면 갈수록 명백한 인식의 영역은 가늠할수 없을 정도로 더욱 확장된다; 또한 재현의 본래 영역도 확장된다. *─새벽의 어스름은 동 터오르는 빛 앞에서 더욱 가늘게 수축된다. 계몽의 밝은 한낮이 이제 여기 와 있다. 문학, 이 예쁘기는 하지만 유치한 놀이는 철학의 세기인 최근 우리의 세기에*[100] *더 이상 유지되지 못한다. 마침내 문학을 끝낼 시기가 왔다.*"

이런 식으로 문화가 도달했던 이전의 단계에 출현했던 아름다운 예술의 개별 구성요소가, 그리고 아름다운 예술의 잠정적인 상태가 아름다운 예술의 본질과 혼동되었다. 인간의 본성이 현존하는 한 재현의 충동은 솟구치며 아름다움에 대한 요구는 지속될 것이다. 인간에게 필연적으로 내재된 소질은 자유롭게 발전하도록 허용되자 말자 아름다운 예술이라는 것을 산출할 수밖에 없다. 이 소질은 *영원히 존재하는 것*이다. 예술은 인간의 마음이 수행하는 전적으로 본래적인 활동이며 다른 모든 활동으로부터 *영원한 경계선*을 통해 구별되는 활동이다. 인간이 어떤 활동을 하고 어떤 고통을 당하든 이는 모두 마음과 자연의 공동적인 상호작용이다. 그러므로 자연과 마음이 공동으로

---

100 역주: "철학의 세기인 최근 우리의 세기에"라는 구절은 「재판」에서 다음과 같이 개정되었다: "완전한 이성의 세기인 우리의 세기에"

산출한 개별 산물을 현존하게 만드는 궁극적 근거 또는 그것을 산출하는데 최초로 결정적인 충격을 준 원인은 자연이나 마음 중의 어느 하나가 될 수밖에 없다. 첫 번째 자연이 근거이자 원인인 경우 그 결과는 *인식*이다. 인식 이전의 물질의 특성이 인식을 통해 파악된 다양성의 특성을 결정하며; 물질의 특성이 마음을 유도하여, 다양성을 결합하여 일정한 통일을 산출하도록 만들며, 이런 결합을 일정한 방향으로 밀고 나가서 완전성에 이르도록(266) 보완한다. 인식은 자연이 마음에 미친 영향이다. ─ 그것에 반해서 두 번째 마음이 근거이자 원인인 경우에 마음이라는 자유의 능력은 자기 자신에게 일정한 방향을 부여할 수밖에 없다. 선택된 통일성의 특성이 선택되는 다양성의 특성을 결정한다. 왜냐하면 이런 다양성은 마음의 목적에 따라 선택되며 질서를 부여받고 가능한 한 발전하기 때문이다. 이렇게 해서 나온 산물이 *예술 작품*이며 그것은 마음이 자연에 미친 영향이다. 인간과 단지 간접적으로만 결합되어 있는 외적 자연으로부터 주어진 물질적 소재 속에 인간의 영원한 목적을 집행하는 활동은 *재현 예술*에 속하는 활동이다. 이런 물질적 소재가 다떨어지지 않을까 또한 물질에 내재하는 영원한 목적이 인간의 목적이 되기를 중단하지 않을까 걱정할 필요 없다. ─아름다움 역시 재현예술에 못지않게 인간 규정의 나머지 부분들로부터 영원한 경계선을 통해 구별된다. 순수한 인간성(이 말은 인간이라는 류의 완전한 규정을 말한다)은 오직 동일한 것이며 부분들로 이루어진 것이 아니다. 그러나 인간성을 현실에 적용하면 이 인간성은 현실적인 인간이 지닌 원초적인 능력과 처지의 영원한 차이에 따라서, 그리고 이 근원적 능력과 처지가 발전시킨 특수한 기관에 따라서 여러 가지 방향으로 구별된다. 나는 여기서 *감정의 능력*은 표상의 능력이나 욕망의 능력으로부터 특별히 차이있는 것이라는 사실을 전제하고 싶다; 즉 자연 법칙의 강제와 욕구의 강제 사이의 중간 상태, 자유로운 유희의 상태, 그리고 인간 본성 가운데 있는 무규정적인 규정성은 욕구에 복종하는 노동의 상태나 자연이 지닌 제한적 규정성의 상태만큼이나 필수불가결하다는 사실을 전제하고 싶다: 만일 그런 것을 전제한다면 아름다움도 이런 여러 방향들 중의 하나이며 그 류– 전체 인간성–와 다르며 동시에 그 부차적 종– 즉 인간이 가진 과제들 가운데 나머지 원초적인 구성요소[표상이나 욕구]–과도 다른 특수한 것이다.[101]

그러나 예술적 소질이나 아름답고자 하는 강박은 신체에서나 도덕에서나 필수적일 뿐만 아니라; 아름다운 예술을 수행하는 *기관*이 있어야 그것의 지속이 가능하다. 그러나 가상이 인간을 불가분리적으로 동반한다는 사실은 입증될 필요조차 없지 않을까?(267) 아무튼 계몽의 빛은 연약함이나 오류, 욕구의 가상을 파괴할 수는 있다: 그러나 상상력의 유희가 보여 주는 *자유로운* 가상은 계몽의 빛이라고 해도 파괴할 수 없을 것이다. 특수한 종류의 *형상화*를 재현이나 현상에 대한 일

---

101 역주:위의 구절에서 슐레겔은 자연과 마음 가운데 자연을 근거로 한다면 인식이 성립하고 마음을 근거로 한다면 예술이 성립한다고 주장한다. 그러나 인식도 선험적이기에 마음을 전제로 하며 예술도 자연적 소재를 전제로 하여 상상력이 발휘되는 것이다. 그러므로 인식과 예술, 철학과 문학은 통일적으로 작용한다.

반적 요청 속에 집어넣어서는 결코 안된다; 또는 야생적인 원시인이 가공할 만한 열정을 폭력적으로 발산하는 짓을 문학의 본질과 혼동해서는 안된다.[102] 물론 인위적인 문화가 *중간 단계*에 도달하면 사색의 삼매경이나 박식함이 상상력의 경쾌한 유희를 마비시키고 짓누르며, 세련됨과 섬세함이 감정을 마모시키고 약화시키는 일은 매우 자연스러운 일이며 이해할 만한 일이다. 문화의 불완전성 때문에 어쩔 수 없이 미적 충동의 힘이 둔화되며 그 생동성이 구속되며, 그 단순한 도약이 지리하고 혼란스럽게 된다. 그러나 인간에게서 감성과 정신은 서로 너무나도 내적으로 얽혀 있어서 감성의 발전과 정신의 발전은 오직 이행적인 단계에서는 그리고 오직 여기서만 서로 분리될 수 있다. 이 두 가지는 *전체적으로 본다면* 동일한 보조를 취할 것이며 뒤쳐지는 부분은 빠르게든 느리게든 부족한 것을 만회한다. 사실상 진정한 정신이 발전하여 더 높이 올라가면서 인간은 감정의 강도와 민감성에서도 그러므로 *진정한 의미에서 미적인 생동성* (즉 열정과 매력)에 있

---

102 영어 번역 주: 슐레겔의 이런 주장은 자연 문학의 자연적인 기원(즉 원시적 열정)을 찾으려는 당시의 노력을 시사한다. 이런 노력으로 잘 알려진 예는 오시안Ossian의 작품들, 즉 「스코틀랜드와 핀갈Fingal의 고원에서 채집된 고대 문학의 단편들(각각 1760, 1762)」이었다. 사실상 정말로 아이러니컬한 일이지만 그 작품들은 독일에서 알려졌듯이 오시안의 산물이 아니라 맥퍼슨James Macpherson(1736-1796)의 산물이었다. 독일 완역본은 1768-1769년 출현했다. 헤르더와 괴테가 특히 이 작품을 열광적으로 환영했다. 영국에서 퍼시Thomas Percy(1729-1811)는 「고대 영문학의 유산(1765)」을 출판하여 이런 문제들에 관심을 고취시키는 데 기여했다.

어서도 잃는 것보다는 얻는 것이 차라리 더 많다는 주장이 가장 믿을 만하다.

이태리 문학과 프랑스문학 그리고 영국문학과 독일문학조차도 사실 이미 그 *황금기*를 지났다는 말을 사람들이 어떻게 수용할 수 있었는지는 이해할 수 없는 일처럼 보인다. 이런 황금기라는 말은 너무나도 오용되어 왔기에 군주가 보호해 주거나, 유명인의 수가 많거나, 청중이 어느 정도 열중하거나 또는 기껏해서 부수적인 일이 최고조에 이르면 이것이 황금기란 이름을 요구하기에 충분한 것처럼 보인다. 이때 다만 유감스러운 것은 불행한 세기인 은, 철, 납의 세기에는 황금기의 영원한 모범을 온갖 힘을 다하여 추구해도 헛될 뿐이라는 슬픈 운명밖에(268) 남는 것이 없다는 사실이다. *양식*이라고 할 게 전혀 없고 그저 타성만이 있는 곳에서 *완전한 양식*에 대하여 물음을 던지는 것이 가능할까? 엄밀하게 말하자면 근대의 예술작품들 가운데 단하나라도 미적인 *완성*의 정점에 도달한 것이 없으니 하물며 문학의 한 시대 전체가 여기에 도달한 것인가는 물어볼 것도 없다. 여기에 암암리에 전제된 근거는: 곧 식물이나 동물이 발생하고 점차 자기를 발전시키며 성숙하고 다시 이울어지며 마침내 몰락하는 방식으로 즉 영원한 순환 속에서 최종적으로는 항상 처음 출발했던 곳으로 되돌아오는 방식으로 미적인 발전이 일어난다는 사실이다; 그런데 이런 전제는 단순한 오해에 기인하는데, 이런 오해의 심원한 원천은 아래에서 다루어 질 것이다.

인위적으로 조직된 거대한 대중 즉 유럽의 민족체제와 같은 것이 발전하는 데 있어서는 문화가 부분적으로 정지하거나 여기저기에서 겉으로 보기에 퇴보하는 일은 예외적인 일처럼 보이지 않을 것이다. 그러나 아마도 파국이 지나갔으며 미적인 힘은 영원히 소실되었다고 사람들이 확실히 믿는 곳에서조차 미적 발전의 극적인 전개가 끝났다는 단정에 이르기에는 아직 거리가 멀다. 오히려 거기에서조차 미적인 힘은 마치 재 속에 숨어 있는 불씨처럼 불타고 있으며 다만 형편이 유리하게 될 순간을 기다려서 환한 불꽃으로 활활 타오를 것으로 보인다. 정말로 놀라운 일이지만 우리들 시대에 객관적인 것에 대한 욕구가 도처에서 일어나고 있다; 심지어 아름다운 것에 대한 믿음이 다시 깨어나고 있으며 더 좋은 취미가 다가오고 있다는 사실이 분명한 증상을 통해 알려진다. 사실 이 순간, 근대인의 미적 문화에서 객관적인 것을 지배적으로 만들 *미적 혁명*이 성숙한 것처럼 보인다. 물론 위대한 것은 결코 어느 것도 저절로 그리고 어떤 힘이나 결단도 없이 생기하는 것은 아니다!(269) 우리가 팔짱을 끼고서 시대의 취미를 철저하게 개선하기를 더 이상 욕구하지 않는다는 데 동의한다면, 이는 스스로 처벌해야 마땅한 오류일 것이다. 객관적인 것이 일반적으로 지배하지 않는 한에서 이런 개선에의 욕구는 자명하다. 흥미로운 것, 특징적인 것, 타성적인 것이 지배하고 있다는 것은 아름다운 문학의 눈으로 보면 *미적으로 볼 때 낯선 것이 지배한다는 것이다*[103]. 이미 근대

---

103 역주: 이 문장은 「재판」에서 변경되었다: " 내용에 있어서 흥미로운 것, 특징적인 것의 지배 그리고 방법론에서 특이한 것, 기발한 것, 눈길을 끄는 것의 지배는 문학 예술에서 전적으로 이질적인 예술적 법칙을 이루고 있다."

문학의 전체가 빠져 있는 무정부적인 혼돈 속에 아름다운 예술의 모든 요소들이 현전한다. 또한 이와 마찬가지로 그런 혼돈 속에는 심지어 서로 대립적으로 나타나기도 하는 모든 종류의 미적 타락이 발견된다. 즉 기교와 병존하는 조야함, 무법적인 방자함과 병존하는 무기력한 갈망이 그런 것들이다. 나는 이미 전적인 무능력, 구원할 수 없는 타락이라는 주장에 명백하게 반대하여 왔으며 우리 시대에 미적문화가 고조되고 있으며, 미적인 힘이 강화되고 있음을 인정해 왔다. 다만 진정한 방향, 올바른 기조가 결여되어 있을 뿐이다; 그리고 개별적으로 나타나는 탁월함은 매우 쉽게 진정한 맥락으로부터 벗어나서지극히 추악하게 될 수도 있다. 그러므로 개별적인 탁월함은 다만 진정한 방향이나 올바른 기조를 통해서만 그리고 그런 것들과 더불어서만 완전한 가치와 참된 의미를 간직하게 될 것이다. 이를 위해서는 완전한 개조[104]와 완전한 혁명적 전환이 필요하다.

미적 발전에는 두 가지 종류가 있다. 하나의 종류는 숙련의 *점진적 발전*이다. 이런 발전은 확대되고 첨예화되고 세련된다; 이런 발전은 원초적인 소질을 보존하고 강화하고 고조시킨다. 다른 종류는 자연적 힘에 질서를 부여하는 *절대적인 규율*이다. 이런 규율은 개별적인 아름다움들 사이에서 나타나는 갈등을 제거하고 모든 개별적인 아름다움들이 전체의 필요에 따라 합일하기를(270) 요구한다; 이런 규율은 엄밀한 정합성, 우아한 비율과 완전성을 제공한다; 이런 규율은

---

104 역주: "완전한 개조" 말은 『재판』에서 변경되었다: "예술과 미의 영역에서 전반적인 부흥"

근원적인 미적인 경계선들이 뒤섞이는 혼란을 금지시키며 타성적인 것을 추방하고 마찬가지로 미적으로 낯선 것이 지배하는 것도 추방한다. 한마디로 말해서: 그런 규율이 만들어내는 작품이 *객관성*의 문학이다.

미적인 혁명[105]은 그 가능성을 위한 잠정적인 조건으로서 두 가지 필수적인 요청[공준]을 전제한다. 그 최초의 요청은 *미적인 힘*이다. 예술가의 천재성뿐만 아니라 이상적으로 재현하거나 미적인 활기를 불어넣는 독창적인 힘도 습득될 수 있는 것이 아니며 대체될 수 있는 것도 아니다. 자연적인 소질은 진정한 전문가에게 원초적으로 주어지는 것이다. 이런 자연적인 소질이 이미 현존하고 있다면 그 소질은 몇 배로 발전하지만, 만일 결여된다면 어떤 문화로도 대체될 수 없다. 정확한 시선, 확실한 분별력; 고도의 예민한 감정, 고도로 민감한 상상력은 배울 수도 없으며 가르칠 수도 없다. 그러나 이런 가장 절묘한 소질조차도 위대한 예술가가 되거나 위대한 전문가가 되기에 충분하지 않다. 도덕적 능력이 강력하고 광범위하게 작용하지 않는다면, 전체의 마음이 조화를 이루지 않는다면 또는 적어도 조화를 향한 *일관된 경향성*을 갖지 않는다면 누구도 뮤즈의 사원의 가장 성스러운 장소에 도달할 수 없을 것이다. 따라서 두 번째 필수적인 요청은 개별 예술가와 비평가에 대해서뿐만 아니라 청중 전체에게도 요구되는 것이지만― 바로 *도덕성*이다. 올바른 취미는 도덕적으로 선한 감정이 가

---

105 역주: "미적인 혁명"은 「재판」에서 변경되었다: "아름다운 예술의 부흥"

지고 있는 도야된 감정이라 말할 수 있다.[106] 그에 반해서 악한 인간의 취미는 올바르게 되거나 자기 합일을(271) 이룰 수 없을 것이다. 이런 관점에서 본다면, 스토아주의 사상가가 오직 현자만이 완전한 작가나 문학 전문가가 될 수 있다고 주장했을 때 이는 부당한 것이 아니다. 인간은 자신의 마음이 가지는 다양한 힘들을 단순한 자유의지를 통해서 조종하고 규제하는 능력을 갖고 있다는 점은 확실하다. 그러므로 인간은 미적인 힘에게도 더 좋은 방향이나 올바른 기조를 전달할 수 있을 것이다. 다만 그는 그것을 *원해야* 한다; 그것을 원하게 하고 그것을 향한 자립적 결단을 고수하게 하는 힘은 그가 자기 속에 발견하지 않는다면 누구도 그에게 전달할 수 없다.

그러나 물론 건물이 완성되는데 단지 대지만으로 충분하지 못하듯이 단순한 선한 의지로는 충분하지 못하다. 타락하고 자기 합일을 이루지 못하는 힘은 비판과 검열을 필요로 하며 비판과 검열은 *규율*을 전제로 한다. 완전한 미적 규율이 미적인 혁명의 제일 *기관일*[107] 것이

---

106 역주: 슐레겔의 도덕성은 욕망의 자연적 경향성과 도덕법칙의 강제적 지배와 구분된다. 그의 도덕성은 낭만적 양심에 기초한다. 이 양심이란 경향성과 법칙성의 일치이며, 인간이 타자와 상호 자유로운 관계를 맺는 것이다. 그러므로 그의 도덕성은 인륜적 자유 속에서 출현한다. 그는 중세의 영주와 기사 사이의 신뢰 관계[하어어라키:Heierakie]를 이런 도덕성의 완성된 형태로 간주하며 근대의 분열을 극복할 가능성을 여기에서 찾으려 하였다. 그의 도덕성 개념은 오늘날의 관점에서 본다면 아나키즘적이다.

107 영어 번역 주: "기관"이라는 말은 수단이나 도구를 의미하며 마음과 정신의 기능을 의미한다. 이 말은 아리스토텔레스에 의해 최초에 생물학적

다. 그런 규율이 제정하는 규정은 맹목적 힘을 조종하며 서로 투쟁하는 것들을 균형에 이르도록 하고, 무법적인 것을 규제하여 조화롭게 할 것이다; 즉 그런 규정은 미적인 문화에게 확고한 토대와 확실한 방향 그리고 합법칙적인 기조를 전달할 것이다. 그러나 근대의 미적인 문화를 규율하는 권능을 발견하는 데 오래 걸릴 필요가 없다. 그런 권능은 이미 확립되어 있다. 그것이 곧 이론이다: 왜냐하면 지성은 처음부터 근대의 문화를 조종하는 원리이기 때문이다. —부조리한 개념들이 오랫동안 예술을 지배해 왔으며 예술을 오도하여 샛길로 빠지게 만들었다; 올바른 개념이 또 다시 예술을 올바른 궤도로 되돌아가도록 해야 한다. 근대문학에서 옛날부터 예술가와 청중은 충고와 만족스러운 법칙을 이론에게 기대했고 요구했다. 완전한 미학 이론이라면 그것은 문화의 신뢰할 만한 안내자일뿐만 아니라, 해로운 편견을 제거함으로써 문화의 힘을 수많은 사슬들로부터 해방시킬 것이며, 문화의 길을 가시덤불로부터 벗어나게 할 것이다. 그러므로 미학 이론이 제시하는 법칙은 여론의 다수로부터 인정받고 재가되는 한에서 진정한 권위를(272) 가지게 된다. 보편적으로 타당한 진리를 욕구하는 것

용어로 사용되고 발전되었다. 그 자체로 본다면 도구는 기능에 종속해왔다; 도구는 더 큰 전체를 이루는 구조적인 부분이었다. "도구"라는 말에 대한 이러한 이해는 18세기에 개정되기 시작했다. 특히 리엘J. C. Riel은 이를 개정하면서 도구의 자율성을 강조했다. 그러나 독일 관념론자들은 "도구"에 대한 이런 개념을 반박하면서, 그것이 전체 즉 더 큰 유기체의 부분 즉 도구라고 주장했다.(칸트, 『판단력 비판』, S. 65를 보라.) 셸링도 역시 도구에 대한 새로운 이해를 비난하면서 그 개별성은 전체로부터 끌어낼 수 있다고 주장했다.

이 시대의 특징이라면, 수사술과 같은 기술에 의해 기만적으로 획득한 겉보기 진리는 오래 지속되지 못한다; 일면적인 진리들은 서로 대립하면서 서로 파괴하고, 해묵은 편견들은 저절로 쓰러진다. 그러므로 이론은 완전하고 자유로운 자기 합일에 의해서만 법칙들에게 가장 완전한 타당성이라는 외관을 부여할 수 있으며 유효한 *공적인 권력*의 자리에 오를 수 있다. 이론은 오직 *객관성*을 통해서만 자신의 사명을 다할 수 있다.

하여튼 지금까지 우리가 자랑할 수 있었던 것 이상으로 객관적인 미적인 이론이 있다고 가정해 보자. *순수한 학문*만이 경험에 질서를 주며 즉 직관된 내용을 담는 서랍이 무엇인지를 규정해 준다. 학문 그 자체는 텅 비어 있는 것이다. - 이는 경험 자체만으로는 혼란스럽고 의미나 목적도 없는 것과 마찬가지이다. - 따라서 예술에 관한 학문은 다만 역사적 경험 전체와 결합하는 경우에만 예술의 본성과 그 종류를 완전하게 알도록 가르쳐 줄 것이다. 그러므로 예술에 관한 학문은 *표본* 예술 즉 그런 종류의 학문을 위해 전적으로 완전한 예에 대한 경험을 필요로 한다. 그런 예술 경험을 가능하게 하는 특별한 역사는 *예술의 일반적인 자연사*이어야 할 것이다. 게다가 예술에 관해 학문적으로 사유하는 자는 학문적 탐구에 이를 때 허물이 없는 깨끗한 존재는 아니다. 그는 부조리한 경험의 영향에 전염되어 있다; 그는 순수한 추상의 영역에서조차 그의 탐구에 전적으로 잘못된 방향을 부여할 편견을 끌어들인다. 이론을 향한 자신의 갈망에 가장 솔직하고자 해도 이런 강력한 편견들을 단숨에 단절하는 것은 결코 그의 마음대

로 되지 않는다: 왜냐하면 그런 오류가 근거 없다는 것을 통찰하고 그런 방법으로 계속 나간다면 얼마나 잘못된 것에 이르게 될 지를 눈치 채려면(273) 그는 이미 순수한 진리를 포착하고 있어야 했기 때문이다.[108]

그러나 이론과 실천의 사이의, 법칙과 개별적 적용 사이의 틈은 무한하게 크다. 올바른 취미와 완전한 양식에 관한 단순한 개념을 통해서 예술가가 최고의 아름다움을 그의 작품 속에 실제로 산출하는데 익숙하다면, 실천이나 적용이 그리 어렵지는 않을 것이다. 법칙은 자연적인 *경향성*이 되어야 한다. 오직 삶만이 삶을 산출한다; 힘을 야기하는 것은 힘이다. 순수한 법칙이란 공허하다. 그것이 *채워지기* 위해서 그리고 그것이 현실적으로 적용될 수 있기 위해서는 법칙은 직관을 ―즉 최고의 *미적인 원형*을 필요로 한다. 미적 원형에 대한 직관만이 법칙을 균형잡힌 완전성을 지닌 채 눈 앞에 나타나게 만들 수 있다.

'모방'이라는 말은 모욕적으로 들리며 자기가 독창적 천재라고 생각하고 싶은 사람이라면 누구에게도 낙인으로 간주될 수 있다. 모방

108 원주: "진리는 허위만큼이나 자기 자신의 지표가 된다."라고 스피노자가 말한다. 역주: 다음 문장이 「재판」에서는 이 지점에 추가되었다: "우리가 이해하는 진리에 따르면 또한 진리가 스스로 자기를 이해하고 인식하는 것에 따르면 진리는 우리로 하여금 가장 심원한 심층에 있는 오류를 인식하도록 가르쳐 준다. 이는 진리에 대립하는 허위에서도 마찬가지이다."

이라는 말은 보통 강하고 거대한 자연이 무기력한 인간 존재에게 행사하는 폭력적 행위를 의미한다. 그러나 나는 보편 타당한 정신이 지닌 외면적인 형태 즉 그 껍데기에 여전히 부착되어 있을 특이성에 의해 구애받지 않고 그와 같은 원형의 합법칙성을 습득하려는 사람이라면 ─그가 예술가이든 전문가이든─ 그의 습득을 표현하기 위해 모방이라는 말 외의 다른 말을 알지 못한다. 이런 모방이 최고의 자립성 없이는 전적으로 불가능하다는 사실은 자명하게 이해된다. 나는 전문가를 예술가와 접촉하게 하고(274) 예술가를 신성[神性]과 접촉하게 하는 통로인 *아름다움의 전달*에 대해 이렇게 말하겠다. 즉 이는 마치 자석이 철을 끌어당길 뿐만 아니라 자석과 접촉하게 되면 철이 자석의 힘을 전달받는 것과 마찬가지이다.

신성은 지상의 형체로도 변용하는가? 제한된 것이 완전하게 되며 유한한 것이 완성되며 개별적인 것이 보편 타당한 것으로 될 수 있는가? 단적으로 예술이라고 불리어질 만한 예술이 세간에 있는가? 스스로 소멸하면서도 영원의 법칙을 눈에 보이게 만드는 작품이 있는가?

뮤즈의 신은 재판관의 권능을 가지고 연대기를 열람하면서 민족들의 모임을 내려다 보는가? 그녀의 엄격한 시선은 도처에서 다만 소박함과 기교, 빈곤함과 방탕함이 항상 상호 작용하고 있는 것만을 발견한다. 그녀는 종종 유아의 순진무구함이 벌이는 매혹적인 유희를 보면서 애정어린 웃음을 터뜨리면서도 내심으로는 언짢아 하며 침울함이 여전히 사라지지 않는다.

아름다운 예술은 단지 하나의 민족에게서만 자기의 사명이 지닌 고귀함에 도달했다.

예술은 오직 그리스인에게서 욕구의 강제로부터 그리고 지성의 지배로부터 똑같이 자유로웠다; 그리고 그리스문화가 처음 시작할 때부터 진정한 그리스적 감각이 여전히 명맥을 부지하고 있었던[109] 마지막 순간에까지 그리스인에게서 아름다운 유희는 성스러운 것이었다.

아름다운 유희가 지닌 이런 성스러움과 재현적 예술이 지닌 이런 자유로움이 그리스적 본성의 참된 징표이다. 그에 반해서 모든 야만 인에게서 아름다움은 그 자체로 충분히 좋은 것은 결코 아니다. 그런 야만인은 목적 없는유희의 무제약적인 합목적성을 이해하지 못하므로 그런 야만인에게서 아름다움이란 이질적인 것으로부터의 도움이나 외적인 것의 권고를 필요로 한다. 소박하든 세련되어 있든 비그리스인 들에게서 예술은 감각이나 이성의 노예일 뿐이다. 그들에게서 재현은 그저 놀랄 만하고 화려하고 새롭고 기이한 내용을 통해서만; 관능적 인 소재를 통해서만 중요하고 흥미롭게 된다.[110](275)

---

109 영어 번역 주: 그리스문화 최후에 나타난 그리스 연극도 종교적 기원을 갖고 있다는 것을 시사한다. 연극은 디오니소스 예배의 한 부분으로 간주되며, 종교적인 기능과 시민적인 기능을 모두 지니고 있었다.

110 역주: 다음과 같은 문장이 『재판』에 이 지점에 추가되었다: "그리스 고대 문학이 예술의 여러 종류나 발전 단계마다 우리가 보기에 그런 완전한 직관을 - 예술에서 아름다움의 궁극적 원형을 통해 -어느 정도까지 재현하는가

3장 그리스 문학예술에서 나타나는 아름다움의 이상[111]

이미 그리스문화가 발전하던 첫 번째 단계에서 *그리스문학*은 여전히 자연의 후견 아래에 있으면서도 균일한 완전성 속에서, 가장 절묘한 균형 속에서 그리고 일면적인 방향으로 나가지 않으며 과도하게 이탈하지 않고 인간의 내적 본성 전체를 포괄하였다. 그리스문학은 왕성하게 성장하여 곧 자립적 존재로 발전했으며 마음이 자연과 투쟁하는 데서 결정적으로 압도하는 단계에 이르렀다; 또한 그리스문학은

하는 문제는 따로 다룰 필요가 있다."

111 역주: 「재판」에 다음과 같은 설명이 덧붙여져 있다. "3장. 그리스 문학예술, 고전적 완성의 이상인 작품들 속에서 나타나는 아름다움의 이상에 대한 간략한 개요; 최초의 자연적 문화의 가장 초기의 시대로부터 이미 몰락하기 시작하는 예술의 잇따르는 시대들에 이르기까지, 고대문화의 모든 단계를 거쳐서 그리고 그 전적인 진화의 과정과 그 순환을 그리고 아름다움에서 치고의 정점이 비극의 완성된 예술의 절정에 어떻게 도달했는가를 거쳐간다."

황금기에 이르러 이상성과 아름다움의 정점(예술의 완전한 자기규정)에 도달했다. 그런 정점은 자연적 문화가 도달할 수 있는 최고의 지점이라 하겠다. 그리스문학 예술의 역사는 문학 예술이 일반적이고 자연적으로 전개된 역사이다; 즉 직관이 완전하게 되고 입법적으로 전개된 것이다.

그리스에서 아름다움은 인위적인 돌봄이 없이 흡사 야생적인 것처럼 성장했다. 절묘한 하늘 아래 재현 예술은 완성을 학습한 적이 없었으며 원초적인 자연 그대로이었다. 그것의 발전은 *가장 절묘한 소질이 가장 자유스럽게 발전한 것* 외에 다른 것이 아니다. 그리스문학은 가장 소박한 단순성을 출발점으로 했다: 그러나 이 단초가 사소하다 해서 그리스문학이 모욕받는 것은 아니다. 그리스문학의 가장 시원적인 특성은 단순하고 수수하지만 오염되지 않은 것에 있다. 당신은 여기서 무미건조한 몽상에 빠지는 것이나(276) 낯선 민족의 특성을 부조리한 방식으로 모방하는 것도 또한 괴상하며 극복할 수 없을 정도로 고정된 일면성도 발견하지 못한다. 여기서 부조리한 개념이 아무리 자의적으로 사용되더라도 자연의 자유로운 성장을 질곡 속에 가둘 수 없었으며 자연의 합일을 찢어발기거나 파괴할 수 없었으며 자연의 단순성을 변조할 수 없었으며 문화가 가는 길과 방향을 고정시킬 수 없었다. 그리스문학은 이미 일찍부터 그리스 민족과 마찬가지로 문화의 유아적인 단계에 처해 있는 나머지 모든 민족들의 문학들로부터 구분된다. 그리스문학은 오리엔트적인 허례로부터뿐만 아니라 북구의 우수로부터도 마찬가지로 멀리 떨어져 있으며, 힘이 넘치지만 딱딱한 것은 아니고 우아함으로 충만되어 있지만 연약함은 없다. 그러므로 그리스문학을 비정상으로 만드는 것[112]이 있다면 그것은 바로 그리스 문학이 모든 다른 순수 인간적인 문화 이상으로 인간적이며 자기만의 자유로운 경향성을 통해 일반적 법칙에 충실하다는 사실이다. 이미 그 유아기부터 그리스문학은 고귀한 사명 즉 우연적인 것이 아니라 본질적이고 필연적인 것을 재현해야 하며 개별적인 것이 아니라 일반 적인 것을 추구해야 한다는 사명을 알고 있다. 또한 그리스문학은 창 작 능력의 자유로운 발전이 모두 그렇듯이 *신화를 기원으로 했다.* 그 발전의 첫 번째 시대 동안 그리스문학은 아름다운 예술과 전설 사이 를 오갔다. 그리스문학은 전승과 고안의 불명료한 혼합물이었으며, 형상화의 교의와 역사적 사건 그리고 자유로운 유희의 불명료한 혼합 물이었다. 그러나 전설이라면 대체 어떤 전설이었나? 그보다 더 재기 에 넘치고 더 도덕적인 전설은 한번도 없었다. *그리스 신화*는- 가장 밝은 거울에 비친 가장 충실한 모사처럼- 인간의 마음 속에 있는 영 원한 소망을 그리고 필연적이니만큼 놀랍기도 한 모순을 동시에 표현 하는 가장 정확하면서도 가장 민감한 조형 언어이다; 그것은 천진난 만하게 창작하는 이성에 대한 가장 아름다운 예감으로 이루어진 세계 이며, 작지만 완성된 세계이다. 문학, 노래, 춤 그리고 사교성- *축제 의 기쁨*은 공동체를 결속시키는 것이었으며, 인간과 신들을 결합했던 것이었다. 사실상 그리스인의 전설과 관습 특히 축제가 가진 의미와

---

112 역주: "비정상으로 만드는 것"이라는 구절은 『재판』에서 아래와 같이 변경되었다: "다른 민족의 예술적 발전의 일반적 과정으로부터 일탈하게 만드는 것"

그리스인이 숭배하는 대상은 진정으로 신적인 것: 즉 *가장 순수한 인 간성*이었다. 그리스인은 매력적인 형상들을 통해(277) 넉넉한 풍요와 자립적인 힘 그리고 합법칙적인 조화를 숭배했다.[113]

그리스의 자연은 절묘한 상황들이 함께 흘러들어서 유일무이하게 만들어진 것이었다. 이런 자연은 자기의 총아를 위해 *가장 지극한 정 성을 다해* 은총을 베풀었다. 자주 인간의 문화는 최초로 영감을 부여 받은 바로 다음에는 즉 아직도 너무나도 약하기에 더욱 주의 깊은 돌 봄이 없다면 운명과의 고단한 투쟁을 견딜 수 있는 행운을 얻을 수 없 을 시기 동안에는, 그 자신의 연약함이나 각종 불리한 우연 때문에 희 생되고 만다. 하나의 민족은 오직 자신의 유리한 처지를 토대로 거기 에 노력을 더하는 것을 통해서 *일면적인* 문화가 의미 있는 단계에 이 를 수 있는 경우에만 행운에 대해 말할 수 있다. 다른 민족에게서는 최고의 단계에서조차 다만 분산적으로 또한 개별적으로만 나타나곤 하는 것들이 그리스인에게서는 문화의 최초 단계에서 이미 결합되고 포괄되었다. 최초 단계에 등장한 호머의 디오메데[114]의 마음 속에 모 든 힘이 균형적이며 가장 아름다운 조화 속에서 서로 합치하여 완전 한 평형에 이르는 것과 마찬가지로: 여기 최후 단계에서 전체 인간성

---

113 역주: 이 문장은 『재판』에서 다음과 같이 변경되었다: "그리스인들이 매력적인 형상을 통해] 자연의 넉넉한 풍요, 정신의 자율적인 힘, 그리고 마음의 합당한 조화만을 우러르며 찬양했다는 것을 이해하도록 하자."

114 역주, 디오메데Diomede는 트로이 전쟁에 참여했던 영웅이며, 용기와 지혜를 겸비했다고 한다.

은 균형적이며 완전하게 발전된다. 이미 신화 예술이 등장했던 영웅의 시대에서 그리스적인 자연문학은 가장 고귀한 북구의 자연문학과 가장 민감한 남구의 자연문학에서 나타나는 가장 아름다운 꽃들을 통합하고 있다. 그러므로 그리스문학은 자연문학이라는 종류로서는 가장 완전한 것이다.

많은 사람들이 호머를 좋아하지만 그 중 소수의 사람들만이 호머의 아름다움을 참으로 완전하게 파악한다. 많은 여행자들이 고향 가까이에서 쉽게 발견할 수도 있을 것을 아주 먼 데서 찾는 것과 마찬가지로: 사람들은 종종 북구나 남구의 야만족 출신 제일의 작가가 다만 위대한 작가인 경우에 그와 닮은 점이 호머에게 발견되면 오직 그 점에 때문에 호머에게 경탄한다. 반면 호머가 어느 점에서 독창적인가는 거의 언급된 적이 없으며 보통 전적으로 무시된다. 충실한 진리, 원초적인 힘, 단순한 기품, 매력적인 자연스러움은 그리스의 음유시인이 인도인이나 켈트족의 출신 이런저런 음유시인들과 공유하고 있는 특징이다. 그러나 호머의 문학에는 *그리스 작가*에게만 고유한 다른(278) 특징들도 있다.

그런 그리스적 특징 중의 하나는 인간의 본성 전체를 바라보는 호머의 견해에서 나타나는 *완전성*이다. 이런 완전성은 절묘한 *대칭*, 완전한 *균형* 속에 나타나면서, 일탈적인 소질이 가진 일면적인 한계나 인위적으로 기형화된 결과 등장하는 부조리와는 너무나도 거리가 멀다. 인간 본성 자체가 미치는 반경이 무제한한 것과 마찬가지로 호머의 문학이 펼쳐지는 *반경*은 무제한하다. 인간의 일반적 본성 속에 이미 감추어져 있는 원초적인 싹으로부터 나오는 가장 다양한 방향들이 도달한 지극한 극단들조차 여기 그리스에서는 서로 모여 들어, 상호 친화적으로 되어서, 마치 아무런 구속이 없는 유아들의 유희 속에 있는 것처럼 보인다. 그리스문학에서 나타나는 청명하면서도 순수한 재현은 광란적인 폭력을 내적인 고요와 합일하도록 하며 가장 선명한 경계선을 가장 부드럽고 미묘한 윤곽과 합일하도록 한다.

그리스적 영웅의 도덕 속에는 힘과 기품이 균형을 이루고 있다. 영웅은 강하지만 거칠지 않으며, 온화하지만 나약하지 않으며, 재기에 넘치지만 냉담하지 않다. 아킬레스는 분노할 때는 싸움에 들어간 사자보다 더 무섭다고 하더라도 자식을 사랑하는 어머니의 진실된 젖가슴에서 연민 때문에 흐르는 고통의 눈물을 안다; 아킬레스는 달콤한 노래가 주는 온유한 즐거움을 통해 그의 고독을 달랜다. 아킬레스는 가슴이 찢어지는 듯한 탄식을 내쉬며 자기의 실수를 되돌아 보면서, 거만한 왕의 완고한 월권과 젊은 영웅의 성급한 분노 때문에 일어난 엄청난 재앙을 되돌아 본다. 그는 광란적인 슬픔으로 머리털을 잘라 그가 소중하게 여겼던 친구의 무덤에 바친다[115]. 그는 그가 증오했

115 영어 번역 주: 『일리아드』, 23장, 141-153: 그는 장작더미로부터 떨어져 서서 한 웅큼의 머리칼을 자른다. 그 머리칼은 그가 스페르케이오스Spercheios 강에 주기 위해 길게 길렀던 것이다. 그는 포도주처럼 푸른 강물을 깊은 슬픔 속에서 내려다 보면서 이렇게 말했다: "스페르케이오스여, 나의 아버지 펠레우스 Peleus가 너에게 이렇게 맹세했던 것이 다 헛되이 되었도다. 내가 승리하여 나의

던 적의 아버지이지만 자기 때문에 불행을 당한 존경할만한 노인을 껴안으며 연민의 눈물이 되어 녹아내린다[116]. 아킬레스와 같은 인물의 윤곽을 일반적으로 그려내는 것은 아마도 북구 판 호머나 남구 판 호머의 상상 속에서도 가능할 것이다; 그러나 세부적인 특징들을 완성하는 것은 다만 그리스인에게서만 가능했다. 단지 그리스인 호머만이 이 불타는 듯한 흥분과 젊은 사자의 폭발할 듯한 기민함을 그렇게 풍

조상들이 사랑하는 조국, 나의 고향에 돌아가게 되었을 때 거기서 나는 이 머리를 너에게 잘라 바치고 너에게 50 마리의 숫양을 장엄하고 성스러운 희생물로 바치겠다고 했다. 그 숫양들은 너의 성스러운 근원이자 네가 향을 피우는 제단인 샘물의 물에 바쳐려는 것이었다. 그렇게 노인이 맹세했건만, 너는 그의 목적을 완성시키지 못하게 했다. 이제 나는 나의 조상들이 사랑하는 조국으로 돌아가지 않을 것이기 때문에 나는 이 머리칼을 영웅 파트로클레스 Patrokles의 손에 쥐어주려 한다." 그는 이렇게 말하면서 그의 머리칼을 그가 사랑했던 친구의 손에 놓았고 그들 모두에게 비애의 정념을 일렁이게 했다.

116 영어 번역 주: 「일리아드」, 24장, 508-516: 아킬레우스는 그의 아들을 돌려달라는 프리암Priam의 간절한 간청에 마음이 움직였다: " 그렇게 그가 말했다. 그러자 듣는 사람에게 자기의 아버지를 슬퍼하는 정념이 일어났다. 아킬레우스는 노인의 손을 잡고 그를 공손하게 끌었다. 그들은 상념에 빠졌다. 그러면서 프리암은 아킬레우스의 발에 웅크리고 앉아 조금 전의 헥토르 Hektor 의 죽음에 대해 울었고 아킬레우스는 한번은 그 자신의 아버지를 위해 그리고 다시 한번은 파트로클레스를 위해 울었다. 그들이 슬퍼하는 울음 소리는 온 집을 울렸다. 그리고 위대한 아킬레우스가 슬픔 속에 충분한 즐거움을 얻자 그리고 슬픔의 정념이 사라지고 그에게 몸과 마음의 형태를 되돌려 주자, 그는 의자에서 일어났다. 그리고 노인을 팔로 껴안았다. 그는 노인을 그의 발 앞에 다시 앉히고 흰 머리와 갈색 수염을 연민을 가지고 바라보았다.

부한 정신과 도덕 그리고 마음과 합일시키고 융합할 수 있었다. 전장에서 그리고 분노가 그를 극심하게 찢어발겨서 젊은이의 간청에도 꿈쩍도 하지 않으며 그가 쓰러뜨린 적의 가슴을 도려내는 순간에서도 그는 여전히 인간적이며 심지어 매혹적이기도 하다. 그의 황홀한 감동적 시선 때문에 우리는 그를 용서하게 된다.(279)[117] 여하튼 *디오메데스*라는 인물은 원초적인 구성에서부터 이미 전적으로 그리스적인 인물이다.[118] 고요하면서도 위엄있으며, 겸손하면서도 완벽한 그의 성

---

117 원주: 「일리아드」, 11장.영어 번역 주: 관련 구절(99-113)은 아래와 같다: 가련한 바보. 그는 더 이상 나에게 몸값에 대해 말하지 않으며, 몸값을 반박하지도 않는다. 파트로클레스가 운명의 날에 이르기 전에, 그때 트로이인들을 살려두는 것이 내 마음이 선택하는 바이었다. 나는 많은 트로이인들을 산 채로 잡았고 그리고는 교환했다. 이제는 신들이 그를 일리온illion 앞에서 나의 손에 죽이라고 보낸다면 죽음을 피할 수 있는 자는 없다. 모든 트로인들 중의 어느 누구도. 그리고 누구보다도 프리암의 아들들은. 친구여, 너도 역시 죽는다. 왜 이 죽음에 대해 이렇게 야단법석인가? 파트로클레스는 너보다 더 탁월한 자인데도 죽었다. 너는 내가 어떤 사람인지 알지 못하느냐, 내가 얼마나 거대한지를, 얼마나 찬란한지를, 그리고 위대한 아버지와 어머니로부터 불멸적으로 태어난 것을? 그러나 심지어 나조차 죽게 마련이며 강력한 운명을 가지고 있다. 나의 삶의 여명이 있으며, 삶의 오후가 있고, 삶의 정오가 있다. 그 정오에 전투 중에 누군가가 나로부터 생명을 뺏어갈 것이니, 그게 청동의 창에 의해서든 아니면 화살의 시위로부터 날아온 화살에 의해서든.

118 영어 번역 주: 본질적으로 열정을 통제하지 못하는 인간의 무능력을 그린 서사시에서 디오메데스Diomedes는 그의 태도가 보여 주는 고요함과 위엄 때문에 유명하다. 일리아드 4권에서 아가멤논Agamemnon은 디오메데스가 비겁하다는 사람들의 말을 믿고 그를 조롱한다. 그는 디오메데스는 용감한 티데우스Tydeus

격 속에는 작가 자신의 고요한 정신이 가장 분명하고 가장 순수하게 반영되어 있다.[119]

호머의 영웅이나 호머 자신을 모든 비그리스적 영웅이나 음유시인 로부터 구분하는 것은 *더 자유로운 인간성*이다. 호머는 어떤 제한된 처지와 어떤 개별적인 성정[性情] 속에서도 상황이 허용하는 한에서 라면 가능한 한 많이 *도덕적 아름다움*을 추구한다. 그런 아름다움은 오염되지 않은 감각이 남아 있는 유년 시대에서나 가능한 것이다. 도 덕적인 힘과 풍요로움이 호머의 문학을 지배한다; 도덕적인 통일성과 견고성이 발견되는 곳에서는 어디에서나 그것들은 마음의 독립적인 산물이 아니며 오히려 자연 속에 있는 형성하는 힘들이 절묘하게 산 출한 것일 뿐이다. 그러나 단지 엄청난 힘이나 감각적인 향락만이 그 의 마음을 일깨우고 사로잡는 것은 아니다. 특히 오디세이에서 나타 나는 것과 같이 안정된 가정이 주는 *단촐한 매력*이나; *시민적 감각*의 단초들 그리고 *세련된 사교성*의 태동은 그리스인의 마음이 갖는 장점 들 가운데 결코 가장 작은 것은 아니다.

의 아들이니 특히 실망스럽다고 말한다. 디오메데스는 아가멤논의 도발에 응하지 않는다. 나중에 9권에서 아가멤논이 언젠가 승리를 얻을 수 있을지에 대해 체념해서 아카이아족 보고 고향으로 돌아가라고 촉구할 때 디오메데스는 설득력있는 웅변으로 대응하면서 아카이아족이 머물러서 싸우기를 설득한다.

119 영어 번역 주: 빙켈만Winkelmann, 「그림과 조각에서 그리스 작품들의 모방에 관한 생각」(1755). "고귀한 조화와 고요한 위엄"이라는 구절은 빙켈만의 핵심적 주장이고 가장 널리 알려진 구절이었다.

호머의 장점을 야만적인 기사도 정신의 무지몽매한 단조로움과 비교해 보라![120] 로망스 문학에 등장하는 근대적 기사도 정신 속에서 영웅적 정신은 가장 기발한 개념에 의해 왜곡되어 가장 기이한 형태와 운동으로 된다. 그 결과 자유로운 영웅의 삶이라는 원초적인 마력을 보여 주는 흔적은 아주 작은 것조차 남아 있지 않는다. 당신은 여기서 도덕과 감정 대신에 메마른 개념이나 굳어버린 편견을 발견한다; 자유로운 풍요 대신 혼란스러운 천박함을, 활기있는 힘 대신에 죽은 물질 덩어리를 발견한다.(280) 근대의 기사도 정신을 호머의 서술[121]과 비교해 보라. 호머의 서술 속에서는 가장 작은 원자조차 고귀한 삶으로 빛난다. 그리고 호머의 영웅과 비교해 보라. 호머의 영웅은 단지 영웅의 형상이 인간적일 수 있는 한 그 만큼 *진정*으로 *인간적*으로 형상화되어 있다.[122] 영웅의 마음 속에 움직이는 전체는 고립되어 있지 않고 철저하게 상호 관련되어 있다: 즉 생각과 노력은 여기서 내밀하게 서로 용해되어 있다; 모든 부분들은 상호 가장 완전하게 반향하며

---

120 역주: 이 문장은 『재판』에서 아래와 같이 변경되었다: "기사도는 중세 시대에 다른 시대와는 비교할 수 없을 정도로 더욱 동질적으로 된다; 비록 관념상으로는 환상이 기사도로부터 풍부하게 개화되었고 그 지반 속에 살아있다 하더라도; 근대적 삶이 전적으로 발전하는 과정 속에서 기사도는 자연적인 힘을 더욱 적게 가지며 도덕적으로 강박적인 특수 형태에로 더욱 제한된다."

121 역주: 『재판』에서 이 문장은" 이런 본래 스스로 매우 경이적이고 매력적인 환상의 산물을 영웅에 대한 고전적인 묘사와 비교해 보라"로 대체 되었다.

122 역주: 『재판』에서 "진정으로 인간적으로 형상화되어 있다."이라는 구절은 "이미 초기 시대부터 아름다움의 관념이 전적으로 발생하며 동시에 진정한 것이 된다"로 대체되었다.

풍요롭게 가득 차 있는 원초적인 힘들은 간단한 질서만 주어도 만족스러운 전체로 된다.

　자주 '되는 대로 내버려둠'이란 말은 감각적 자극을 즐긴다는 것을 말하며, 예술에게 동물적 즐거움 외에 다른 사명을 인정하지 않음을 통해서 인류의 존엄을 모독하는 것을 의미한다. 그러나 다른 의미도 있으니 이것에 따르면 그 말은 마음에 상처를 주는 것을 스스로 삼가하는 것을 의미한다. 즉 *도덕적 관용*을 말한다. 비그리스적인 문학에서는 가장 민감한 꽃들이 가장 미묘한 감각에게 가장 신선한 향기를 내뿜는 곳에서조차; 또한 정신이 최고도로 세련되는 단계에로 올라간 곳에서조차 비그리스문학은 종종 어떤 원인을 통해 감정에게 심하게 상처를 준다. 본래 어떤 야만 민족의 작품도 진정한 그리스적인 감각에게는 불쾌하게 느껴지지 않을 수 없다. 이런 야만적 인간은 *불쾌함*이 아름다움의 향락을 곧바로 파괴할 것이라는 것을 전혀 예감하지 못하는 것 같다; *불필요하게 등장하는 사악함*은 작가가 만들 수 있는 *최고의 결함*이라는 것 역시 예감하지 못하는 것으로 보인다. 불협화음이 해소되지 않는 채 근거도 없이 끝 맺는 음악가는 비난될 것이지만, 전체의 어울림에 대한 감각도 없이 마구잡이로 소리지르는 불협화음으로 마음이 지닌 민감한 귀를 해치는 작가는; 용서되든가 아니면 심지어 경탄의 대상이 된다. 그에 반해서 호머에서는 모든 나쁜 상태는 *미리 계획된 것*이며 또한 *해소되는 것*이다. 파트로클로스 Patroklos는 젊었을 때 제멋대로 굴었던 순간이 있었기 때문에 우리는 그의 죽음을 받아들이며, 그렇지 않았더라면 무척 쓰라린 고통을 주었을 그의 죽음도 그때는 애잔한 감동으로 된다. 헥토르Hektor의 교만은 그의 몰락을(281) 예고한다. 아킬레스의 과도한 분노가 그를 미혹하여 야만적이고 부당한 순간에 이른 적이 없었다면, 아킬레스가 병들고 친구를 상실하고 고통스러워 하며 그의 영광된 삶의 단명함이 불변적으로 규정되어 있다는 것 때문에 우리의 마음은 깊은 상처를 받을 것이며 쓰라림으로 가득 찰 것이다. 디오메데스의 순수한 행복은 그의 고요한 힘과 현명한 평정에 상응하기에 순수하고 맑으며 또한 그의 명성은 결코 시샘의 대상으로 되지 않는다. 신들의 아버지가 전사들의 운명을 심판의 저울쟁반 위에 올려놓고 심사숙고 하면서 재듯이, 호머는 예술가적인 현명함을 통해 그리고 변덕이나 우연에 따라서가 아니라 오히려 가장 순수한 인간성을 향한 성스러운 결단에 따라서 그의 영웅을 몰락시키거나 상승시킨다.

그리스적 문학에서 모방할 만한 가치가 있는 것은 소수의 선택된 천재의 특권이라고 생각하는 것만은 막아야 할 것이다. 이는 비범한 독창성이 근대인에게서 모방할 만한 가치가 있을 것이라는 생각을 막아야 하는 것과 마찬가지이다. 더우기 단순히 개인적인 것은 모방할 만한 가치가 있는 것도 아닐 것이며 그것을 완전하게 자기 것으로 만드는 것도 불가능할 것이다: 왜냐하면 다만 *일반적인 것*만이 모든 시대와 민족들에게 법칙이 되며 원형이 되기 때문이다. 그리스적인 아름다움은 공적인 취미가 산출한 공동재산이며 *전체 대중이 간직한 정신*이다. 예술가적인 지혜를 별로 드러내지 않으며, 창조의 능력도 거의 드러내지 않는 작품들조차도 동일한 정신 속에서 사유된 것이며 계획되고 수행된 것이다. 우리는 그런 정신의 특징을 호머와 제일급의 다른 작가들 속에서 더욱 선명하고 더욱 분명하게 읽을 뿐이다. 그런 일반적인 작품들은 최선의 작품들과 마찬가지로 동일한 특성에 의해서 모든 비그리스적인 작품들로부터 구별된다.

그리스문학은 자주 충분히 기괴하다라고 말할 수 있는 특이성을 갖는다: 왜냐하면 그리스적인 문화가 순수한 인간성에 속하는 것이라 할지라도 외적인 형식은 이로부터 많이 벗어난 것일 수 있기 때문이다; 즉 그리스 정신이 보편타당한 법칙에 그토록 충실하다는 바로 그런 이유 때문에 외적 형식은 아마도 더욱 그렇게 기괴하게 보일 것이다. 이와 같은 *미적인 역설들* 대부분은 다만 겉보기에(282) 그런 것이며 이는 중요한 의미를 갖는다. 목신[사튀로스] 연극, 주신[디오니소스] 극, 도리아인의 서정시적 합창, 아테네인의 연극 합창이 그렇다. 단지 예술과 예술장르의 참된 본성에 대해 완전히 무지하기 때문에 사람들은 그와 같은 특성을 단순히 개별적인 특성으로 간주해 왔으며 그런 특성이 역사적으로 어떻게 발생했는가를 알아 보는 것으로 만족했다. 더우기 많은 사실들이 누락되어 있다. 예술의 필연적인 발전 법칙을 모르는 한, 예술의 역사는 오리무중에 빠지게 될 것이다. 사람들은 알려진 것으로부터 알려지지 않은 것으로 추론할 어떤 실마리도 갖지 못한다. 사람들이 만일 확실한 근본법칙이나 개념의 인도에 따라 이런 비정상적인 특성을 완전하게 분석하기만 한다면 그와 같은 *철학적인 연역*의 결과에 놀라면서 그리스문학의 철저한 객관성을 여기서도 다시 확인하게 될 것이다.[123] 그리스문학의 전체가 정확하게 규정된 여러 방향으로 ―즉 공통적인 줄기로부터 여러 가지들이 나오는 것처럼 ― 전개되고, 이를 통해 문학의 힘이 고조되는 것에 비례하여 문학의 반경이 심하게 제한되었던 시대에조차도: 즉 아름다운 특이성을 본래의 대상으로 삼는 서정시라는 장르에서조차도, 그리스문학은 재현의 방식이나 정신에서 객관적인 것을 향한 지속적인 경향을 보존한다. 왜냐하면 오직 그 특이한 방향이나 특이한 소재가 지닌 특수한 한계가 허용하는 한계 내에서, 이런 재현은 순수 인간의 본성에 더욱 가까이 다가가며, 개별적인 것 자체를 일반적인 것으로 고양하며, 특이한 것 속에 있는 본래 보편 타당한 것만을 재현하기 때문이다.

그리스문학은 몰락했으며 깊게 더욱 깊게 몰락했고 마침내 완전히 퇴화되었다. 그러나 *가장 극단적인 퇴화* 속에서조차도 그리스문학은 여전히 그런 보편 타당성의 흔적을 간직하고 있으며 결국(283) 어떤 특정한 특성을 갖기를 전적으로 중단하기에 이르렀다. 그럴 정도로 *그리스적 본성*이란 매우 고귀하며 매우 순수한 인간성 외에 다른 것이 아니다! 창작의 기술을 학습하는 시대에 이르면 공적인 도덕이나 공적인 취미란 것은 사라진다. 알렉산드리아인의 작품은 참된 도덕을 결여하며 정신과 생명을 결여한다; 그래서 그 작품은 차갑고 죽어 있으며 빈곤하고 둔중하다. 그 작품은 전체적으로 완전하게 구성되거나

---

123 역주: 「재판」에서 "그와 같은 철학적 연역의 결과에"라는 구절이 "모든 특수한 사물을 끌어내는 철학적으로 인정된 토대 즉 하나의 관념이나 전체의 본질에 의한 결과에"로 대체되었다.

생동적으로 통일되는 대신에 분리된 단편들을 모아서 기운 졸렬한 작품일 뿐이다. 그 작품은 아름다운 특징을 개별적으로 포함할 뿐이며 완전하고 전적인 아름다움은 포함하지 않는다. 그럼에도 불구하고 알렉산드리아인은 근면성실하게 재현한다. 그 재현은 철저하게 가공된 섬세한 규정성을 지니면서 주관성이 불순하게 덧붙인 것을 완전하게 제거하며 또한 기형적인 혼합과 문학적인 허구 때문에 발생된 기술적 오류로부터 완전히 벗어난다. 그 결과 그런 재현은 그 자체로 본다면 비난할 만한 유형에 불과하지만 그런 가운데서도 *최고의 자연적 완전성*을 구가하며 *어떤 고전적인 것*을 간직한다. 이는 그리스인의 조각을 전공하는 전문가가 그리스 최악의 시대에 만들어진 조각의 잔재나 또는 가장 평범한 예술가의 손에 의해 만들어진 조각의 잔재에서 지각하는 것과 유사한 것처럼 보인다. 과장되고 과잉적인 장식은 알렉산드리아 시대에 일반화된 잘못된 취미에 속한다. 제작에서의 결함은 아마튜어적인 솜씨에 기인한다. 그러나 이 시대 작품을 구상하고 기획하며 완성하는 정신은 적어도 모든 시대와 민족에게 타당한 법칙과 일반적인 전형이 되는 완전한 이상의 흔적을 포함한다. 그러므로 당신들은 *아폴로니우스*[124]에서 종종 고전 시대 작품의 진정한 세부

---

124 영어 번역 주: 아폴리니우스 Appolonius of Rhodes(기원전 3세기 초반): 『아르고나우티카Argonautica』의 저자로 가장 잘 알려져 있다. 이 작품은 이아손 Jason과 아르고스의 원정대Argonauts 가 황금의 양털을 찾는 모험에 관한 서사시이다. 이 시는 서사시 장르 가운데 남아 있는 소수의 예 중의 하나이며 혁신적이고 영향을 많이 끼친 작품이다. 알렉산드리아 시대 이집트에게 문화적인 기념비와 민족적인 이미지의 창고가 되었고, 라틴 시대의 시인인 버질Virgil 이나

적 단편을 발견하며(284) 여기저기서 예전에 그리스문학예술에서 나타났던 신성에 대한 기억을 만날 것이다. 그와 같은 기억의 예를 들자면 영웅적인 이아손의 겸손함과 일단의 영웅들의 위대한 원정에서 나타났고 헤라클레스에게 이별의 상황에서도 나타났던 명상적인 평정심이 있다; 그리고 그 속에는 테라몬Telamon, 헤라클레스, 이다스 Idas 와 이드몬Idmon 에 대한 섬세한 성격 묘사도 있으며; 에로스와 가니메데스Ganymedes 의 사랑스러운 유희도 있다; 또한 그 속에는 힙시필Hypsipyle 과 메데아Medeia 의 이야기 전체에 걸쳐서 등장하는 기품도 있다. 아폴로니우스가 근면성실하게 만든 작품에서 더욱 명료하게 된 규정성, 더욱 부드러워진 다정함, 더욱 철저하게 된 완성도; 이런 특성들은 모든 로마의 작가들 가운데 가장 학식이 많은 자에게서보다 그에게서 더 많이 나타나고 있으니, 이는 진정한 그리스적 문화의 남아있는 흔적에 속한다.

운명은 그리스인을 자연의 아들로서는 최고로 만들었을 뿐만 아니라 동시에 어머니로서 그리스인을 보호하기를 그치지 않았다. 그 결

플락쿠스Gaius Valerius Flaccus 에게 서사시의 모델이 되었다.

슐레겔은 『아르고나우티카』 에 나오는 여러 가지 모험들에 대해 언급한다. 후대의 판단에 따르면 이 작품은 일관적인 통일성을 결여하고, 박식을 자랑하려는 야심에 의해 훼손되었다고 한다. 족보에 대한 그의 애호는 이 점을 분명하게 지시하는 것이다. 그래서 슐레겔은 이 작품은 그리스 시의 위대함의 요소들을 단편적인 형식으로 포함하지만 전체적으로는 헬레니즘 시기에 일어난 그리스 시의 퇴화를 입증한다고 한다.

과 그리스문화는 자립적이고 성숙하게 되었으며 더 이상 외부의 도움이나 지도를 필요로 하지 않았다. 자유가 자연을 능가하게 된 결정적인 발걸음을 통해 인간은 사물의 전적으로 새로운 질서 속으로 들어갔다; 즉 발달의 새로운 단계가 시작했다. 인간은 자신의 힘을 조종하고 규제해서 그의 소질을 마음의 내적 법칙들에 따라서 발전시킨다. 이제 예술의 아름다움은 더 이상 이미 존재하고 있는 자연의 선물이 아니며 그 자신의 정신의 산물, 그의 마음의 소유물이다. 정신적인 것은 감각적인 것을 압도하며 취미의 방향을 자립적으로 규정하고 재현에 질서를 부여한다. 정신은 더 이상 주어진 것을 단순히 자신의 것으로 동화시키지 않으며 오히려 아름다운 것을 자립적으로 산출한다. 그리고 성숙함이 처음으로 발휘되면서부터 정확하게 규정된 방향을 통해 예술의 반경을 제한하자 이를 통해 배제된 것을 보완할만큼 수축된 힘이 내적으로 강화되고 고조되었다. 그리스문학에서 서사시 시대는 다른 민족들의 문학과 어깨를 나란히 한다. 그러나 서정시 시대에서 그리스문학은(285) 독보적으로 된다. 그리스문학만이 *전적으로 자립적인* 문화의 단계에 도달했다; 그리스문학에서만 이상적인 아름다움이 *공적으로* 존재했다. 근대문학에서도 그런 예는 아주 자주 발견되고 매우 빛나는 예도 있지만 이런 이상적 아름다움은 다만 개별적인 예외에 불과하며 근대문학의 전체는 그런 단계에 훨씬 못미쳤으며 심지어 그런 예외적 작품은 날조되기도 한다. 좀 더 신적인 아름다움에 대한 근대에 만연한 불신 때문에 그런 아름다움은 진가를 인정받지 못하면서 자연스러운 신뢰를 상실한다. 투쟁을 통해 그런 신적인 아름다움을 인정하도록 만든다 하더라도 이런 투쟁은 오히려 그런 아름다움을 모독하는 것이 된다. 그런 모독은 세상을 기피하는 오만한 자에게서 나타나는 것과 마찬가지이다. 그런 오만한 자는 예술을 전달하는 기쁨도 포기할 수밖에 없기 때문이다. ―일찍부터 많은 민족들은 숙련에 있어서는 그리스인보다 능가했으나 그런 숙련 때문에 오히려 참된 문화가 그리스에서 도달한 위대함을 음미하지 못했다. 그러나 숙련이란 문화에 필수적으로 뒤따르는 덤이며 자유의 도구에 불과하다. 순수한 인간성의 발전만이 *진정한 문화*다. 그리스인에게서만큼 자유로운 인간성이 민족 전체에 걸쳐 철저하게 압도적으로 되는 세상이 어디 있을까? 문화가 그렇게 진정하게 되며, 진정한 문화가 그렇게 공적으로 되는 세상이 어디 있을까? ―사실 인류 역사 전체의 흐름 속에서 그런 위대한 순간보다 더 숭고한 무대는 없었다. 그 순간, 그리스의 공화주의 헌법 속에서, 도덕에 대한 열정과 지혜 속에서 또한 학문 즉 환상이 만든 신화적인 질서를 대신하는 논리적이고 체계적인 연관 속에서 그리고 그리스 예술 속에서 *이상*이 출현했으며 그것도 내적인 생명력의 단순한 발전을 통해 단숨에, 마치 저절로 나온 것처럼 출현했다. 자유가 일단 자연을 압도하게 되자 문화는 자유롭게 자기 자신에 몰두하면서 한번 정해진 방향으로(286) 계속 운동해 나갔다. 문화는 더욱 상승하여 마침내 외적인 힘에 의해 그 흐름이 저지되거나 그렇지 않으면 단순한 내적인 발전을 계속하는 가운데서 오히려 자유와 자연의 관계가 새로이 변화하기에 이른다. 인간의 충동들이 결합된 *전체*가 문화의 동기가 될 뿐만 아니라 *문화를 조종하는 원리*가 된다면, 문화가 인위적이 아니고 *자연적*이라면, 원초적인 소질이 최고로 절묘하고 그리고 외적인 자연의 은총이 완전하다면; 추동하는 힘뿐만 아니라 발전하는 인간성의 모든 구성요소들도 *균형적으로* 완성된다. 마침내 이런 진보는 *전체의 조화*를 분열시키고 파괴함이 없이는 그 충만성이 더 이상 상승할 수 없는 순간에 이르게 되었다.

이제 탁월한 예술의 가장 완전한 장르가 최고 단계에 이르기까지 발전하면서 공적인 취미의 흐름 속에서 가장 유리한 순간과 절묘하게 합치한다면; 위대한 예술가가 운명 덕분에 자연 필연성이 소묘(素描)하여 주는 모호한 윤곽을 가치 있게 채울 줄을 안다면; 가장 절묘한 소질의 가장 자유로운 발전을 통해 도달될 수 있는 목적 즉 아름다운 예술의 지극한 목적이 획득된다.

그리스문학은 예술과 취미를 지배하는 *자연적 문화가 도달가능한 최후의 경계선에, 자유로운 아름다움의 최고 정상에* 실제로 도달했다. 문화의 상태가 *완성*이라고 말해지려면 내적인 추진력이 완전히 전개됐어야 하며, 의도가 전적으로 실현되었어야 하며, 전체가 균형적으로 완성되어 어떤 기대도 충족되지 않은 채로 남아 있지 않았어야 한다. 이런 상태가 동시대 전체에서 나타나게 된다면 이를 *황금기*라고 한다. 그리스 예술의 황금기에 나타난 작품들이 보장하는 향락은 약간 추가될 여지는 있지만 방해되거나 결핍을 느낄 정도는 아니니, 그만큼 *완전하고도 자족적이다.* 나는 이런 높은 경지에 대해 *최고의 예술*이라는 말 외에는 다른 적합한 말을 알지 못한다. 최고의 예술이란 그것을 넘어서서 더 아름다운 것은 전혀 생각될 수 없는 아름다움이 아니다;(287) 오히려 도달될 수 없는 이념의 완전한 예를 말한다. 말하자면 이념이 전적으로 가시화되는 예이다; 이런 예는 *예술과 취미의 원형*이다.

그리스문학이 최고 정점에 도달했다고 평가할 수 있게 만드는 유일한 척도는 *모든 장르의 예술들이 극한에 도달했다*는 것이다. 물어보자."그러나 예술이란 단적으로 무한히 완성될 수 있는 것이 아니란 말인가?""예술 발전이 진보하는 데서 한계가 있는가?"

예술의 완성 가능성은 무한하며 예술은 끊임없이 발전하니 절대적 준칙은 가능하지 않다: 그러나 일정한 조건 하에서 나타나는 *상대적 준칙*[125], 다시 말해서 *근접해 있지만 다가가면 물러나는 고정점*은 있다. 예술의 과제는 전적으로 상이한 두 가지 구성요소들로 이루어져 있다: 하나의 구성요소는 오직 전적으로 지키거나 아니면 전적으로 위반하는 것만이 가능한 일정한 *법칙*이며 다른 구성요소는 아무리 하나 가득 충족된다 한들 여전히 결핍이 덧붙여지기에 결코 만족될 수 없는 모호한 *요구*이다. 현실적으로 존재하는 모든 힘은 더욱 강화될 수 있으며 실재하는 유한한 완전성은 무한히 증가할 수 있다. 그러나 비율에서는 어떤 증감이 일어나지 않는다; 어떤 대상의 *합법칙성*

---

125 역주: 「재판」에서 이 아래의 구절은 변경되었다: "[상대적 준칙, 다시 말해서] 궁극적이고 넘어설 수 없으며 가까이 있지만 더 이상 능가될 수 없는 경계는 있다. 이것의 완성은 획득될 수 없고 단지 관념으로서 생각될 수 있을 뿐이다."

은 증가되거나 감소될 수 없다. 그러므로 아름다운 예술의 모든 현실적인 구성요소들은 무한히 성장할 수 있지만 이 상이한 요소들이 합성된 결과에서는 상호 관계를 규정하는 절대적 법칙이 존재한다.

가장 넓은 의미에서 아름다운 것은 (이것은 숭고한 것, 좁은 의미에서 아름다운 것 그리고 자극적인 것을 모두 포괄하는 것이다) *쾌감을 주는 선의 현상이다*[126]. 개별적인 경우마다 자극의 가능성에는 고정된 경계선이 명확하게 존재하는 것처럼 보인다. 고통도 기쁨도 그 어느 것이나 이 경계선을 넘어서면 전혀 식별되지 않으며 이와 더불어 열정이나 쾌락이라는 목적조차 상실되어 버린다. 그러나 특별한 고려가 없다면(288) 일반적으로 현재 주어진 활력의 척도를 넘어서는 더 높은 활력이 생각될 수 있다. 복합적인 충동을 감각적으로 일깨우고 자극해서 그 충동에게 순수한 정신적인 것의 향락을 수여하는 것이라면 무엇이나 *활력*이다. 이제 고통이거나 아니면 기쁨은 동기를 부여하는 힘이다. 그러나 활력은 이상을 추구하는 예술의 수단이나 기관일 뿐이며, 말하자면 정신적인 것이 감각적으로 현상하도록 만들고 이런 감각적 현상을 담지하는 생명력 즉 순수한 아름다움을 야기하는 신체적인 생명력이라 할 수 있다. 그것은 마치 자유로운 마음이 동물적인 조직이라는 기반 위에서만 경험적으로 현존할 수 있는 것과 마찬가지이다. 마찬가지 방식으로 특수한 감각마다 *특정한 식별가능성의 영역*이 있다. 이 영역은 너무 가까운 것과 너무 먼 것 사이의 중간

---

126 역주: 다음이 『재판』에 추가되었다: "즉 그것은 신성한 것 또는 영원한 것의 현상이다."

에 있는 영역이라고 말할 수 있을 것이다. 그러나 그 자체로 보거나 현상적으로 보거나 정신적인 것이 출현하는 현상은 더욱 생동적으로, 더욱 일정하게, 더욱 분명하게 될 수 있다. 정신적인 것의 현상은 현상으로 머무르는 한에서 끝없이 완성될 수 있으나 그 목표에 전적으로 도달될 수는 없다: 왜냐하면 그렇지 않고 완전히 도달된다면 개별적인 것 속에 현상해야 하는 일반적인 것이 오히려 개별적인 것 자체로 전락하기 때문이다. 이런 일은 가능하지 않다. 왜냐하면 이 두 가지 즉 일반자와 개별자는 무한의 틈을 통해 분리되어 있기 때문이다. 하지만 그렇더라도 현실의 모방은 완전성에 무한히 다가갈 수 있다: 왜냐하면 개별적인 것의 풍요로움은 다할 수 없는 것이기 때문이다. 또한 어떤 모사가 언젠가 자신의 원형으로 전적으로 전환되는 일은 결코 일어날 수는 없다. *선* 또는 단적으로 존재해야 하는 당위는 자유로운 충동의 순수한 대상이며, 이론적 능력이 아니라 실천적인 명령으로서의 순수한 자아이다; 선은 류적인 것이며 그 아래 인식, 도덕 그리고 아름다움이라는 종이 있다; 그리고 선은 다수성과 통일성과 전체성을 구성요소로 삼고 있는 전체이며[127] ; 또한 선은 현실 속에서

---

127 원주: 나는 여기서 양해를 구하여 이런 근본적인 원리나 개념뿐만 아니라 몇몇 다른 근본적인 원리나 개념을 개연적인 개념으로 맥락상 사용하고자 한다. 나는 아래에서 이런 원리나 개념에 대한 증명을 부단히 제공할 것이다.

역주: 이 노트는 「재판」의 텍스트에서 아래와 같은 형식으로 포함되었다: " 우리는 ―맥락상―이런 근본적 원리와 개념을 즉 부동하는 전체, 조화롭게 조직된 통일성, 무한히 풍부한 삶이라는 개념들을 사용하는 것을 스스로 허용한다. 이런 개념들은 선하고, 신성하며 아름다운 모든 것이 지닌 여러 요소들이며 유기적

는 다만 제한적으로만(289) 존재할 수 있다. 이런 사실들을 나는 감히 명증적인 것으로 전제하겠다. 왜냐하면 합성된 존재인 인간은 잡다한 삶 속에서 그 순수한 본성에 다만 무한하게 다가갈 수 있을 뿐 그것에 완전하게 도달할 수는 없기 때문이다.

그러므로 아름다움의 이 모든 구성요소들- 자극적인 것, 미적 가상, 선- 은 한없이 더 완전하게될 수 있다. 그러나 이 구성요소들 사이의 상호적 관계에는 불변의 법칙이 있다. 감각적인 자극은 아름다움의 수단이어야 할 뿐이며 예술의 목적이 되어서는 안된다. 문화의 이전 단계에서 타락하지 않은 감각이 우위이었으므로 내용의 풍요가 작가의 목적으로 된다. 자족적이라고 해서 무조건 비난될 것은 아니다. 자족적인 것은 점차 발전해야 하며 오직 자연의 후견이 있는 경우에만 자립적인 자기 규정에 도달할 수 있다. 호머 같은 이는 감각적이더라도 법칙을 위반하지 않는다. 법칙은 차라리 그때까지 전혀 알려지지 않았다. 그러나 예술이 이미 오랫동안 합법칙적으로 존재해 왔기에 더 이상 합법칙적이기를 중지한다면 또 다시 감각의 풍요가 지배하게 되지만 이 경우 전혀 다른 방식으로 지배하게 된다. 이제 더이상 타락하지 않은 감각이란 없으며 방종이나 *무도한 탐닉*이 넘쳐 흐른다. 아름다움의 세 가지 구성요소-즉 다양성, 통일성, 전체성- 들은 순수한 인간이 세계 속에서 현실적으로 현존하는 다양한 방식들 외에 다른 것이 아니며, 마음과 자연 사이에 접촉이 일어나는 다양한

구성분자들이다. 이런 개념들을 좀 더 상세하게 설명할 기회가 아래에서 더욱 자주 나타날 것이다."

지점이다. 개별적으로 고찰한다면 그 세 가지 요소들은 모두 동일한 가치를 가지고 있다. 즉 그 중 어느 것이라도 다른 것들과 마찬가지로 무조건적이며 무한한 가치를 갖는다. *감각적 풍요도 성스러운 것이니* 모든 구성요소들이 합일하는 경우에는 이 풍요조차도 질서의 법칙에 *자유롭게* 복종할 수 있다: 왜냐하면 *다양성*은 이미 삶이 구현된 최초의 형식이며, 자주 삶이 구현되기 이전의 단순한 소재와 혼동됨에도 불구하고 그런 단순한 소재에 그치는 것이 아니기 때문이다. 이 세 가지가 평등한 권리를 가졌다는 법칙은 그 사이에 일정한 질서가 존재한다고 해서 지양되는 것은 아니다. 하지만 *아름다움의 구성요소들이 결합되어 있는 경우*(290) *비례의 법칙*은 불변적으로 규정되어 있으므로 다양성이 아니라 오히려 *전체성*이 모든 완전한 아름다움을 규정하는 제일의 근거이고 최종적인 목적이 된다. 마음은 소재와 열정을 압도해야 하며, 정신은 감각적 자극을 능가해야 하며 거꾸로 삶을 일깨우고 감각을 간지르기 위해 정신이 *이용되는* 것은 아니다. 감각을 간지르는 것이 목적이라면 이는 훨씬 값싸게 획득될 수 있을 것이다! ― 양식이란 아름다움이나 취미의 원초적이고 본질적인 구성요소들이 지속적으로 갖는 관계를 의미한다. 그러므로 *완전한 양식*이란 자유로운 경향성을 통해 이런 비례의 필연적인 법칙을 전적으로 충족하는 작품이나 시대에 귀속될 수 있을 것이다.[128]

---

128 역주: 슐레겔은 미(넓은 의미에서)를 쾌감으로부터 도출한다. 이 쾌감의 원천에 관해 그는 말이 없지만, 아마도 칸트가 말한 상상력의 자유, 반성적 판단의 자유에서부터 찾는 것으로 간주된다. 개별적 작품이 보여주는 감각적 현상이 귀속되는 것은 칸트에서는 오성의 개념이지만 슐레겔에게서는 선의 개념이다. 이 선의 개념

취미라면 어디에나 성립하는 이런 절대적인 미적 법칙 외에 모든 재현 예술에 성립하는 두 가지 절대적인 *기술적* 법칙도 존재한다. - 재현 예술은 현실적인 것과 가능적인 것을 뒤섞는 것이므로 그 구성 요소란 일반적인 것의 감각화와 개별적인 것의 모방이다. 두 가지 구성요소들이 각각 완전하게 되는 데에는 이미 위에서 상기된 것처럼 어떤 한계도 측정되지 않는다: 그러나 그 구성요소들 사이의 관계에서는 불변의 법칙이 필연적으로 규정된다. 자유롭게 재현하는 예술의 목표는 무제약적인 존재자이다; 개별자는 그 자체로서는 목적이 될 수 없다(주관성). 그렇지 않으면 예술은 자유로운 모방의 재주에 종속하게 될 것이다. 그런 재주란 신체적인 욕구나 지성의 개별적인 목적에 봉사하는 것이다. 그렇다 할지라도 수단이란 전적으로 필수적인 것이며 수단은 적어도 목적에 자유롭게 봉사하는 것처럼 보여야 한다. *객관성*은 자유로운 재현에서 나타나는 일반자와 개별자 사이의 합법칙적인 관계에 대한 가장 적절한 표현이다. - 더우기 개별적인 예술작품은 어느 것이나 결코 현실의 법칙에 속박되지 않는다.(291) 그러나 그것이 *내적 가능성의 법칙*에 의해 제한되어 있는 것은 말할 것

속에는 세 가지 차원이 존재한다. 하나의 차원이 작품의 소재의 축이라면 다른 하나의 차원은 작품의 내적 구성의 축이고 마지막 차원은 작품의 정신적 목적 축이다. 소재가 풍요하면 자극적(매력적)이다. 내적 구성이 통일적이면 미적 가상이 구성된다. 이 경우 숭고미가 출현한다. 작품이 이상(사회적 자유)을 추구하면 정신적 활력을 불러일으킨다. 이 경우 좁은 의미에서의 미 곧 객관적 미가 출현한다. 이 각각을 지배하는 척도가 곧 자극의 다양성, 구성의 통일성(또는 완전성), 정신적 목적의 전체성이다.

도 없다. 예술작품은 내적으로 모순되어서는 안되며, 철저하게 내적으로 합일해야 한다. 나는 "진리"라는 말보다기꺼이 정합성이라는 말을 사용하려 하는데, 그 이유는 진리라는 말은 너무나도 현실적인 법칙을 상기시키고 그래서 모방에 노예적으로 충실하는 예술가들이 자주 다만 개별 대상을 모방하는 경우에 이 진리라는 말을 오용하기 때문이다.[129] 이런 *기술적인 정합성*은 충돌이 일어나는 경우에는 비록 아름다움을 지배해서는 안된다고 하더라 아름다움을 제한하는 것은 가능하다: 왜냐하면 기술적 정합성이 예술 작품의 제일의 조건이기 때문이다. 내적인 합일이 없다면 재현은 스스로 지양되어 버릴 것이며 그러므로 그 목적[아름다움]조차도 결코 도달될 수 없을 것이다. 완전한 아름다움을 이루고 있던 전체가 이미 해체되고 파편화되어 버렸다면, 그래서 방종한 내용이 취미를 지배하게 된다면, 비율의 규칙성이나 내용의 균형성이 희생될 것이다.

약한 자라도 방종하지 않기 위해 엄청난 억제의 힘이 필요한 것은 아니다. 그리고 그런 힘이 결여되어 있는 곳이라면 합법칙성이 있다고 해서 특별히 도움이 되는 것은 아니다. 어떤 작품이 양식적으로 완전하며 *정확성에서* 험잡을 데 없지만 정신과 생명을 결여한다면 아무런 가치도 없는 단지 빈약한 작품에 불과할 것이다. 그러나 어떤 작

---

129 원주: 예술의 개별적인 장르 속에서 −비극이나 순수 희극에서와 같이− 기술적인 정합성은 실제로 진리이거나 실제로 가능한 것으로부터 일탈하여 이상화를 요청한다.역주: 이 구절은 『재판』의 텍스트에 이 문장 끝에 추가되어 있다.

품이 완전한 합법칙성을 가진다 하자. 동시에 예술가가 인간인 한에서 그에게 기대될 수 있는 최고의 억제력을 가지고 있다 하자. 그렇더라도 그런 작품이 최고의 목표에 도달했다고 무조건 기대해서는 안된다. 왜냐하면 그런 작품이 펼쳐지는 반경이 완전하지 못하고 오히려 특정한 방향에 의해 정확하게 제한되어 있는 경우가 있기 때문이다. 그런 방향은 사실 어느 정도 아름답지만 그래도 일면적인 특이성을 지닌다. 예를 들자면 도리스의 서정시가 그렇다. 그런 작품은 애쉴루스[130]처럼 만족시킬 수 있는 것보다 기대될 뿐인 것을 더 많이 갖고 있는 한, 완성되었다고 주장하는 것은 허용되지 않는다. *어떤 예술 작품이 가장 완전한 장르적 형식 속에서,*(292) *최고의 힘과 지혜를 가지고 일정한 미적이고 기술적인 법칙을 전적으로 충족하면서, 무제한적인 요구와 균형을 이룬다면 오직 이런 작품만이 아름다운 예술의 탁월한 예가 될 수 있을 것이다.* 왜냐하면 이런 예는 아름다운 예술이라는 과제를 완전하게 충족한다는 것이 어떤 것인지를 현존 예술 작품 속에서 눈으로 보여줄 수 있기 때문이다.

---

130 원주: 애쉴루수 Aeschylus (기원전 525/524 – 456/455) 는 소포클레스, 유리피데스와 함께 거론되는 세 명의 위대한 그리스 비극작가 중의 첫 번째 사람이다. 그는 비극의 아버지라 불린다. 비극 장르에 대한 우리의 지식은 그의 작품으로부터 시작하며 초기 비극에 대한 우리의 이해는 주로 그가 남긴 연극들로부터 도출된 것에 의거한다. 아리스토텔레스에 의하면 그는 연극에서 인물들의 수를 늘려서 그들 사이에 갈등을 불러일으켰다. 반면에 그 이전에는 인물들은 오직 합창단과만 상호 소통했다.

예술과 취미의 모든 구성요소들이 균형적으로 발전되고 연마되고 완성되는 곳에만 최고의 예술이 가능하다. 이런 균형은 *인위적인 문화에서는*[131] 조종하는 지성이 자의적으로 구분하고 뒤섞는 것을 통해 회복할 수 없을 정도로 상실된다. 아마도 완전성이나 아름다움을 개별적으로 본다면 인위적인 문화가 그리스적인 자유로운 발전을 훨씬 능가할 수 있을 것이다. 그러나 최고로 아름다운 작품이란 *유기적인 발전을 통해 생성된 전체*이므로, 가장 작은 것을 떼어내더라도 해체되며 가장 사소한 것을 덧붙이더라도 파괴될 것이다. 조종하는 지성이 지닌 인위적인 기제는 자연적 문화가 이루어낸 예술의 황금기에 나타났던 합법칙성을 습득할 수 있지만 그 황금기에 나타났던 균형을 결코 완전히 회복할 수는 없다.[132]; 일단 해체되었던 그 기본 요소들은 결코 다시 유기적으로 조직되지 않는다. 따라서 *아름다운 예술의 자연적인 문화가 도달한 정점은 시대를 막론하고 예술적인 진보의 고귀한 원형*으로 남아있다.

나는 그 이유를 알지 못하겠지만 우리는 문학의 한계를 너무 좁게 생각하곤 한다. 재현의 유형이 문학예술에서처럼 서술하는 것이 아

---

131 역주: 『재판』에서 다음 구절이 이 지점에 삽입되었다: "적어도 초기 단계에서"

132 역주: 이 문장은 『재판』에서 이렇게 변경되었다: "조종하는 지성이 지닌 인위적인 기제는 문화에서 그리고 자연의 구속 없는 진화에 의해 얻어질 수 있는 가장 완성되고 만개된 예술의 합법칙성을 소화할 수 있지만, 그러나 그런 조화로운 균형을 결코 완전히 재생할 수 없다."

니라 감각예술에서처럼 현실을 모방하거나 아니면 자신을 자연적 소재를 통해 표현하는 유형이라면, 그 자유는 이미 상당히 좁게 제한된다. 왜냐하면 주어진 작업 도구나 규정된 소재가 한계를 지니기 때문이다. 어떤 예술 유형에서 소재가 아주 좁게 제한되고(293) 도구도 매우 단순해야 한다면, 이런 예술 유형에서 어떤 민족이 다른 민족은 결코 능가할 수 없을 높이에 이르려면 천혜를 받아야 한다고 생각할 수도 있을 것이다. 아마도 그리스인들은 조각에서 이런 높이에 실제로 도달했을 것이다. 회화와 음악은 이미 좀 더 자유로운 영역을 가졌다: 여기서는 더욱 합성되고 더욱 다양하며 더욱 포괄적인 도구가 사용된다. 회화나 음악에서 완성의 극한을 확정하고자 한다면 정말 위험한 일일 것이다. 문학의 반경이나 힘은 어떤 특수한 소재에 의해서도 제한되지 않으니 그런 경계가 제한될 가능성은 얼마나 되겠는가? 문학의 도구 즉 자의적인 기호 언어는 인간의 산물이므로 무한하게 개선될 수도 있고 타락할 수도 있지 않을까?[133] *–반경이 무제한하다는 것*이 문학의 커다란 장점이어서 아마도 문학이 그런 무제한성을 요구하는 것은 정말 필수적이다. 문학은 이를 통해 조각이 요구하는 부동성이라는 철저한 규정성이나 음악이 문학에 앞서서 가지고 있었던 철저하게 유동적인 변화가능성을 대체하게 된다. 조각이나 음악은 감각에 직접적으로 직관되며 수용된다; 조각이나 음악은 자주 모호한 언어를 통해서 단지 우회적으로 마음에 말을 건다. 조각이나 음악은 사상과

---

133 역주: 이 문장은 『재판』에서 다음과 같이 변경되었다: "문학의 도구 즉 자의적인 기호 언어는 인간정신의 전적인 구성물이며, 따라서 무한한 교정가능성과 동시에 제한 없는타락의 가능성을 동시에 갖는다."

도덕을 다만 간접적으로 재현할 수 있다. 문학예술은 상상력을 통해 정신과 마음에 직접적으로 말하며 자주 그 언어는 불투명하며 애매한 모호성을 지니지만 그래도 어떤 소재도 포괄할 수 있는 것이다. 감각 예술의 장점은 무한한 규정성이며 무한한 생동성이다. – 이러한 *개별성*은 예술의 성과라기보다는 자연의 소유로부터 빌려온 것이다. 감각 예술은 순수한 자연과 순수한 예술 가운데 있는 혼합물이다. 자연의 힘을 빌리지도 않고 예술에 이질적인 것의 도움을 받지도 않는 유일하고 참된 순수한 예술이 있다면 그것이 문학이다.

상이한 예술 유형들을 서로 비교할 때 목적이 위대하니 또는 사소하니 하는 것에 대해서는 말할 수 없다. 그렇지 않다면 그런 비교연구 전체는 "소크라테스와 티모레온Timoleon[134] 가운데 누구의 덕이 더 높았는가?" 하는 물음만큼이나 무의미하게 될 것이다. 왜냐하면 무한한 것은 결코 비교될 수 없으며 아름다움의 향락은 무제약적 가치를 갖기 때문이다. 그러나 동일한 목적에 도달하기 위해 사용되는 상이한 수단들의 완전성에는 단계가 존재하며 따라서 완전성의 많고 적음이

---

134 영어 번역 주: 티몰레온Timoleon은 기원전 4세기 그리스 장군이자 정치가이다. 그가 군사적 원정에서 보여준 용기와 전술은 유명했다. 그러면서도 그는 겸손에 대한 놀랄 만한 감각과 애국심을 보여 주었다. 전투에서 그는 시라큐사 시민들을 카르타고의 전제자로부터 보호했다. 그의 애국심, 전제자에 대한 그의 증오감은 너무나 크기 때문에 그는 그 자신의 형제를 살해하도록 도와서– 그는 일찍이 자신의 생명을 걸고 그 형제를 보호했다– 전제주의가 다시 정착하지 않도록 만들었다.

발생한다. 어떤 예술도 문학처럼 하나의 작품 속에(294) 광범위한 소재들을 펼쳐놓지 않는다. 그러나 또한 어떤 예술도 문학처럼 *다양을 하나로 결합하고 이런 결합을 절대적으로 완전한 전체로 완성하는 수단을 가지지 않는다.* 조각, 음악, 서정시는 통일성의 측면에서는 본래 동일한 단계에 있다. 그것들은 지극히 동질적인 것을 표현하는 다양한 양상들을 나란히 놓거나 차례로 놓으며 법칙적인 것으로부터 나머지 다양성들을 유기적으로 발전시키기 위해 노력한다. —성격 즉 표상하거나 의욕하는 데서 나타나는 지속성은 오직 신에게서나 단적으로 단순하고 자족적으로 규정되며 자체 내에서 완성되어 있을 수 있다. 그러나 현상의 영역에서는 성격의 통일성은 다만 조건적이다; 즉 성격은 스스로에 의해 규정될 수 없는 다양성을 여전히 포함한다. 현전하는 개별적인 현상은 그것이 속하는 *세계 전체의 연관*을 통해서 완전하게 규정되거나 설명된다. 현상이 단순히 허구적인 세계의 단편일 경우에도 사정은 다르지 않다. 연극 속의 인물은 전체 속의 위치에 의해 그리고 사건에 대해 그가 참여하는 방식에 의해 완전하게 규정된다. 사건은 시간 속에서만 완성된다; 따라서 조각가는 완전한 사건을 재현할 수 없다. 조각상은 어찌어찌해서 그와 같은 규정성을 지닌다 하더라도 조각가는 어쩔 수 없이 *세계*를 이미 알려져 있는 것으로 전제한다. 왜냐하면 인물이 본래 살고 있는 *세계*는 그 인물과 함께 재현될 수 없을 것이기 때문이다. 이 세계가 올림피아의 세계이며 그 세계에 대한 해석은 아주 간단한 것이라 하더라도: 가장 완전한 조각상조차 다만 떼어내어진 불완전한 단편일 뿐이며 자체적으로 완성된 전체가 아니다. 조각가가 도달할 수 있는 최고의 것은 통일성을 유비적으로 보여 주는 것이다. 서정시인이나 음악가에게서 통일성은 서로 연관되어 전체적으로 계열화된 것들으로부터 부각되는 몇 가지 감정들의 동질성에 있다. 이 동질성은 나머지 것들을 지배하며 이 나머지 것들을 자기 밑에 완전한 종속시킨다.(295) 다양성과 자유가 필수적이니만큼 이는 이런 연관의 완전성을 엄밀하게 제한하며 이런 마당에 *결합의 완전성*은 생각하는 것조차 불가능하다. *결합의 완전성*은 문학의 두 번째 커다란 장점이다. 비극 작가란 가장 넓은 범위에 걸쳐 가장 강력한 힘들을 최고의 통일로 결합하려는 것을 본래의 목적으로 하기에 다만 비극 작가만이 자신의 작품에게 *완전한 구성*을 부여할 수 있다. 비로소 이 경우에 작품이 지닌 아름다운 구성이 지극히 작은 결함, 지극히 사소한 과잉에 의해 파괴되는 일이 생겨나지 않을 것이다. 비극 작가만이 *완전한 사건*을 즉 유일한 절대적 전체를 현상의 영역에서 재현할 수 있다. 완전하게 수행된 사건, 완전하게 전개된 목적은 가장 충만한 만족을 보장한다. 사건이 완전히 문학적이려면 전체가 완결되어야 하며 *그 세계는 기술[技術]적으로 연결되어야 한다.*[135] [136]

---

135 역주: 『재판』에서 "세계가 기술적으로 연결되어어야 한다"는 "예술 세계가 자기 충족적으로 재현되어야 한다"로 대체되었다.

136 역주: 슐레겔은 예술의 유형적인 차이에 관해 논하고 있다. 즉 그는 조각, 음악, 문학을 서로 비교하는데, 조각은 물질을 수단으로 하는 예술이며, 무한히 생동적이지만 시간성을 결여한다. 반면 문학은 정신을 직접 표현하는 기호의 예술이며, 시간적으로 구성된다. 음악은 그 중간에 있으며, 기호적이면서 물질적인 예술이다.

그리스 초기의 문학 장르 즉 신화 시대의 서사시와 같은 경우는 아직도 문화가 성숙하지 못한 결과 출현한 것이며 그 자체로 본다면 불완전한 시도에 그친다; 서정시 시대의 다양한 학파들과 같은 경우는 방향이 일면적으로 제약된 결과 그들 사이에 완전한 아름다움을 쪼개어 나누어 갖는 것처럼 보인다. 그리스문학 장르 가운데 가장 탁월한 장르는 *아티카의 비극*이다. 이 비극은 이전의 형식, 시대 그리고 학파가 개별적으로 가지고 있던 완전성을 모조리 규정하고, 순화하고, 고양하고, 합일하고 새로운 전체로 재조직한다.

애쉴루스는 진정한 창조적 힘을 통해 비극을 고안했으며 그 윤곽을 기획했고 그 경계선, 그 방향, 그 목표를 규정했다. 이 대담한 자가 기획했던 것을 소포클레스Sophokles가 완성했다. 그는 애쉴루스가 고안한 것을 발전시키고, 애쉴루스에게서 딱딱했던 부분을 부드럽게 만들고 애쉴루스가 남긴 틈을 보완했으며 이를 통해 비극을 완성했고 그리스문학의 최고의 목표에 도달했다. 소포클레스가(296) 아티카의 공적인 취미가 도달한 최고의 순간을 만난 것은 일종의 행운이었지만 그는 또한 이런 운명의 은총을 이용할 줄을 알았다. 그와 그의 시대는 완성된 취미와 완전한 양식이라는 장점을 공유한다. 그러나 그가 자신이 처한 자리를 충족시켰으며 그에게 부여된 사명에 부응했던 형식은 완전히 그만의 형식이었다. 독창적인 힘을 본다면 그는 애쉴루스나 아리스토파네스에 뒤떨어지며, 완벽함과 고요함에 있어서는 호머나 핀다로스와 동등하며, 우아함에 있어서는 선구자들이나 후계자들 모두를 능가한다.

그의 재현이 지닌 *기술적 정합성*은 완전하다. 명확하며 풍부하게 구성된 그의 작품이 지닌 규칙적인 결합 즉 조화eurhythmia는 거의 교본에 가까워서 유명한 폴리클레이토스의 도리포러스의 비율[137]과 같다. 그의 전체 작품 중 어느 것에서나 나타나는 성숙하고 만개한 유기적 구성은 *완벽하게* 완성되어 있어서 아주 작은 틈이 생기기만 하면 파괴되거나 불필요한 숨결이 불기만 하면 파괴되는 것은 아니다. 모든 것은 하나로부터 *필연적으로* 발전되며 가장 작은 부분조차도 *전체의 거대한 법칙*에 무조건 복종한다.

그는 절제를 통해 아무리 아름답더라도 기형적인 것이라면 이를 거부했으며 전체의 균형을 파괴하도록 오도하는 유혹이라면 어떤 것에도 저항했던 것으로 보인다. *이* 작가에게서는 바로 이런 절제가 그의 풍요로움을 증명한다. 왜냐하면 그에게 합법칙성은 *자유로우며*, 정합성은 *단순하며*, *가장 풍요로운 내용*이 마치 스스로 자기를 조절하는 것처럼 완전하면서도 만족스러운 합일에 이르기 때문이다. 그의 연극이 지닌 통일성은 기계적으로 강요되는 것이 아니라 오히려 유

---

137 영어 번역 주: 폴리클레이토스Polykleitos(기원전 약 450-415)은 그리스 조각가이다. 슐레겔이 여기서 언급한 조각상 도리포로스Doryphoros 또는 "창을 든 사람"은 로마 복제품을 통해 우리에게 알려져 있다. 가장 완전한 복제품은 허큘라네움Herculaneum의 것이다. 도리포로스는 인간상의 이상을 완전하게 구현하고 있는 것처럼 보이므로 교본으로 알려지게 되었다. 플리니Pliny the Elder 에 따르자면 다른 예술가들도 도리포로스를 교본으로 지칭했으며 그것으로부터 예술의 근본 원리를 도출했다.

기적으로 발생한 것이다. 가장 작은 곁가지조차도 고유한 생명을 누리고 있으며 다만 자유로운 경향성으로부터 나오고 스스로 자기의 자리를 지키면서도 전체의 발전이 합법칙적인 연관에 이르도록 짜맞추어지는 것으로 나타난다. 우리는 즐거움을 느끼며 어려움 없이 광란적인 흐름을 따라가며 그의 작품이 전개되는 황홀한 평면을 돌아다닌다: 왜냐하면 정합적이지만(297) 그러면서도 단순하고 자유로운 *배열* 때문에 발생하는 *아름다움*은 그의 작품에게 형언할 수 없는 매력을 주기 때문이다. 큰 전체는 작은 전체와 마찬가지로 가장 풍요롭고 가장 단순하게 결합되어 있어서 명확하게 구분되어 있고, 쾌적하게 분류되어 있다. 그리고 극적 사건 전체에서 투쟁과 휴식, 행위와 관찰, 인간성과 운명은 호의적으로 교환되며 서로 자유롭게 합일한다. 그래서 때로는 개별적인 힘들이 방해 받지 않고 대담하게 질주하며, 때로는 두 가지 힘들이 신속하게 교환되면서 서로 투쟁하는 가운데서도 서로를 에워싸고 있으며, 때로는 모든 개별자들이 전체의 장엄한 합창 앞에서 말없이 서 있다. 이와 마찬가지로 대화의 가장 작은 부분에서도 여러 사람들의 말들이 서로 무람없이 교환되면서도 자유로운 합일 속에 있다.

그의 작품에서 손질이 가해졌다거나 예술적 산물이라거나 결핍의 흔적이라는 사실을 상기시키는 것은 조금도 없다. 우리는 예술적 매체를 알아차리지 못하며 예술이라는 껍데기는 사라진다. 우리는 순수한 아름다움을 직접적으로 즐긴다. 더 이상 요청할 게 없는 완전함은 그럴 경우에만 나타나는 고원함에 머무르지도 않으며 겉보기 인상을 걱정하지 않는 채 오직 자기 자신을 위해 현존하는 것처럼 보인다. 이런 발전은 만들어지거나 생성된 것처럼 보이지 않으며 오히려 영원히 현존해 왔으며 또는 저절로 발생한 것처럼 보이니 그것은 마치 사랑의 여신이 바다로부터 이미 완성된 채 갑자기 솟아나는 것과 같다.

소포클레스의 마음 속에는 디오니소스의 신적인 도취나 아테네 여신의 심원한 창의성 그리고 아폴로 신의 그윽한 사려깊음이 균형을 이루면서 녹아들어가 있었다.[138] 그의 작품은 마술적인 위력을 가지고 영혼을 안주하지 못하게 하여 더 높은 세계에로 옮겨 놓는다; 그는 달콤한 폭력으로 가슴을 유혹하며 저항할 수 없을 정도로 감동시킨다. 그러나 그는 중용을 표현하는 희귀한 예술의 위대한 거장답게 비극의 가장 위대한 힘을 가장 절묘하게 사용하여 최고의 탐닉을 획득할 줄을 안다; 그는 강력한 공포와 동시에 강력한 열정을 주지만 그럼에도 불구하고 결코 쓰라리거나 소름끼치게 만들지 않는다. ―공포가 지속되면 사람은 경악하여 마침내 의식을 상실하는 법이다; 또 열정이 지속된다면 사람의 온 몸에 진이 빠지는 법이다. 그러나 소포클레스는 공포와 열정을 잘 섞어 완전한 균형을 이룰 줄을 알며(298) 적절한 배치를 통해 넋을 잃을 정도의 기쁨과 상쾌한 우아라는 맛있는 양념을 치며 아름다운 삶의 긴장된 균형을 전체에 걸쳐 확산시킬 줄을 안다.

---

138 영어 번역 주: 다른 비평가들이 주목했듯이 슐레겔은 니체가 『비극의 탄생』에서 밝혔던 디오니소스적 측면과 아폴론적 측면이라는 논의를 암시하고 있다. 이 문장에서 이 점이 가장 명백하게 나타난다.

소재를 그가 얼마나 탁월하게 다루며, 그런 소재를 그가 얼마나 절묘하게 선택하며, 대강 주어진 줄거리[139]를 그가 얼마나 현명하게 이용하는지 정말 놀랍다. 수많은, 아니 아마도 무수히 가능한 해결들 가운데 최선의 것을 항상 확실하게 찾아내며, 경계가 미묘하다 해서 결코 길을 잃지 않으며, 아무리 한계가 뒤얽혀 있다 하더라도 솜씨있게 결합하여, 필연적인 것에 도달하도록 자신의 자유자재의 능력을 보여주는 것; 이것이 그의 예술가적 지혜로부터 나온 거장의 솜씨이다. 어떤 선구자가 그에게 가장 손쉬운 최선의 해결책을 미리 보여 주었을 때조차 그는 소재를 낚아채서 새로운 *방식*으로 소화할 줄을 알았다. 그는 *엘렉트라*[140]를 애쉴루스 뒤에 다루면서도 새롭게 다룰 수 있었으며 그래도 부자연스럽게 보이지 않았다. *필로테테스*[141]라는 소재는 대

---

139 역주: 『재판』에서 "대강 주어진 줄거리"라는 표현은 "오래된 전설에 나오는 인물이나 사건에 대한 대강의 줄거리"로 대체되었다.

140 영어 번역 주: 소포클레스의 엘렉트라Electra는 애쉴루스의 오레스테이아 Oresteia에 빚지고 있다. 그러나 이 소재를 의미심장한 방식으로 재구성했다. 가장 중요한 것을 들어보자면 그는 줄거리의 핵심 시간을 재배치했다. 클리템네스트라를 살해하는 것으로 끝나지 않고, 오히려 그것으로부터 시작한다; 아에기스투스Aegistus는 나중에 죽게된다. 그래서 가장 곤란한 살해는 매우 일찍 해치워졌다.

141 영어 번역 주: 필로테테스Philoctetes는 소포클레스의 잔존하는 연극들 중의 하나이다. 이야기는 애쉴루스와 유리피데스에게서 채용되었다. 이 연극은 트로이 전쟁을 무대로 한다. 그리스인 필로테테스는 뱀에 물렸고 고칠 수 없는 병에 걸렸다. 상처와 고통이 괴상하기에 동료 그리스인들은 그를 렘노스 Lemnos 섬에 내버렸다. 나중에 그리스인들은 필로테테스와 오직 그의 화살의

강의 줄거리나 절묘한 동기와 같이 개별적인 면에서는 풍부하지만 전체적인 면에서는 불리하고 빈틈이 많은데도 불구하고 그는 이 소재를 완전한 극적인 사건으로 발전시키고 마무리하고 보완할 줄을 알았다. 그 결과 그 작품은 단순한 통일성의 면을 결여한 것도 아니고 그렇다고 완전한 즐거움의 면을 결여하지도 않았다.

그의 언어가 지닌 아티카적 마력은 호머의 활기찬 풍요와 핀다로스의 유연한 화려를 철저한 명확성과 결합시킨다. 애쉴루스의 소묘는 대담하고 고귀하면서도 딱딱하고 모나며 날카롭지만 소포클레스의 표현방법에서는 소묘가 세련되고 온화하게 되며 연마되어서 마침내 오차없이 정합적으로 되며 매끄럽게 완성된다. —창의성, 사교성, 유창함 그리고 포용성이 마치 타고난 듯했던 곳에서; 도리스 문화나 이오니아 문화의 일면적인 장점을 포괄해 완전한 문화가 출현했던 곳에서; 모든 내적인 것이 가장 무제한적인 자유와 평등한 권리를 누리는 가운데서 대담한 형태로 눈에 드러나는 것이 허용되었던 곳에서; 그리고 가장 다방면에 걸쳐 일어나는 외부와의 마찰이 가장 생동적인 투쟁을 통해서 연마되고 순화되며 마무리되고 정돈되었던 곳에서; 바로 그런 곳에서만 즉 다만 아테네에서만 그리스적인 언어의 *완성*이 가능했다.(299)

소포클레스의 운율은 도리스 양식에서 강력한 흐름이었던 억눌린

도움이 있어야 트로이 전쟁에서 승리할 것이라는 것을 알았다. 그리스인들은 필로테테스에게 돌아와서 그가 그들을 도와주기를 설득했다.

힘과 남성적인 위엄을 이오니아나 아에올리아의 운율이 지닌 풍요로운 내용, 민첩한 유연함과 섬세한 우아함을 결합한다.

소포클레스의 모든 작품과 각 작품의 개별적인 부분을 지배하고 있는 *아름다움의 이상*은 전적으로 완전하다. 아름다움을 이루는 본질적 구성요소들이 개별적으로 지닌 힘은 균형적이고 그 요소들이 결합하여 이루는 전체의 질서는 완전히 합법칙적이다. *그의 양식은 완전하다.* 개별 비극에 그리고 개별 사건에 나타나는 아름다움의 정도는 소재가 얼마나 한정되어 있는가, 전체가 어떤 연관을 가지며, 인물이 처한 특수한 처지는 어떤 상태인가에 의해서 좀 더 세부적으로 규정된다.

비극의 모든 주인공은 이상의 세 가지 조건들이 그때마다 허용하는 정도만큼 큰 *도덕적인* 아름다움을 갖는다. 행위이든 수난이든 어느 것이나 가능한 한 도덕이나 성격으로부터 나온다. 그리고 특수한 성격, 일정한 도덕은 가능한 한 순수한 인간성에 가까이 다가간다. 여기서 불필요한 사악함은 무용한 고통만큼이나 발견되지 않으며 쓰라린 불쾌감을 일으키는 변덕은 아무리 작은 것이라도 가장 엄격하게 회피된다.[142]

---

142 원주: 문학에서 근대인은 무제약적으로 필연적인 것이나 도덕적으로 아름다운 것이 지니는 진정한 본성이나 정확한 한계를 찾아 어둠 속에서 더듬거린다. 그래서 그들은 아리스토텔레스의 단순한 규칙의 의미가 무엇인지에 대해서조차 오랫동안 서로 싸워 왔다. "문학에서 도덕은 선해야 하며 즉

극적 사건과 대립되는 우연적 사건은 가능한 한 작게 제시되며 극적인 사건은 모두 *운명*으로부터 도출된다. 그러나 운명과 인간성 사이에서 필연적으로 일어나는 부단한 투쟁은(300) 도덕적 아름다움이라는 또 다른 형식에 의해 항상 다시 해소되어 조화를 이루며 마침내 인간성은 기술적인 정합성의 법칙이 허용하는 한에서 그런 투쟁에서 가장 완전한 승리를 얻는다. 중요한 외적인 행위나 우연한 사건이 내면에 필연적으로 불러일으키는 반향 즉 *관조한다는 것*이 전체의 균형을 *유지하며* 보존한다. 아름다운 신조[信條]가 발휘하는 고요한 위엄은 공포스러운 투쟁을 중재하며 뻔뻔스럽도록 압도적 힘을 조종한다. 그 결과 질서의 제방을 격렬하게 뚫고 나오는 이 힘은 다시 영원히 고요하게 머물러 있는 법칙의 궤도를 조용히 따른다. 전체 작품의 대단원은 항상 최종적으로 *가장 완전한 즐거움*을 보장한다: 왜냐하면 외적으로 보자면 인간성이 몰락한 것처럼 보인다 하더라도 내적인 신조를 통해서 보자면 승리를 거두기 때문이다. 영웅의 용감한 항거는 운명의 맹목적인 분노에 최종적으로 굴복할 수 있다: 그럼에도 불구하

아름다워야 한다." 근대문학에서 셰익스피어의 「시저」에서 브루투스Brutuce의 성격은 소포클레스적이라 말할 수 없는 도덕적 아름다움을 보여 주는 유일한 예이다.

역주: 이 노트의 마지막 문장은 「재판」에서 아래와 같이 변경되었다: " 근대작가는 추한- 비록 명백히 충실하게 재현된 것이라 할지라도- 인물이나 사건의 집합으로부터 자신의 도덕적 수업을 받아왔다; 반면 고대의 재현의 경우 인물 속에서는 항상 아름다움의 관념이 -내적인 도적적 완성을 외면적으로 반영하는 온화함의 현상으로서- 발견될 수 있다."

고 자립적인 마음은 온갖 고통 속에서도 확고부동하게 자기를 견지 [堅持]하며 마침내 자유롭게 날아오르니 이는 「트라키아 여인들」이 라는 작품에서 죽어가는 헤라클레스의 모습과 같다.

이상에서 간략하게 그려냈던 것처럼 소포클레스적인 문학이 지닌 완전성은 분리되어 고립적으로 존재하는 성질은 아니며 오히려 엄밀 하게 결합되어 가장 내적으로 융합된 전체가 지닌 상이한 측면이나 부분일 뿐이다. 문화 속에서 힘과 합법칙성 사이의 균형이 상실되지 않는 한, 아름다움을 이루는 전체가 분열되지 않는 한, 개별적 완전성 이 전체를 희생하지 않고 저 혼자만 더 완전하게 되는 것은 결코 가능 하지 않다. 개별적인 탁월성은 모두 철저한 상호작용 속에서 서로 마 주 대해 있는 가운데 더 높은 가치를 부여받는다. 각각의 탁월성에 관 한 한 나는 지금까지 다할 수 없이 풍요로운 존재가 지닌 가장 일반적 인 윤곽 즉 가장 외면적인 경계만 겨우 그렸을 뿐이지만 이런 탁월성 들 모두의 통일로부터 *자족할 줄 아는 완성*, 특유의 *감미로움*이 발생 한다. 이것이 바로 그리스인이 특히 이 작가 즉 소포클레스의 특징이 라고 보았던 것이다.(301)

실천적인 관점에서 볼 때 상이한 시대에 속하는 장점, 문학 양식과 방향은 무척이나 서로 다르다. 모방할 만한 가치가 있는 것은 그리스 문학의 도처에 흩어져 있다 할지라도 황금기의 중간 지점에서 한꺼번 에 나타난다. 반면 *이론적인 관점*에서 본다면 대체로 *전체 시대들*이

마찬가지로 주목할 만한 가치가 있는 것이다.[143]

그리스문학의 전체가 *단순한 동질성*을 가지고 있다는 것은 근대문학이 잡동사니이고 이질적인 것들의 혼합이라는 것과 현저하게 대조된다.

그리스문화는 일반적으로 전적으로 독창적이며 민족적이며 자체 내 완결된 전체이어서 단순한 내적인 발전을 통해 최고의 정상에 도달했고 또 다시 스스로 몰락함으로써 완전한 순환을 이루었다. 그리스문학도 그리스문화와 마찬가지로 독창적이었다. 그리스인은 자기의 고유성을 순수하게 보존했으며 그 문학은 단초에서뿐만 아니라 전체 전개 속에서도 항상 *민족적*이었다. 그리스문학은 그 기원에서 있어서뿐만 아니라 그 전체에 걸쳐서 *신화에 기초했다*: 왜냐하면 문화가 유아적 단계에 있었던 시기에, 자유가 자연에 의해서만 촉발될 뿐 자립성을 얻지 못한 한에서, 인간성이 추구하는 상이한 목적들은(302) 확정되어 있지 않으며 인간성을 이루는 부분들은 뒤섞여 있기 때문이다. 전설이나 *신화*는 하여튼 그런 혼합의 산물이다. 여기서 전승과 창작이 짝을 이루고 또한 유아적 단계의 이성에 대한 예감과 아름다운 예술의 여명이 서로 융합되어 있다. 자연적인 문화에서는 동일한 싹

---

143 역주: 이 문장은 「재판」에서 다음으로 대체되었다:" 예술과 처리 양식에서 고전적인 것에 관해서 보자면 고대문학이 모든 국면, 장르, 시기에 걸쳐서 이루어 놓은 전체와 발전과정은 어디에서나 그리고 어떤 작품에서도 세련되고 놀랄 만한 요소들로 풍부하고 풍성하게 넘쳐 흐른다."

이 항상적으로 발전해 나갈 뿐이다; 따라서 그 문화의 유아적 단계에서 나타났던 근본적인 특징은 전체에 걸쳐 확산되며 전승된 관습이나 신성화된 제도에 의해 굳어지게 되면서 말기에 이르기까지 유지된다. 그리스문학은 그 기원에서부터 그 진행되는 과정을 거쳐서 그 전체에 이르기까지 *음악적이며 운율적이며 연극적*이다. 조작적인 지성이 지닌 자의는 자연적으로는 영원히 통일되어 있는 것을 오직 폭력을 통해서만 구분할 수 있다. 인간에게 진실로 속하는 상태는 표상만으로 이루어지거나 의욕만으로 이루어지는 것은 아니며 오히려 이 양자의 혼합으로 이루어져 있다. 인간의 상태는 전적으로 자기를 쏟아부으며, 출구가 있으면 어디라도 지나가며, 가능하다면 어느 방향으로도 흘러간다. 지성은 자의적 기호와 자연적 기호를 통해, 즉 말과 목소리와 동작을 통해 동시적으로 자기를 표현한다. 예술을 인도하는 자연적인 문화에서는 즉 지성이 자신의 권리를 오인하여 폭력적인 개입을 통해 자연의 경계를 헝클어 놓고 자연이 아름답게 구성해 놓은 것을 파괴하기 이전에는 문학과 음악과 연극은(당시 연극은 또한 운율에 따른다) 거의 항상 불가분리적인 자매 사이이다.

이런 동질성이라는 특징은 전체에서뿐만 아니라 전체가 구분되는 류적 범주들 즉 대규모적이거나 소규모적이거나, 공존하거나 계기하는(303) 범주들에서도 지각된다. 작가의 원초적인 능력과 이런 능력을 현명하게 적용하는 것 사이에서 그리고 심지어 상이한 조상으로부터 유래한 개별 민족들의 특성과 예술가를 지배하는 분위기 사이에서 엄청난 차이가 있는 경우에조차도 마음과 자연 사이의 일반적인 관계는 미적인 문화가 발전하는 위대한 획기적 시대라면 어느 시대이든 불변적이며 예외없이 일정하다. 이런 획기적 시대 즉 공적인 취미가 문화의 최고 단계에 이르렀고 동시에 예술의 모든 기관이 가장 위대한 완전성에 도달하여 가장 완전하거나 가장 자유롭게 표현될 수 있었던 시대에 아름다움을 원초적으로 구성하는 요소들이 갖는 일반적인 관계는 시대의 정신에 의해서 결정적으로 결정되었다. 따라서 독창적 천재가 그 최고의 정도에 달하거나 최저의 정도에 머무르는 것을 통해 또는 작가의 고유한 발전과 고유한 분위기를 통해 이런 필연성을 벗어나는 예외가 가능하게 되는 것은 아니었다.

이런 부수적인 상황들이 재빠르게 변화되는 동안 위대한 거장의 정신은 다양한 시기에 걸쳐서 유익한 영향을 미쳤으나 그렇다고 해서 각 시기의 창의성이 마비되거나 독창성이 속박되는 법이 없었던 것으로 보인다. 탁월함을 지닌 특정한 방향이 자주 일련의 예술가들 모두에 걸쳐서 놀랍도록 균등하게 영향을 주었다. 그러나 개체적인 것을 추구하는 경향이 철저하더라도 객관적인 것에 대한 지향성이 존재했으니[144] 개체적인 것은 객관적인 것의 유희 공간을 여기저기서 제한하면서도 객관적인 것의 법칙적인 지배를 벗어나지 않았다.(304)

연속적인 발전의 여러 단계들은 전체적으로 본다면 분명하고 단적

---

144 역주: 이 문장은 「재판」에서 변경되었다: "모든 특이성의 추구는 -그 특이성이 작가 정신과 관련되든 그의 말과 관련되든- 항상 객관적으로 아름다운 것을 지향한다."

으로 서로 구분되지만 역사의 지속적인 흐름 속에서는 파도의 물결과 같이 각 단계의 가장 외부의 경계선이 융합되어 있다. 공존하는 취미의 방향들과 공존하는 예술의 장르들이 가진 경계선은 그럴수록 더욱 뒤섞이지 않는다. 그것들이 합성된 결과는 동질적이며 순수하고 단순하기 때문에 기술적인 지성이 만드는 기계를 닮았다기보다 가소성을 지닌 자연 유기체를 닮았다. 동질적인 요소들은 견인과 반발의 영원하고 단순한 법칙에 따라서 융합되며, 전개되면 될수록 모든 이질적인 것들을 제거하며 그 결과 유기적으로 발전한다.

근대문학의 전체는 불완전한 것으로부터 시작하며 그 단초들이 지닌 상호 연관은 다만 사유 속에서나 완전하게 보완될 수 있다. 이렇게 전체는 한편으로는 지각되고 다른 편으로 사유되는 것이니, 이런 전체가 지닌 통일성은 인간이 땀을 흘려 억지로 만들어 내는 인위적인 기제가 된다. 그에 반해서 그리스문학의 동질적인 전체는 자립적이며, 자체 내 완성되어 있고 완전한 전체이며 그것을 관통하는 연관을 지배하는 결합방식은 *아름다운 유기체*가 지닌 통일성이다. 여기서는 가장 작은 부분조차도 전체의 법칙과 목적에 의해 필연적으로 규정되며 그럼에도 불구하고 독립적으로 존립하며 자유로운 것이다. *규칙성은 그것이 점진적으로 발전하면서 가시화되는 것이며* 그러기에 그것은 우연한 일치 이상의 것임이 명백하다. 가장 위대한 전진은 가장 사소한 전진과 마찬가지로 이전의 것으로부터 마치 저절로 그런 것처럼 진화하며 또한 다음 단계의 싹을 온전하게 포함하고 있다. *생동하는 발전의 내적인 원리들*은 인류역사 가운데 다른 곳에서는 종종 아주 깊이 감추어져 있지만 그리스에서는 명백하게 나타나며 명확하고 단순한 글자로 뚜렷하게 새겨진다.(305) 그리스 역사 전체에 걸쳐서 동질적인 요소들이 강도 높은 추동력을 통해 기꺼이 서로 융합하여 건전한 조직체를 형성하였듯이; 발전하려는 충동이 지속적으로 진화하는 가운데 유기적인 생명을 지닌 싹이 절묘하게 성장하면서 총총이 꽃을 피우며 재빨리 성숙하고 갑자기 시들면서 자신의 생명의 순환을 마감하였듯이; 마찬가지로 그리스문학의 모든 창작 양식, 모든 시기, 모든 학파도 순환하였다.

이와 같은 유추가 인정하면서 또한 전제하도록 촉구하는 사실은 곧 그리스문학에서 어떤 것도 우연적인 것은 없으며 어떤 것도 단지 외적인 영향에 의해서 강제적으로 규정된 것은 아니라는 사실이다. 오히려 가장 사소한 것, 가장 기이한 것 그리고 언뜻 보면 가장 우연적인 것조차도 내적인 근거를 통해 필연적으로 전개되었던 것처럼 보인다. ―그리스문화가 출발했던 지점은 절대적으로 조야한 것이었다. 그리스문화는 천문지리상의 위치 때문에 소질이나 동기에서 최대로 은총을 부여받았다. 이런 은총은 적어도 미적 발전에서 외부의 해로운 영향 때문에 중단된 법은 결코 없었다. 이런 유발하는 원인이 그리스문학의 유래, 고유한 특성, 외적인 운명을 설명해 준다. 그러나 그 부분들의 일반적 관계, 그 전체의 윤곽, 각 단계나 양식의 명확한 경계선, 그것이 전진해 나가는 필연적인 법칙은 내적인 근거로부터 설명되며 그 문화가 자연적이라는 사실로부터 설명된다. 이런 문화는 가장 절묘한 소질이 가장 자유롭게 발전하는 것 외에 다른 것이 아니다. 그런 소질의 일반적이며 필연적인 싹은 인간의 본성 자체에 근거를 두고 있다. —그리스인의 미적인 문화는(306) 아테네인의 문화나 알렉산드리아인의 문화에 이르기까지 인위적으로 되어 본 적이 결코 없다. 만일 그리스문화가 인위적이었다면 지성이 전체에게 질서를 부여하고 모든 힘을 조종하며 그것이 나가는 길의 목표나 방향을 규정했을 것이다. 반대로 그리스의 미학 이론은 본래 그리스 예술가의 실천과 최소한의 관련도 없었으며 기껏해서 후기에 와서야 그런 실천의 앞잡이가 되었다. *순전히 충동이 그리스인의 문화를 운동시키는 원리일 뿐만 아니라 조종하는 원리*이기도 하였다.[145]

그리스문학의 전체는 자연 문학의 *최대치*이며 *교본*이며 그리스문학에서 생산된 모든 개별적인 작품은 그 양식에 있어서 가장 완전한 것이다. 그 줄거리는 대담한 명확성을 통해 단순하게 기획되며 넘쳐흐르는 힘으로 충족되며 완성된다; 모든 발전은 *진정한 개념을 완전하게 관찰한 결과*이다. 그리스문학은 취미나 예술의 온갖 원초적인 개념을 보여 주는 완벽한 사례집이어서 이론적 체계를 세우기에 놀랍도록 적합하며 그러므로 마치 발전하는 자연이 겸손하게 인식을 추구하는 지성의 소망을 예감하는 것처럼 보인다. 그리스문학에서 *예술이*

---

145 역주: 「재판」에서 이 문장은 변경되었다: " 다만 수사 학에서만 다른 상황이 유지되었다; 수사학에서는 예술은 정말 이론에 따라서 수행되었고 획득되었다. 그러나 수사학과 달리 그리스의 지적인 문화 전체에서는 특히 문학에서는 지성이 아니라 구속 없는 충동이 완전한 지적인 발전을 추구하는 가운데 그리스문화의 동기가 되었을 뿐만 아니라 지도 원리가 되었다."

유기적으로 전개되는 순환은 전체적으로는 완결되고 완성된다. 아름다움의 능력이 가장 자유롭게 그리고 가장 완전하게 표현될 수 있었던 시기, 예술의 최고의 시기는 취미가 발전하는 연속적인 단계를 완전하게 포함한다. 아름다움의 구성요소들이 결합될 수 있는 온갖 방식들의 순전한 전체가 다 쏟아져 나오며 그것들이 차례로 나타나는 질서나(307) 이행하는 과정의 특성은 내적인 법칙에 의해 필연적으로 규정된다. 창작 양식들의 경계는 자의적으로 분리하거나 뒤섞어서 만들어진 꾸며낸 것이 아니며 오히려 발전하는 자연 자체에 의해 생산되고 규정된다. 가능한 모든 순수 창작 양식의 체계가 빠짐없이 쏟아져 나왔다. 심지어는 아직 전개되지 못한 유아기의 유희거리나 미숙한 양식도 있었으며 또한 모방에 급급했던 몰락한 시기에 이르면 현존했던 원본 작품들의 혼합으로부터 생산된 잡종, 가장 단적인 잡종도 있었다. 그리스문학은 취미와 예술의 영원한 자연사이다. 그리스문학은 본래 순수하고 단순한 요소들을 포함하고 있으니, 근대문학에서 나타난 혼합적 생산물은 그런 요소들로 분석되어야 비로소 그것이 지닌 미로와 같은 혼란스러운 수수께끼가 완전하게 해독될 수 있을 것이다. 그리스문학에서 모든 상황은 너무나도 진정하고 원초적이며 필연적으로 규정되어 있어서 개별적인 그리스 작가의 특징은 각각 미적으로 기본적인 관점을 순수하고 단순하게 대변하는 것처럼 보인다. 예를 들어 괴테의 양식은 호머의 양식과 유리피데스의 양식과 아리스토텔레스의 양식의 혼합이라고 말할 때 더 명확하고 더 직관적이며 더 간단하게 설명될 수 있을 것이다.

4장 그리스문학에 대한 비판[146]

    (308)[147]"그러나 그리스문학은 종종 아주 심각하게 우리의 미적 감각을 손상시킨다! 그리스문학 자신은 최고로 완성되었을 때조차도 우리의 정화된 세기에 등장한 고상한 도덕으로부터 멀리 떨어져서 있으며 고귀함, 예의, 염치, 다정함에 관해서 중세 로망스보다 훨씬 뒤떨어진다. 그리스문학이 진지하게 생산한 작품들이 지닌 저 유명한 단

------

    146 역주: 재판』에서 다음과 같이 시작된다. "4장. 그리스문학에 대한 비판; 특히 윤리적인 흠집이나 결함 때문에 제기된 비판. 예술에서 아름다움의 관념에 대립하는 것으로 나타나는 추함과 불쾌함에 대하여 그 다양한 변종까지 포함하는 완전한 이론을 세우기 위한 기초를 놓으려는 시도. 이런 시도에 대한 소묘와 잘못에 대한 반응과 숙고."

    147 역주: 『재판』에서 다음과 같은 구절이 이 지점에 추가되었다: "모든 문학을 위한 완전하고 완벽한 예술가적 직관으로서 간주되는 헬레니즘 문학을- 원형적인 탁월함과 상당히 무구속적인 자연적 진화라는 측면에서- 고려한 이상 우리는 그 반대편을 응시해야 하며, 그리스문학에서 얻어지는 모든 한계와 그리스 작가에서 발견되거나 일반적으로 그들이 범했다고 비난되는 결함, 동시에 그리스 작가의 완전함에 반대하는 일반적 견해뿐만 아니라 엄격한 비교에 따라서 발견되는 예술에 대한 올바른 견해를 검토하고 그런 견해에 대답해야 한다."

순성은 얼마나 빈곤하고 지루한 것인가! 소재는 빈약하며 과정은 단조롭고 사상은 천박하며 느낌이나 열정은 활기가 없고 형식은 −우리 시대의 고매한 이론이 엄격하게 요구하는 바에 따른다면− 종종 부정확하다. 그리스문학은 이래도 우리의 모범이어야 하는가? 그리스문학은 아름다운 예술의 최고 대상 −고귀한 정신적 사랑− 을 전혀 알지 못한 것이 아닌가?" 많은 근대인은 이렇게 생각한다. "많은 서정시들은 가장 부자연스러운 방종을 노래하며, 거의 모든 작품에서 구속 없는 관능적 쾌락과 미친듯한 사치, 창백한 연약함의 정신이 숨쉬고 있다. 상스러운 고대 희극이 펼치는 야비한 통속 익살극 속에서 모든 것은 뒤죽박죽인 것처럼 보이니, 이는 선한 도덕을 가지고 선한 사회에 살아가는 사람들을 격분시킬 수 있을 뿐이다. 온갖 악덕을 즐기는 이런 학파는 심지어 소크라테스조차 희화화하며 모든 성스러운 것을 경멸하고 모든 위대한 것을 방자하게 조롱한다. 여기에서는[148] 가장 오만방자한 방종뿐만 아니라 심지어 여자 같은 비겁함과 냉혹한 비열함조차도

---

148 원주: "아리스토파네스의 「개구리」 나 「기사」 에서 디오니소스Diony sos 와 데모스Demos의 성격처럼" 역주: 이 문장은 「재판」 에 통합되었다.

영어 번역 주: 「개구리」 에서 디오니소스는 지하세계를 방문하여 위대한 희극 극작가에게 말하고자 시도한다. 일단 지하세계에 이르자 그는 헤라클레스인 것처럼 가장한다. 그러나 헤라클레스로서 여러 가지 처벌을 받을 위험이 명백해지자 디오니소스는 재빠르게 모습을 바꾸어 그 자신으로 돌아온다. 그는 자신을 보호하기 위해 그의 노예인 크산티아스Xanthias와 자리를 바꾼다. 「기사」 는 노예가 그의 전제적인 주인인 데모스의 자리를 찬탈하기 위해 투쟁하는 것을 그린다. 데모스[인민이라는 뜻]는 쉽게 속으며 그 자신의 노예에게 속아 넘어가는 주인으로 묘사된다.

분별없이 가장 경쾌한 색채로 그리고 기만적으로 매혹적인 빛 속에서 재현된다. 신희극이 보여 주는 비도덕성은 다만 신희극이 고대희극보다 더 약하고 더 정교하기 때문에 덜 사악한 것처럼 보인다. 그러나 거짓말쟁이, 노예나 음모를 꾸미는 정부[情婦]가 보여 주는 협잡이나 어리석은 젊은이들이 범하는 방종은 비록 이들의 조합은 자주 뒤바뀐다 하더라도 전체 극적 사건의 근본적인 특징 즉 지속적이며 항상 반복해서 되돌아오는 특징이다. 호머(309)가 그려낸 영웅들의 비천한 이기심을 보라, 다시 말해 그가 작가로서 부적절한 약삭빠름이나 비도덕적인 무도함을 칭찬하는 듯하게 아니면 차라리 무관심하게 얼마나 노골적으로 재현하는가를 보라. 이는 완전한 서사시의 고귀한 위엄과 전혀 부합하지 않는다. 이런 사정은 그의 소재나 표현이 비천한 경우가 전적으로 드물다 할 수 없다는 사실 그리고 전체의 연관이 광시곡과 같다는 사실이 처한 사정과 마찬가지이다. 복수의 비극에서 가장 소름끼치는 범법[犯法]이 어떤 것이든지 최고로 환영받을 뿐만 아니라 욕정을 위해 궤변을 논할 때는 악덕이 근본원칙으로 격상되어 가르쳐진다. 소포클레스에서 엘렉트라가 어머니를 살해하는 행위가 혐오스러운 것으로가 아니라 차라리 찬란하게 또한 미화되어 재현되는 것을 본다면 누군들 마음으로 격분하지 않을까? 급기야 어둠을 배경으로 하는 공포스러운 묘사는 영혼으로부터 어떤 내적인 저항력도 박탈한다. 이런 공포스러운 묘사는 주로 운명이 전능하며 불가해하며 심지어 질투에 가득차고 염세적이라는 음울한 견해와 연결된다."

이상의 인용에서 보는 것과 같이, 세련된 오해이든지 조야한 편견이든지 근대인의 오만불손이 만들어낸 생각은 흥미롭게 착종되어 있어서, 그 생각을 원초적인 요소들로 분석해 보기 전에 먼저 *미적으로 비판하는 데* 적용되어야 하는 타당한 *객관적인 원리*가 무엇인지 한두 가지 미리부터 언급하지 않을 수 없다. 그러면 이상에 인용된 격앙된 풍자에 습관적으로 전제된 주관적 원천을 찾아내는 것은 어렵지 않을 것이다.[149] 애호하든가 아니면 비난하든가 모든 평가는 두 가지 조건 아래에서만 타당할 수가 있다. 판단하고 평가하는 데 적용되는 척도는 보편적으로 타당해야 하며 비판되는 대상에 적용하는 경우에는 양심적으로 충실해야 하고 대상의 지각은 완전히 정합적이기에 어떤 검증도 견딜 수 있어야 한다. 그렇지 않다면 비판이란 단순히 권력의 포고일 뿐이다. 취미와 예술에 관한 우리의 철학이 얼마나 불완전하고 틈이 많은 것인지는(310) 추한 것에 관한 이론을 시도한 이름 있는 경우가 아직 한번도 없었다는 사실에서 짐작가능하다. 그러나 *아름다운 것과 추한 것*은 서로 떼어낼 수 없이 상관되어 있는 것이다.[150]

---

149 역주: 이 문장은 아래와 같이 『재판』에서 변경되었다: "또한 고대의 아름다움을 오판하고 왜곡하는 그런 논박이 전제하는 자의적인 원리를 찾아내는 것은 어렵지 않을 것이다. 그런 원리는 근대적 사유에 편재하는 기초이며 그럼에도 불구하고 거의 분명하게 밝혀진 적이 없다.

150 역주: 『재판』에서 마지막 말이 변경되었고 다음 구절이 추가되었다: " 아름다움과 추함은 불가분리적인 대립물이다. 우리는 그 중 하나를 다른 하나에 의해서만 발견하고 적절하게 이해하고 본질적으로 파악할 수 있을 뿐이다. 예술에 관한 비판은 모름지기 규칙에 따라 발화되어야 한다는 사실에 오류가 있다. 왜냐하면 그런 규칙은 보편적 관념의 수준으로 고양됨이 없이 개별 경우에 적용되고, 대부분 자의적인 방식으로 받아들여지는 것이기 때문이다. 또는 그런

아름다운 것이 선의 현상 가운데 쾌감을 불러일으키는 것이라면 *추한 것*은 악의 현상 가운데 불쾌감을 불러일으키는 것이다. 아름다운 것이 감각을 통한 달콤한 유혹을 통해서 마음을 자극하여 정신적인 향락에 몰두하도록 만드는 것이듯이: 추한 것이란 감각을 혹사하여 도덕적인 고통을 고양하는 것이거나 그것의 지반이 되는 것이다. 아름다운 것에서는 매력적인 삶이 우리를 따뜻하게 만들고 생기를 돋구며 공포와 욕정을 기품있게 해소하는 것이라면: 추한 것에서는 욕지기 나는 것, 비통함을 주는 것, 소름끼치는 것이 적의와 혐오로 우리를 채운다. 자유로운 경쾌한 대신 *둔중한 쓰라림*이 우리를 압박하며 활기 있는 힘 대신에 죽은 물질이 우리를 압박한다. 운동과 휴지가 유익한 상호 순환 속에서 균형적인 긴장 관계를 이루는 대신 *우악스러운 찢어발김*이 상호 공감 속에 있던 운동과 휴지를 모순적인 방향으로 이리저리 찢어 놓는다. 마음이 안식을 동경하는 곳에는 *파괴적인 광기*가 마음을 고문하며 마음이 운동을 요구하는 곳에는 *질질 끄는 듯한 피로*가 마음을 지치게 만든다.

추한 것을 재현하는 경우 동물적인 고통은 *도덕적인 악*의 지반이 되거나 도구가 될 뿐이다. 그러나 실정성을 지닌 것은 어느 것이나,

---

비판은 자주 단순히 개인적일 뿐인 애매한 감정에 따라 일어난다. 사람들은 예술에서 일반적으로 비판될 수 있는 것이 무엇인지에 관한 근본적인 개념으로 되돌아가지 않는다. 그러나 추와 미숙함이라는 근본적인 개념은 ─아름다움의 관념에 대한 단적인 대립물로서─예술적 판단이 완전한 명료성과 확실성을 얻기 위해서라면 명백히 필요한 개념이다."

심지어 어떤 절대적인 악도 절대적 선에 대립하지 못하며(311) 전체성과 통일성 그리고 다양성으로 이루어진 순수한 인간성의 단순한 *부정*만이 절대적 선에 대립한다.[151] 그러므로 추한 것은 본래 신체의 실재적인 결함을 지반으로 하지만 도덕적인 실재성을 결여하는 공허한 가상이다. 다만 동물성의 영역에서만 실정적인 악이 즉 고통이 존재한다. 순수한 정신성에서는 다만 순수한 향락의 경우만이 즉 충족이 제한되더라도 고통이 없는 경우만이 발생하며 순수한 동물성 속에는 다만 순수한 고통의 경우만이 즉 욕구가 충족되더라도 향락이 없는 경우만이 발생한다.[152] 이 두 가지가 혼합된 인간의 본성 속에서 정신의

---

151 역주: 이 문장은 『재판』에서 아래와 같이 대체되었다: "실정적(개별적으로 현존하는 것)으로 악한 것은 실정적으로 선한 것에 대립하지 않는다. 다만 부정성을 욕망하며 자기 자신 밖의 모든 것을 부정하는 의지가 다른 관점에서 본다면 실정적인 악이라는 용어로 규정될 수 있다; 오히려 악은 – 일반적으로 그리고 존재와 관련해서 생각된다면 – 순수하거나 정신적인 현존과 그런 현존을 이루는 본질적인 요소, 즉 정신적인 총체성과 다중성을 단적으로 부정하는 것일 뿐이다."

152 원주: 심지어 우리가 인간적으로 좀 더 자유로운 즐거움을 얻는 동물적 유희[성적 쾌락]는 아마도 욕구를 만족시키는 것일 뿐 즉 잉여의 힘을 방출하는 것일 뿐이다. 그런 동물적 유희에 대립하는 것이 현전을 예감해야만 삶은 운동을 위한 최초의 충격을 얻어서 힘을 야기하고 결정하고, 유사한 삶의 소재를 사랑하고 이질적인 삶의 소재를 증오할 수 있다. 존재하는 것은 적의 현존에 대한 예감이 없이는 욕망은 말할 것도 없고 의식조차도 획득할 수 없다(그런 의식은 다중성과 다양성을 전제로 하며 완전한 전일성의 경우에는 가능하지 않을 것이다); 존재는 혼수상태의 무기력에 영원히 빠져 있을 것이다. 소멸에 대한

부정적인 제한이나 동물의 실정적인 고통은 가장 내밀하게 상호 융합되어 있다.

풍부한 충만에 대립하는 것이 공허이다; 그것은 단조롭고, 획일적이며, 둔한 것이다. 조화란 불균형이나 *갈등*에 대립한다. 그러므로 *공허한 갈등*은 엄밀한 의미에서 참된 아름다움에 대립한다. 엄밀한 의미에서 아름다운 것이란 유한한 수의 다양성이 일정한 조건 아래에서 통일을 이루는 현상이다. 그것에 반해서 *숭고한 것은*(312) 무한의 현상이다; 무한히 풍요롭고 동시에 무한히 조화로운 것이다. 그러므로 숭고한 것에 대립하는 것은 이중적이다: 곧 *무한한 결핍이거나 무한한 부조화*이다. 즉 악한 것의 단계는 오직 부정의 *정도*를 통해 규정된다. 그에 반해서 추한 것의 단계는 부정의 단계와 동시에 충동이 만족을 얻지 못하는 *내포량[강도]*에 의존한다. 추한 것의 필수적인 조건은 기대하는 것이 기만되는 것 즉 요구되었지만 좌절당하는 것이다. 부정의 정도가 동일할 때 충동의 내포량만이 증가한다하더라도 공허하고 갈등한다는 감정은 단순한 불쾌함에서 가장 광적인 절망에 이르기까지 증대된다.

숭고한 아름다움은 완전한 향락을 보장한다. 그것에 반해서 숭고한 추함의 결과는(숭고한 추함이란 충동이 긴장된 상태를 유지함에

두려움은 동물적 존재의 현존하는 원천이다. 동물적 두려움은 인간적 두려움의 한 양상이다. 다른 한편 다만 인간만이 잠재적으로 희망을 가질 수 있다.” 역주: 이 구절은 「재판」에 통합되었다.

의해 가능하게 되는 것, 즉 충동이 기만되는 것이다) 절망이며, 흡사 절대적이고 완전한 고통처럼 보인다. 즉 그것은 도덕상 잘못된 개별적인 상황을 지각하는 경우 발생하는 *불만*(추한 것의 영역에서 매우 커다란 역할을 수행하는 감각인데) 또는 고통이다; 왜냐하면 모든 도덕적으로 잘못된 상황에 부딪히면 상상력은 주어진 소재를 보완하여 무제약적인 부조화라는 생각에 이르기 때문이다.[153] 엄밀한 의미에서 말하자면 최고로 추한 것은 최고로 아름다운 것만큼이나 가능하지 않다는 것은 명백하다. 부정의 *무제약적인 최대치* 또는 *절대적인 무*라는 것은 긍정의 무제약적인 최대치와 마찬가지로 생각하는 것이 거의 불가능하다; 그리고 추한 것이 도달하는 최고의 단계에서 아직도 어떤 아름다운 것이 포함되어 있다. 심지어 숭고추를 재현하기 위해서 그리고 무한히 공허하고 무한히 부조화를 이루는 가상을 야기하기 위해서는 충만함과 힘의 최대치가 요구된다. 그러므로 추한 것을 이루는 구성요소들은(313) 서로간에 갈등한다. 그리고 아름다운 것 속에서 개별적인 구성요소들이 비록 제한적이지만 균형적인 힘을 가짐으로써 그리고 완전하게 합일된 것이 완전한 합법칙성을 얻음으로써 제약된 의미에서의 최대치(즉 객관적으로 넘어설수 없는 근사치)가 도달되는 것과 같은 일은 추한 것 속에서는 한 번도 일어나지 않으며 오히려 주관적인 최대치만이 도달될 수 있다: 왜냐하면 모든 개별적인 감각에

---

153 슐레겔은 여기서 '도덕적 잘못'과 '부조화'를 등치시킨다. 이를 통해 숭고미의 대상이 되는 조화나 내적 통일성 역시 객관적 미의 대상이 되는 무한한 자유, 전체성과 등치된다고 짐작된다. 이런 등치는 두 가지가 모두 대립의 통일이라는 무한 개념에 속한다는 것을 통해 가능한 것으로 보인다.

있어서는 욕지기나 고통, 절망에 일정한 한계가 있어서 그것을 넘어서면 식별이 중단될 것이기 때문이다.

그러나 아름다움의 예술가는 아름다움의 법칙에 복종할 뿐만 아니라 예술의 규칙들에도 복종하며, 추한 것을 피할 뿐만 아니라 *기술적인* 오류조차도 피한다. 자유로운 예술이 재현하는 작품은 여러 가지 방식으로 비난받을 수 있다. 그 작품은 재현의 완전성에 비추어서 재현에 결함이 있거나; 또는 재현이 이상이나 객관성을 위반하거나, 또는 재현의 내적인 가능성의 조건을 위반한다.

*무능력함*이란 목적에 적합할 도구나 소재가 결여하고 있다는 것이다. *비숙련성*은 힘이 현존하고 소재가 주어졌음에도 불구하고 이를 절묘하게 이용할 줄을 모르는 것이다. 이 경우 재현은 둔중하고 모호하고 혼란스러우면 틈이 많다. *부조리함*은 자연의 영원한 경계가 혼란에 처해 있다는 것이며 진정한 창작 양식들이 *난마처럼 뒤섞여 버림*으로써 그 창작 양식들이 각자 지니는 목적이 부정되고 있다는 것이다. *문화가 건전하기는 하지만 여전히 유치한* 경우에 *진정하지만 불완전한 창작 양식들* 때문에 문화는 자신의 진정한 의도를 완전히 전개하지 못하고 다만 착수 단계에 그치거나 소묘하는 단계에 머무른다.

재현은 개별적으로 본다면 매우 탁월할 수 있지만; 전체적으로 보면 *내적 모순*을 통해 스스로 지양되고, 자신을 내재적으로 가능하게 해 주는 조건들을 스스로 부정하면서 *기술적인 정합성의* 법칙을(314) 손상시킬 수 있다. *지리멸렬한 것이라고* 불릴 수 있는 경우란 소위 예술 작품의 전체가 무규정적이어서 그것을 내적으로 가능하게 해 주는 고유한 영속성이나 법칙을 도무지 결여하는 경우이며; 본래 그런 경우에도 작은 완결된 세계 즉 자체 내 완성된 전체가 있어야 함에도 불구하고 예술작품이 흡사 경계선이 없는 것처럼 나머지 자연으로부터 전혀 또는 충분히 분리되지 않을 경우이다.

또한 예술가가 그의 작업도구를 신성화하는 경우, 즉 다만 수단이어야 하는 재현이 절대적인 목표로 전치되어서 *노련함만을* 추구하는 경우 예술의 *이상은* 추방되고 만다; 즉 *기교에* 의해 이상이 추방된다.

또한 보편 타당한 재현이라는 과제를 수행하는 데 특이성이 유희에 뒤섞이고 몰래 기어들어오거나 노골적으로 모반을 일으키는 경우에 *예술의 객관성은* 추방된다; 즉 *주관성에* 의해 객관성이 추방된다. 기술적인 결함이 출현할 수 있는 순수한 방식들 전체의 윤곽을 일반적으로 그려내는 일은 *오류의 이론을 위한 제일 원리를* 포함한다. 이런 오류의 이론은 추한 것의 이론과 결합하여 *미적 범죄에* 관한 완벽한 *법전을* 구성한다. 나는 이런 완벽한 법전을 근거에 놓고 아래 소묘된 것과 같이 *그리스문학을 위해 변명하고자 한다.*

그리스문학은 수사적인 칭찬을 필요로 하지 않는다; 그것에 현존하는 결함을 미화하거나 부인하려는 술책은 그리스문학에게 전적으로 의미 없는 일이다. 그리스문학은 우리가 엄밀하게 정직해지기를 요구한다. 왜냐하면(315) 아무리 강한 비난이라도 맹목적 열광이나 관용적인 무관심보다 더 명예를 손상시키는 것은 아니기 때문이다.

현명한 사람이라면 누구나 기꺼이 가장 초기의 그리스문학 양식이 지닌 불완전성이나 후기의 인위성을 인정한다; 그리고 기꺼이 서사시 시대의 유치한 감각이나, 서정시 시대 말 경에 특히 연극의 시대 제3기에 등장했던 과도한 방종과, 고대 비극에 종종 나타나는 혹독하고 소름끼치는 완고함을 인정한다. 정신적인 향락을 야기하고 그것의 지반이 되었어야 하는 감각적 쾌감을 궁극적 목적의 자리에 올려 놓는 탐닉 뒤에 곧 무기력한 흥분이 나타났고 이어서 나른한 피로감이 등장했으며 마지막으로 기교와 학습된 모방의 시대에 이르면 개별적인 단편들을 기워서 만든 생명 없는 물질이 지닌 텁텁한 무미건조함이 등장했다.

그리스문학의 추진력 전체가 관철해나가는 방향은 사실 아름다움을 지향하는 것이었으니 이 방향은 재현이 욕구를 소박하게 표현하는 것으로부터 자유로운 유희로 고양되는 순간부터 시작되었다. 그러나 그리스문학의 *자연적인 전개*는 발전의 필연적인 단계들을 결코 뛰어넘을 수 없었으며 *다만 점진적으로만 전진해 나갈 수 있었다.* 또한 그리스문학이 완성되어 최고 정상에 이르는 순간 가장 깊은 *타락으로 침몰하게 될 것*이라는 사실 역시 *자연적인 일*이며 필연적인 일이었다. 즉 그리스문화를 조종하는 충동은 전능한 원동자[原動者]이지만 맹목적인 인도자이다. 맹목적으로 운동하는 힘들은 서로 자유롭게 연합하면서도 다양성을 유지했으며 하나의 완전한 법칙에 의해 통일되는 법은 없다: 결국 그런 힘들은 서로를 파괴하게 될 것이다. 자유로운 발전도 마찬가지이다: 왜냐하면 여기서도 결합된 충동이란 인간성과 동물성의 혼합이므로 하나가 입법자가 되더라도 그 속으로 그와 대립되는 다른 하나를 받아들이기 때문이다. 후자 즉 동물성이 먼저 현존하면서 비로소 전자 즉 인간성이 전개되는 동기를 제공하므로 문화의 초기 단계에서는 동물성이 압도적이다. 동물성은 그리스에서 (316) 개화된 민족들 가운데 아직도 전적으로 도야되지 못한 남녀 시민 대다수 집단이나 그리고 미개한 민족들에게서 압도적이었으며; 사실 대다수 피지배자들을 지배하는 소수의 지배자 집단만이 성숙했으며 자립적으로 되었다. 대다수 집단은 강력한 견인력을 항상적으로 발휘하여 좀 더 탁월한 집단을 끌어내렸으니, 그들이 지닌 타락의 견인력은 그들 속에 뒤섞여 살아가고 있던 노예들이나 주변을 에워싸고 있는 야만인들의 영향에 전염되어 더욱 비상하게 강화되었다. 외적인 강제 없이 자기 자신에게 맡겨진다면 문화의 추진력은 결코 가만히 서 있을 수 없을 것이다. 따라서 이 추진력이 점진적으로 발전하는 가운데 골고루 만족을 얻는 시대가 도래한다. 이런 만족은 비록 만족하는 힘에서는 제한적이 되지만 그래도 만족이 확산되는 범위는 더 커질 것이다. 그리하여 마침내 만족이 합법칙적으로 되는 시대에 도달하게 되면 문화의 추진력은 필연적으로 더 큰 만족을 주는 내용을 욕망하면서 결국 이런 조화를 희생시킬 것이다. 문화는 구제할 수 없을 정도로 스스로 침몰하며 결정적인 타락은 최고의 완성이 나타났던 정상의 바로 가까이에서 나타나게 될 것이다. 다양한 경험을 통해 성숙하게 된 지성이 지도하는 예술이 있었더라면 그것만이 그 시대 문화의 길에 더 절묘한 방향을 줄 수 있었을 것이다. 최고로 아름다운 것을 확정짓고 더 나은 것을 향한 항상적인 진보를 문화에게 보장하기 위해 필요한 *현명하게 지도하는 원칙*이 결여되었다고 하더라도 그것은 어떤 개별 시대의 과오는 아니다. 필연적이며 본래적으로 *인간성 자체에 책임이 있는 것*을 비난해도 된다면 그런 비난은 그리스문화의 전체에 해당될 것이다.

그리스문화의 전체는 그리스문학 전체와 마찬가지로 이렇게 점진적으로 생성하다가 스스로 다시 몰락한다. 그러나 그것이 사실이라 할지라도 그리스문학이 예술에 대한 객관적인 철학을 이론적인 관점에서나 실천적인 관점에서 적용하고 실천할 수 있는 *소망스러운 직관적 예*를 제공한다는 주장은 위의 사실과 전혀 모순되지 않는다. 왜냐하면(317) 예술과 취미가 자연적으로 생성하는 완전한 역사는 이전 단계의 불완전성이나 이후 단계의 타락조차도 포함하면서 점진적으로 발전하는 완결된 순환을 이루고 있기 때문이며 또한 점진적 발전이 항상적이면서도 필연적으로 맺는 사슬 가운데 어떤 고리도 뛰어넘을 수 있는 것은 아니기 때문이다. 그럼에도 불구하고 전체의 성격은 객관적인 예술과 취미라는 것이다. 그 양식 때문에 비난받는 작품조차도 고유한 것이면서도 동시에 모든 시대에 타당한 *전범이 되는 구체적 예*가 된다. 왜냐하면 그것의 소질이나 경계가 단적인 진정성을 지니고 있으며 순수한 윤곽은 대담할 정도로 명확하며 형상화의 본성이 강력하게 완성되는 까닭이다. 그리스 초기 문학이 가진 유치한 감각은 미개한 야만인들에 의해 만들어진 가장 인위적인 세련성보다 더 균형적인 외모와 아름다운 비율을 가진다. 그리스에서는 기교조차도 고전적인 객관성을 갖는다.

야만성을 지시하는 확실한 징표는 어떤 종류의 불만이다. 그런 불만을 가진 사람들은 그리스문학이 아름답다는 주장에 만족하지 못한 채, 전적으로 이질적인 척도를 가지고 평가하기를 강요하며, 정신착란적으로 참칭하는 가운데 모든 객관적인 것과 주관적인 것을 서로 뒤섞으면서, 그리스문학이 좀 더 *흥미로와져야* 한다고 요구한다. 물론 가장 흥미로운 것조차 더욱 흥미롭게 될 수 있고 그리스문학도 이런 일반적인 자연법칙의 예외가 아니다. 모든 양들은 무한히 증가할 수 있다. 우리의 문학이 이전의 모든 시대에 비해 내용의 풍부성에 관하여 더욱 전진했음에도 불구하고 여전히 그리스문학을 능가하지 못한다면 이는 놀라운 일이 될 것이다.(318)

아마도 근대인에게서 남성과 여성의 관계는 전체적으로 본다면 그리스인에게서보다 더 절묘하며 여성에 대한 교육은 그리스인에게서보다 약간 더 낮다. 근대인에게서 *사랑*은 오랫 동안, 부분적으로는 현재까지도 고귀한 감정이 자유롭게 약동하는 유일한 출구이었으며 그런 약동은 사랑에게가 아니었더라면 덕이나 조국에게 바쳐졌을 것이다. 근대인의 문학예술조차도 이렇게 유리한 감정적 동기로부터 매우 많은 도움을 받고 있다. 그러나 물론 너무나도 자주 공상이나 허풍이 진정한 감수성을 대신했으며, 자연의 순진무구함은 추악하고 잘못된 음란성에 의해서 모독되었다. 많은 근대 작가들이 시도한 사랑의 형 이상학이 보여 주는 신비의 숭배나 현학적인 정통 스콜라주의는 진정 한 우아함과는 거리가 먼 것이다. 병든 자의 필사적인 발버둥은 건강 한 자의 고요하면서도 강한 생명보다 더 시끄러운 소음을 만든다. ― 충실한 프로페르티우스의 내면에 불타고 있는 열정은 진정한 힘과 상 냥함을 함께 지니며 칼리마쿠스[154]와 필레타스[155]의 탁월함이 얼마나 큰 지를 짐작하게 한다. 그럼에도 불구하고 프로페르티우스가 살던 시대 에서는 그리스의 완전한 서정적 아름다움은 더 이상 전혀 기대할 수 없었다. 그러나 우리가 서정적인 예술의 전성기로부터 유래한 사포

---

154 영어 번역 주: 칼리마쿠스Callimachus(기원전 약 310-240). 칼리마쿠스의 유일하게 남은 작품은 찬가와 경구이다. 그의 가장 길고 잘 알려진 작품은 비록 단편적으로만 남아 있지만 「원인Aitia」이다. 이 작품은 네 개의 비가로 나누어졌다. 그래서 비가의 발전에 칼리마쿠스가 기여한 것이 정확하게 무엇인지는 짐작에 맡겨져 있다. 서언으로부터 그가 서사시의 익명성에 대립하여 친밀하고 소규모적인 규모를 강조했다는 것을 추측할 수 있다. 프로페르티우스처럼 칼리마쿠스도 자주 비가의 건설자나 선구자로 언급되고 상기된다.

155 영어 번역 주: 필레타스Philetas(기원전 4세기). 현존하는 단편들에서 끌어낸 추론에 의존하면 필레타스는 프로페르티우스에게서 만개했던 개인적인 사랑의 비가를 발명하는 데 도움을 주었다고 추측되어 왔다. 14세기 사람들은 이런 생각을 신뢰하면서 그에게 비가 시인으로서는 칼리마쿠스 다음이라는 위치를 부여하였다. 덧붙이자면 프로페르티우스와 오비드Ovid는 필레타스를 비가의 제작에서 모범으로 삼았다.

의 노래와 밈너모스[156] 와 같은 시인의 노래 그리고 몇몇 다른 성애적 작가의 노래 가운데에서 어떤 텍스트를 그리고 얼마나 많은 텍스트를 망실했는가를 매우 명확하게 짐작할 수 있을 정도의 흔적은 프로페르티우스에서 충분히 현존한다. 아티카의 신희극들에 나타나는 성애적 재현에서 숨쉬고 있었던 온유함, 도회적인 우아함, 자유로운 인간성은 플라우투스[157]와 테렌티우스[158]의 많은 극작에서도 여전히 살아 있다. 그에 반해서 비극에 관한 한 아마도 그리스인은 유리피데스를 비난할 권리를 가졌다. 끓어오르는 감정을 순간적으로 쏟아붓거나 완전

---

156 영어 번역 주: 밈너모스Mimnermos는 이오니아 지방 콜로폰Colophon 이나 심리나Smyrna 출신 그리스 비가 시인으로 알려져 있다. 그는 기원전 630-600 사이 활발하게 활동했다. 그는 호머의 모범에 강하게 영향을 받았으나 술자리에 낭송하기에 적합한 짧은 시들을 썼으며 고대의 기록에 의하자면 사랑의 시인으로 주로 기억되었다. 밈너모스는 헬레니즘 시인들 예를 들어 칼리마쿠스나 로마의 시인 프로페르티우스에게 강한 영향을 주었다. 그의 작품은 알렉산드리아 학자들에 의해 두 권의 책으로 집성되었지만 오늘날 다만 작은 단편들만 남아 있다. 그 단편들은 그를 최고의 시인으로 평가하는 고대의 평가를 확인시켜준다. 그러나 동시에 그런 단편들은 그가 사실상 여러 고대 주석가들이 상정하듯이 사랑에 탐닉한 시인이라기보다 학습에 능한 성격이라는 것을 시사한다. 그의 생애에 관한 믿을 만한 전기적 세부사항은 기록되지 않았다. 어떤 고대의 설명에 따르면 그는 피리부는 소녀와 낭만적으로 얽혀 있다. 그녀는 그후 그의 두 권의 책에서 난노Nanno라는 이름으로 출현한다고 한다.

157 역주: 플라우투스Titus Maccius Plautus (기원전 약 254-184), 로마 고대 시대 극작가.그의 희극은 그리스 희극을 기초로 하였다고 한다.

158 역주: 테렌티우스Publius Terentius Varro Atacinus (기원전 82-약 35), 아우구스티누스 시대 로마의 시인

한 행복을 고요한 열락 속에(319) 즐기는 것이 무엇이라 하든 여기에 추악하고 비윤리적이며 환상적인 것이 추가되는 경우에만 비극적인 열정이 펼쳐질 수 있다. 사랑은 가장 탁월한 근대 비극 가운데 많은 것에서 다만 종속적인 역할만을 수행한다.

그러나 그리스문학이 다른 점에서는 자기에게만 유리했던 상황의 특이성 때문에 오히려 이런 점에서는 실제로 어느 정도 뒤쳐져 있었다 한다면: 이는 용서하기 어려운 잘못된 주장은 결코 아닐 것이다. 일반적으로 우연적인 것에만 집착하고 중요한 본질적인 것을 지각하지 못한다면 이는 관찰의 시선이 편협하다는 점을 드러낸다. 예술가는 *모든 사람에게 모든 것이* 될 필요는 전혀 없다. 예술가가 아름다움에 필수적인 법칙에게 그리고 예술의 객관적 규칙에게 복종하기만 한다면, 나머지 점에서는 고유함을 추구하는 것은 오직 그가 그것을 언제나 원하는 한 무제한적으로 자유롭다. 기묘한 오해 때문에 종종 미적인 *일반성*이 절대적으로 불가결한 보편적 타당성과 혼동된다. 어떤 예술작품이 누구에게나 마음에 들려는 일반성을 추구한다면 이는 *완전히 진부하게* 됨에 의해서만 가능하게 될 것이다. 이상적인 재현에서 개성은 보편적 타당성의 불가결한 요소이다. 특이성의 힘이 모조리 사라진다면 보편 타당한 것조차 효력을 가지기 어렵다. 아름다운 예술이 예술장르나 작업도구 그리고 소재의 다양성에 따라서 다양하게 구분되는 것은 신의 언어가 마찬가지로 다양한 사투리로 나누어지는 것과 같다. 예술가가 그에게 부여된 고귀한 사명을 다한다면 즉 그가 일단 *신적으로* 말한다면 어떤 *사투리*를 선택하는가는 그에게 완전히 자유롭게 맡겨져 있다. 이런 점에서까지 예술가를 제한하고자 한다면 이는 불법적일 뿐만 아니라 동시에 매우 위험한 일일 것이다: 왜냐하면 언어는 가장 미묘한 연관을 지닌 조직체이기 때문이다. 언어는 심지어 그것만의 특색을 지녀야 의미 있고 탁월하게 되는 것처럼 보인다: 모두에게 모든 것이 될 일반적인 전 세계적 언어는 적어도 아직까지 고안될 수 없었다. 또한 예술가는 그가 좋다고 생각하는 *사람이라면 누구와도* 대화할 수 있다; 그는 전체 민중과(320) 대화할 수 있으며 또는 이런저런 사람과 대화할 수 있으며 모든 세계와 대화하거나 자기 자신과만 대화할 수도 있다. 다만 그는 그의 청중이 되는 개인 가운데 동물성을 지닌 자가 아닌 *더 고귀한 인간성을 지닌 자*를 지향해야 하며 또한 그것이 그의 의무이다.

또한 근대문학이 그리스적 비밀을 발견했더라면 근대문학에게도 개성은 재량으로 남아 개성을 유지하면서도 객관적이었을 것이다. 그 대신 근대문학은 상투적인 자기만의 특색을 인간성에 대한 자연법칙으로 고양하고자 한다. 근대문학은 미적이거나 윤리적이거나 정치적이거나 종교적이거나 다수의 편견들의 노예가 되는 데 만족하지 않고 그리스 자매들까지 유사한 족쇄 속에 집어넣으려 한다.

근대적 *예의*라는 상투적 규칙이 아름다운 예술의 타당한 법칙이라면 그리스문학은 구원받을 수 없을 것이다. 일관성을 유지하고자 한다면 우리는 수도사들이 고대의 나체 작품을 처리한 것과 마찬가지 규칙을 가지고[159] 그리스문학도 처리해야 할 것이다. 그러나 예의가 문학에게 어떤 것이라도 명령해서는 결코 안된다; 예의란 문학을 심판하는 가능성들 중에 전혀 속하지 않는다. 그리스인과 로마인의 삶과 예술에서 나타나는 노골적인 나체란 동물적인 조야함이 아니며 오히려 구속 없는 자연성이며 자유로운 인간성이며 공화주의적인 공공성이다. 어떤 민족에게서도 그리스인에게서처럼 순전한 *부끄러움이라는 감정*이 그렇게 친밀하며 마치 태생적인 것과 같은(321) 경우는 없었다. 순전한 부끄러움의 원천은 도덕적인 외경이며 가슴에서 나오는 겸손함이다. 그에 반해서 가짜 부끄러움은 동물적인 공포에서 나오거나 인위적인 편견에서 나온다. 오만이나 시기가 가짜 부끄러움을 감출 수 없이 드러낸다. 그런 음험하고 위선적인 존재는 자신의 내면의 더러움을 깊게 의식하고 있음을 드러낸다. 그것을 감춘 가짜의 우아함은 악덕한 노예의 추악한 화장이며 쇠약한 야만인이 즐기는 여성적인 청결함이다.[160]

---

159 역주: 이 문장은 「재판」에서 다음과 같이 변경되었다: "고대의 많은 작품들은 현상적으로 나타나는 노골적 나체성에 대한 경건주의자의 잘못된 선동 때문에, 한때는 조각조각 부서졌으나; 좀 더 교육을 받고 좀 더 지각있는 기독교 후예는 훌륭한 예술 작품들을 그렇게 부수는 것을 결코 용납할 수 없었고 그래서 계속해서 그와 유사한 방식으로 처리하지는 않았다."

160 역주: 이 문장은 「재판」에서 다음과 같이 계속되었다: "그리고 이미 자주 주목받는 것처럼 가장되고 음흉한 트집잡기식 예의가 지닌 가짜의 우아함이 쉽게 의심을 야기하거나 불쾌하게 만든다. 타락이 관습화되어 즉 상상 자체에 깊에 뿌리내릴수록 그런 예의는 부자연스러울 정도로 과장되고 마침내 모든 것을 먹어치운다."

그리스문학에서 나타나는 *윤리*에 반대하는 이의[異意] 제기가 더 심각한 문제로 보인다. 누가 마음의 순수한 기분을 실제로 해침에 틀림없는 것을 미화하거나 방관하고 싶어 하겠는가? 다만 이것에 관해 참견하고자 하는 사람은 심술궂은 변덕을 부려서는 안 될 것이다. 만일 그렇다면 그는 신의 사자 헤르메스에 대한 찬가[161]가 새로 태어난 헤르메스 신이 부리는 못된 장난을 순진무구하게 재현할 때 그런 순진무구함이 얼마나 소중한지도 모른 채 그것에 대해 화를 내게 될 것이다! ─이런 비난이 일리를 포함하고 있다는 것은 명백할 것이다. 다만 여기에 참된 관점, 진정한 맥락이 가장 중요한 것임에도 불구하고 결여된 것처럼 보인다. ─무엇보다도 어떤 예술작품의 도덕성이나 비도덕성을 따지는 경우 본질적인 것과 우연적인 것이 구분되어야 할 것이다. *본질적으로 미적인 비도덕성을 갖는다는 것*이란 다만 현존하는 악이 현상적으로 존재하면서 그것이 끼친 인상이 도덕적으로 선한 감정 모두를 필연적으로 해칠 수밖에 없는 경우를 의미한다. 이런 악의 현상은 추하다. *본질적으로 미적인 도덕성을 갖는다는 것*(도덕성은 일반적으로 순수한 인간성이 욕망 능력 속에 들어 있는 동물성을 압도하는 것이다)은 완전한 아름다움의 필수적인 구성 요소이다. 초

───────────

161 영어 번역 주: 네 번째 호머의 찬가는 헤르메스가 리라를 발명하는 이야기를 담고 있다. 제우스와 마이아maia의 아들인 헤르메스는 그가 탄생하는 아침 요람을 떠났다. 그리고 그는 리라를 발명했으며 아폴로의 소를 훔쳤다. 격노한 아폴로를 달래기 위해 헤르메스는 그에게 리라를 주었다. 아폴로는 리라가 너무 좋은 나머지 헤르메스를 용서했다. 이 시는 셸리Percy Bysshe Shelley 에 의해 번안되었다.

기 그리스문학의 감각성과 후기 그리스문학의 방종은(322) 윤리적인 결함이나 위반일 뿐만 아니라 미적인 결함이며 또한 위반이다. ―그러나 아티카의 민족은 자기 자신의 타락을 얼마나 깊게 느꼈는지 그리고 아테네인이 화려했던 작가 즉 유리피데스 같은자[162], 키네시아스 Kinesias 같은 자[163]를 얼마나 격렬하게 단죄하고 증오했던가는 정말 놀라운 일이다; 이런 단죄와 증오의 원인은 이런 작가들이 다만 자기의 소망을 헤아렸을 뿐이거나 아니면 대중 속에 유포된 강력한 대세를 따랐을 뿐이기 때문이다.

---

162 영어 번역 주: 유리피데스는 대중적이었지만 소크라테스와 더불어 아테네에서 불경 [不敬]이 퍼지는 데 책임 있다고 널리 공인된다. 그 결과 그의 연극 중 다섯 가지만 디오니소스 축제에서 승리를 얻었다. 아리스토파네스는 그를 가차 없이 풍자했다. 유리피데스는 불경하고 부정직하다는 고발이 제기되었다. 일반적으로 인정되고 있듯이 아테네인들의 그에 대한 적의 때문에 그는 아르켈라우스Arkelaus의 초청을 받아 72세 후에 마케도니아의 수도인 펠라 Pella에 거주하게 되었다.

163 원주: 키네시아스는 5세기 아테네 시인이었다. 그는 여러 가지 이유로 그와 동시대인들의 분노를 일으켰다. 그는 무신론자이며 여자 같으며, 궤변가라고 비난받았다. 또한 그는 가냘프고 병든 것 같은 모습으로 유명하다. 아리스토파네스는 「리시스트라타Lysistrata」에서 성적으로 좌절을 겪는 희극적 장면에 키네시아스를 이용했다. 또한 키네시아스는 「새」에서도 출현하는데, 거기서 그는 리라를 든 시인으로 등장하여 모욕받는다. 또한 플라톤은 그를 「고르기아스Gorgias」에서 가혹하게 대접하며 리라를 연주하는 것은 즐거움을 얻는 것이지 아는 것을 의미하지 않는다고 주장했다.

근대 작가들이 자기들은 벗어나 있다고 정말 확신하는 그리스적인 결함이 있다. 본래 온순하기 짝이 없던 힘을 가장 폭력적으로 강제하여 좋은 규율과 질서를 유지하는 것은 결코 위대한 성과는 아니다. 그러나 본래 자연적 성향이 무제한적으로 자유로운 것이 아닌[164] 곳에서는[165] 좋은 도덕이든 나쁜 도덕이든 존재할 수가 없다. ―아리스토파네스가 도발적으로 신성모독을 범했다는 것에 불쾌감을 느끼는 사람은 자기가 좀 모자라는 사람이라는 것을 폭로할 뿐만 아니라 자기의 도덕적 소질이나 교양이 불완전하다는 것도 폭로한다. 왜냐하면 아리스토파네스가 법에 구속됨이 없이 방종하다면 그것은 가장 왕성한 삶을 탐닉적으로 충족하려 하는 것이니 유혹적일 만큼 매력적인 것이기 때문이다. 그뿐만 아니라 그것은 샘솟는 재치와 넘치는 생기, 가장 자유롭게 생동하는 도덕적인 힘이 넘쳐 흐르는 것이니만큼 황홀한 아름다움과 고상함을 갖기 때문이다.[166] 작품이 우연적으로 미적인 비도덕성을 갖는다고 한다면, 이는 그런 사악함이 작품에 현상한 것은 아니지

---

164 역주: 『재판』에서 이 "무제한적으로 자유로운 것이 아닌"이라는 구절은 "합법칙적인 질서의 한계 안에 자유롭게 자신을 전개하는 것은 아닐 수 있는"으로 대체되었다.

165 역주: 『재판』에서 다음 구절이 이 지점에 삽입되었다: "순전히 고대적 의미에서"

166 역주: 『재판』에서 다음과 같은 구절이 이 지점에 삽입되었다: " 아리스토파네스는 언어나 묘사에서 아무런 제한을 받지 않고 그 자신의 본성에 따라서 존경할 만한 전통적 도덕과 조상의 관습을 항상적으로 옹호하고 변호하는 사람이다. 그가 부끄러운 선동가와 야바우꾼을 바로 인민 앞에서 공격할 때 보여준 무모한 대담성은 위대한 공화주의적인 시민적 덕성으로 인정되어야만 한다."

만, 독자의 본성이 그런 경우 또는 독자의 일정한 성미 또는 사유습관이 주관적으로 존재하는 경우, 작품이 특정한 비도덕적인 사유방식이나 비도덕적인 행위를 고취할 수 있는 것을 말한다. 아무리 탁월하더라도(323) 우연적인 상황에 의해 오염될 수 없는 것이 있겠는가? 오직 절대적인 무만이 어떤 외부적인 힘도 그것을 해칠 수 없다는 애매한 찬사를 받을 것이다. ─그런데 예술작품의 유기적 구성이 파괴되어 있다거나, 발견되지 않는다면 그것은 더 이상 예술작품이라 할 수 없다. 또한 작품에 녹아든 소재가 끼치는 영향은 예술가와는 무관하다. 게다가 작가에게 학문적인 진리를 기대하는 것은 전혀 정당하지 않다. 비극 작가는 종종 범법을 촉진할 가능성을 전적으로 피할 수 없다.[167] 비극작가는 강력한 열정과 공포스러운 사건을 필요로 하며, 그럼에도 불구하고 언제나 전체의 법칙이 허용하는 한에서는 주인공의 도덕을 고상하고 아름답게 재현하여야 한다. 그러나 『오레스테스』, 『페드라』 와 같은 예를 보고 나서 범법을 저지르게 된 자가 있다면 그는 아마도 범법의 책임을 오직 자기 자신에게 부여하는 것이 마땅하다. 그런 자는 희극에 나타나는 화려한 창녀, 기지가 넘치는 사기꾼, 눈치빠른 식객[食客]을 삶의 모범으로 삼으려는 자와 마찬가지이다. 작가는 개인적으로는 비도덕적인 의도를 가질 수 있으나 그럼에도 불구하고 [168] 그의 작품은 비도덕적일 수 없다.

---

167 역주: 문장의 나머지는 『재판』 에서 다음과 같이 변경되었다: "비극작가는 범법을 촉진하는 것처럼 보인다. 왜냐하면 그는 행위에 참가하는 인물이 열정과 성격에 따라서 말하도록 허용하기 때문이다."

168 역주: 『재판』 에서 다음과 같은 것이 이 지점에 삽입되었다: " 그 작품이

퇴화된 비극에서 나타나는 열정, 희극에서 나타나는 경솔함, 후기 서정시에서 나타나는 사치가 그리스에서 도덕의 타락을 *촉진했다는* 것은 논란의 여지가 없다. 대중의 도덕적 타락이 이미 결정적일 때 재현 예술은 이에 대한 단순한 반작용을 통해서 이 타락을 *강화하였으며* 도덕은 *배가된* 속도로 침몰했다. 그러나 이 사실은 인간 문화의 완전한 전체를 포괄하여 *정치적으로 평가하는* 경우에(324) 비로소 판정될 수 있는 것이다.[169] 그에 반해서 *미적인 평가는* 취미와 예술의 문화를 완전한 전체의 맥락으로부터 분리한다. 아름다움과 재현의 영역에서는 다만 미적이고 기술적인 법칙만이 성립한다. 정치적인 평가는 모든 관점 가운데 최고의 관점이다: 반면 윤리적, 미적, 지적인 평가는 종속적인 관점이며 *서로간에는 동등하다.* 아름다움은 인간을 규정하는 구성요소 가운데 도덕성만큼이나 근본적이며 본질적인 요소이다.[170] 이런 모든 구성요소들은 상호 *법적인 평등(isonomie)*이라는 관계

진정으로 예술적 양식에 따라 생각되고 구성된다면, 그리고 우리가 예술의 내부에 초점을 맞추고, 앞에서 언급한 비도덕적 측면에 무관심하다면 [그 작품은 비도덕적일 수 없다.]"

169 역주: 「재판」에서 이 문장은 아래와 같이 변경되었다: "그러나 이 사실은 인간적 문화, 부르주아의 도덕적 문화, 과학적이고 지적인 문화, 시적 예술적 문화 전체를 포괄하여 정치적으로 평가하는 경우에 오직 판정될 수 있는 것이다."

170 역주: 「재판」에서 이 지점에 다음과 같은 구절이 삽입되었다: "아름다움과 마찬가지로 선도 진리에 기초하고 있다. 우리가 이 신성한 삼위일체를 떼어낼 수 있으며 하나를 다른 것 아래 종속시킬 수 있다고 믿는다면 이는 단지 오류이며 망상일 뿐이다. 그런 오류, 망상은 단지 복합체 속에서나 고립적인 개별적 현존 속에서나, 전체적으로나 본질적으로나 분리되어 나타나며 논쟁거리로서 출현할

속에 있어야 한다. 아름다운 예술은 *법적인 자율성*(autonomie)에 대한 양도할 수 없는 권리를 갖는다. 인간 문화의 전체를 조종하고 규제하는 지배권은 이런 근본적 법칙에 충실하게 남아 있어야 한다: 그렇지 않다면 그런 지배적 권력은 지배권을 뒷받침해 주는 근거를 상실하게 될 것이다. 온전한 마음 속에 들어있는 개별적인 힘들과 전체 인류에 속하는 개별적 인간을 통일하는 것이 *정치적 능력*이 수행해야 하는 사명이다. *정치적 기술*이란 이런 목적을 위해 개인들의 자유를 제한해도 되지만 그럼에도 불구하고 헌법적인 근본법칙을 손상해서는 안된다; 그러나 자유의 제한은 전진을 저지하지 않으며 미래에 완성되는 자유를 불가능하게 하지 않는다는 조건 하에서만 가능하다. 정치적 기술은 흡사 자기 자신을 불필요하게 만들려고 노력하여야 하는 것처럼 보인다.(325)

   문학 영역들의 경계선이 얼마나 많이 오인되곤 하는가를 보면 정확성이 얼마나 사칭되어 오는가도 역시 입증될 수 있다. 해부학적인 비판가가 예술작품의 아름다운 구성을 해체하여 기초적인 덩어리들로 분석하고 이 기초적 덩어리들을 가지고 많은 물리적인 실험을 실시하며 이런 실험으로부터 끌어낸 결과를 자랑한다면: 그런 비판가는 눈을 뻔히 뜬 채로 스스로 기만당한다. 왜냐하면 이 경우 분해된 덩어리는 더 이상 예술작품으로 현존하는 것이 아니기 때문이다. 어떤 작품도 이런 방식으로 한다면 그것의 내적인 모순이 현전한다는 것을 입증할 수 없는 경우는 없다: 그러나 내적인 모순이 있더라도 *현상하지*

─────────────

수 있었던 것이다."

않는다면 기술적인 차원에서의 진리를 해치지 않는다: 이런 경우라면 내적 모순은 문학적으로 전혀 현전하지 않는다. 특히 프랑스 및 영국의 초기 비평가들은 그런 식으로 세부적인 꼬투리를 잡아내는 부조리한 비평을 하면서 그들의 총명함을 남용했다. 레싱Lessing에게서도 그와 같은 방식을 상기시키는 점들이 여전히 여기저기서 발견될 수 있지 않을까 한다. 일반적으로 나는 이론을 철저하게 존중하기는 하지만 비판을 수행하는 경우에서는 *적절함이라는 감각이* 적절함에 대한 이론보다 더 중요하다고 믿는다. 그리스인은 다른 민족보다 이런 감정에서는 약간 탁월했을 것이라고 짐작되므로, 이런 짐작 때문에 그들을 비난할 때 적어도 매우 조심하게 된다.

정확성에 열중하는 친구들은 능란함의 원리를 존중하기에 아름다움을 고려하지 않은 채(326) *최대한의 인위성*[171]을 요구하는데 이는 마찬가지로 부당하다: 또는 어떤 문학 양식이 제한적이지만, 부자연스럽게 혼합된 것이 아니라 오히려 원초적으로 순전함을 유지하는 경우에 그리고 제한된 방향에서나마 완전한 경우에도 그런 친구들은 이런 문학 양식도 단적으로 비난하는데 이 역시 부당하다. 예술은 다만 아름다움의 수단이다. 이런 아름다움이라는 목적을 일정한 한계 내에서라도 획득할 수 있는 자연적인 문학 양식은 어느 것이나 나름대로 합목적적이다. 순전한 문학 양식 가운데서도 물론 강도나 범위의 크기

---

171 역주: 「재판」에서 "최대한의 인위성"이라는 구절은 "근본적으로는 불가능한 것 즉 명백히 비예술적으로만 생각될 수 있는 것, 다시 말해 오직 완전한 인위성이나 예술적 완성"이라는 구절로 변경되었다.

에 따라서 아주 커다란 차이가 발생한다; 그러나 기형적이거나 미숙한 방식이 예술가의 결함으로부터 나온다면, 그러므로 문화가 거쳐가는 필수적인 단계들에 근거하는 것이 아니라면 무제한적인 비난을 받을 만한 것이 된다.

또한 *아티카 비극에서 운명에 관한 격언이나 특히 운명을 다루는 방식에 반대하여* 보통 제기되는 이의들은 주관적인 것이 미적인 판단에 부지불식간에 그렇지만 강력하게 영향을 미치지 못하도록 우리가 얼마나 경계해야 하는가를 보여 주는 놀랄 만한 예이다. 그리스 학문의 발전은 전체적으로 본다면 우리의 문화보다는 훨씬 뒤쳐져 있었다. 극작가는 대중성을 지니기 위해서는 철학을 삼가해야만 했다. 따라서 비극의 합창에서 등장하는 철학적인 격언은 거의 항상 불명료했으며 혼란스러웠고 아주 자주 쓸데없는 것이었으며 종종 근본적으로 잘못되었다. 도덕적으로 근본적인 오류가(327) 그런 철학적 격언 가운데 많은 것들로부터 도출될 수 있으며 그것도 내가 이미 위에서 그려놓았던 것과 유사한 화학적 과정을 통해 도출될 수 있다는 것은 확실하다. 그런 오류는 만일 엄밀하게 전개되었더라면 가장 순수한 도덕성과 화해될 수 없었을 것이다. 나는 그런 도덕적 오류는 어떤 것이든지 *현상하지 않는다면 미학의 지평의 저편에* 머무를 뿐이라는 점을 다시 한 번 강조하지 않을 수 없다. 사유가 풍부한지, 정합적인지 그리고 완전하게 명확한지는 문학예술에서는 본래 전혀 중요한 것이 아니다. 철학적인 관심에 대한 표현은 이를 수용하는 독자의 지적인 문화가 어느 수준인가에 달려 있으며 따라서 *지역에 따라서 시기에 따*

라 다르다.[172] 다만 신조만은 원래 기술적인 정합성의 조건들이 허용하는 한에서 *고상하고 아름다워야* 하며 자기 위치에 완전하게 적합해야 한다. 먼저 자기 밖으로 벗어나는 일이 일어나면 이는 필연적으로 자기 내로 복귀하는 것을 야기할 수밖에 없다: *관조*에는 동기가 있어야 하며 이런 관조는 인간성과 운명 사이의 투쟁을 중재하고 전체의 균형을 담지하도록 노력해야 한다.[173] 아름답기 위해서는 신적인 것들에 관한 자신의 예감이 이미 주어진 형상적 언어들을 통해 표현되어야 한다. 그런 아름다움은 학문에서는 아마도 엄청난 재난을 부추길 것이지만 재현 예술에게는 단점이라기보다는 차라리 장점일 수 있다.

애쉴루스의 비극에서 운명을 다루는 방식은 좀 더 일관적이었으면 하는 소망을 남긴다. 그러나 소포클레스에서 그런 일관성은 언제나 가능한 한 완전하게 충족되며 그렇더라도 문학적인 진리 즉 내적인 가능성을 파괴함이 없다. 전체의 대단원은 인간성의 빛나는 승리가 아니라면 적어도 *명예로운 퇴각*이다.(328) 그러나 소포클레스는 재현될 수 없거나 현상할 수 없는 것은 어떤 것도 자신의 재현속에 뒤섞지 않는다. 자연 속에 존재한다고 믿어지는 신성은 어떤 가사적[可死的]인 존재도 꿰뚫어 볼 수 없는 영원한 장막의 저편에 있지 않으며;

---

172 역주: 이 문장은 「재판」에서 다음과 같이 변경되었다: "[철학적 관심은 ...달려 있으며] 잠정적이며 시간이나 장소에 따라서 그리고 무엇보다도 역사적 발전의 현 수준에 따라서 달라진다."

173 역주: 「재판」에서 "동기가 있어야 하며", "노력해야 한다"는 표현은 다음과 같이 변경되었다: "행위의 과정 속에 적절하게 기초하며", "재현의 진리, 특이한 성격, 화자의 감정적 상태가 허용하는 한 노력해야 한다."

오히려 인간에게 가시화될 수 있는 것이다. 소포클레스는 이런 신성을 통하여 모든 불화를 해소하고 완전한 만족을 보장하려 노력한다. ―신의 왕국은 미적인 지평의 저편에 놓여 있으며 현상의 세계에는 정신도 힘도 결여한 다만 공허한 그림자로 나타난다.[174] 작가 소포클레스는 감히 악이 비등하거나 선과 행복 사이에 잘못된 관계가 성행하도록 하여 우리에게 불만이 일어나도록 만들었다. 그리고 나서 그는 음흉함이 처벌되는 것을 관조함으로써 또는 심지어 그런 세계를 암시하는 것을 통해서 얻어지는 보잘 것 없는 즐거움을 통해서 책임을 벗어난다고 믿는다. 그런 가운데 소포클레스는 사실상 예술가로서의 지혜를 최소한이나마 보여준다.[175]

---

174 역주: 이 문장은 『재판』에서 다음과 같이 변경되었다: "신의 왕국은 이 지상과 같은 것은 아니다; 마찬가지로 신의 왕국은 아름다운 예술과도 다르다. 왜냐하면 아름다운 예술은 지상 속에 고향을 두고 정신적인 것과 감각적인 것의 혼합으로 이루어지기 때문이다: 비가시적인 것의 왕국은 예술의 지평을 넘어 있으며 문학이나 현상의 세계 속에는 정신이나 힘을 상실한 공허한 그림자로 나타날 뿐이다."

175 역주: 『재판』에서 이 지점에 다음과 같은 단락이 추가되었다: "근대의 가톨릭 작가는 그의 문학 속에서 사물이나 외적인 환경과 역사적 상황 속에 내재하는 특유한 기독교적 아름다움을 추구해서는 안된다. 심지어 그는 개인적인 신앙교리 속에서 또한 신성의 수원지로부터 빌려 온 종교적 진리 속에서 아름다움을 추구함으로써 그의 문학에서 불완전한 것으로 남아있는 것을 해결하고 채워서는 더욱 안된다; 그는 차라리 그의 내면이 좀 더 정신적인 것으로 또한 전적으로 신성한 아름다움으로 변모하는 것 속에서만 그런 아름다움을 추구해야 한다. 이런 신성한 아름다움의 관념은 심지어 역사적 사실이라는 비기독교적인 소재를

통해 구현될 수 있을 것이다. 그보다 더한 정도로 고대의 작가는 그의 작품 속에 필요한 윤리적인 균형과 윤리적인 조화를 단지 내적인 윤리적 엄격성과 성향으로부터 도출해야 할 뿐만 아니라 오직 성격의 고상함으로부터만 도출해야 했다. 고대 작가는 세계의 수수께끼와 인간성의 운명을 천상의 눈으로부터 단번에 해결하고 결정할 수 없었을 것이다; 왜냐하면 그는 그의 신화적 세계에 관해서 명백한 신념과 고상한 도덕 대신에 아름다운 예감만을 풍부하게 부여받았기 때문이다. 감정 속에 그런 신념을 예감한다는 사실은 핀다르와 소포클레스가 소유한 순전한 문학적 영혼 속에서 가장 만개한다. 한편 이교도 작가에게 기질을 기독교적으로 완성하거나 기독교적 아름다움을 가지기를 기대하거나 요구할 수는 없다. 이교도 작가는 자연에 관한 완성된 감각을 우리에게 제공하거나 묘사한다. 그런 감각은 생명으로 충만하며 완전히 발전된 힘으로 충만하다. 그 방식은 그들 가운데 탁월한 작가의 경우 윤리적 질서와 통일성에 부합하며 마찬가지로 아름다움의 본질적 형식과도 부합한다. 그리스 예술은 이런 점에 관해서는 최고의 원형이었으며 앞으로도 항상 그럴 것이다.”

5장 고대 문학의 모방에서의 실수와 오류에 관해서

(329)"그리스인을 모방하는 것이 진정으로 아름다운 창작예술을 회복하는 유일한 수단이라는 주장은 진리이라는[176] 말은 태고적부터 전해온 말이며 여전히 다시 반복되는 말이라고" 사람들은 생각할지 모른다. "그러나 오랫동안의 경험으로 볼 때 그런 진리는 온갖 방면에 걸쳐 검증되었으나 전적으로 실패에 그쳤다는 사실에 의해 반박되었다. 도서관에(왜냐하면 그곳이 그런 진리의 참된 고향이기 때문인데) 가서 그와 같이 그리스인의 모범에 따라 제작된 다수의 모방품을 둘러보기만 해보라. 그러면 그런 모방품 모두가 머지 않아 비참한 죽음에

---

176 역주: 『재판』에서 다음과 같은 단락이 추가되었다: "5장. 고대 문학의 모방에서 실수와 오류에 관해 그리고 근대문학의 길에 놓여 있는 장애에 관해. 전체의 결론; 근대문학의 부흥에 관해 특히 독일에서" 이 문장 뒤에 다음과 같은 단락이 추가되었다. "근대의 예술적 판단에 비추어 그리스문학에서 도덕적인 결함이나 위반처럼 보이는 것을 논란의 여지가 없는 방식으로 숙고하고 검토하고 대답하고 설명한 이상, 이제 남아 있는 것은 고대 문학 예술의 불가결한 이용이나 모방에서 장애가 되는 어려움이나 고대에 대항하고자 하는 반대에 관해 분명하게 고려하고 차례로 해결하려고 시도하는 것이다."

처하게 될 것이며 어떤 견고성이나 자립적인 힘도 결여한 그저 그림자와 같은 존재가 될 것이다. 반면 그리스적인 양식과 가장 단적으로 대립되는 근대적 작품은 그것이 지닌 별별 결함에도 불구하고 여전히 계속해서 더욱 청년다운 힘으로 살아나 영향을 미치고 있다. 왜냐하면 그런 작품은 천재적인 독창성으로 가득 차 있기 때문이다."

잘못은 그리스문학에 있는 것이 아니라 모방의 *방식이나 방법*에 있으니, 민족적 주관성이 근대문학을 지배하는 한, 다만 흥미로운 것만이 추구되는 한 그런 모방은 *일면적인* 결과로 끝날 것이라는 점은 필연적이다. 그리스문학 전체를 알고 있는 사람만이 그리스문학을 모방할 수 있다. 소재 전체의 객관성을 소화하고 개별적인 작가의 아름다운 정신을 소화하며 황금기의 완전한 양식을 습득한 사람만이 그리스문학을 실제로 모방할 수 있을 것이다.

그리스문학에서 객관적인 것과 지역적인 것을 분리하는 것은 무진장 어렵다. 이 두 가지는 각각 독자적인 것으로 구분되는 것이 아니라 철저하게 상호 융합되어 있다. 오랜 세월을 버티는 나무의 가장 작은 가지까지 객관성이 확산되어 있다; 그러나 도처에서 개별적인 것이 객관적인 것의 지반과 기관이 되며 그것에 뒤섞여 있다. 오늘날까지 그리스적인 형식과 기관 가운데 개별적인 것만이 모방되어 왔다. 고대의 문학이 근대화되었을 때 흥미의 원리를 그리스문학에까지 떠넘기는 방법이 사용되었다; 또는 다만 전체의 정신에게만 속해야 할 권위가 또는 천재나 청중 또는 이론이 지니는 권리에 부합될 수 있는 것보다 더 큰 권위가(331) 그리스의 예술 이론에게 부여되거나 개별적으로 애호하는 작가에게 부여하는 방법이 사용되기도 했다.

생리학자이며 잠언가[177]이었던 테오그니스[178]와 같은 시인들의 작품의 즉 그리스 *초기 교훈시*의 참된 자리는 문학의 신화 시대에서 발견된다. 왜냐하면 이런 신화 시대에서 철학은 자신의 발생 기원인 신화로부터 아직 완전하게 분리되지 않았고 단적으로 갈라지지 않았기 때문이다; 그 시대의 운율은 전통이 보존되는 자연적인 지반이며 산문이 형성되기 이전의 시적인 언어는 고차적인 정신을 전달하는 일반적인 도구이다. 이런 잠정적 관계가 지나가자 교훈시 형식이 지닌 자연성이나 합법칙성도 소실된다. 예술에 관한 학식이 발전하는 시대에 이르자 즉 그리스 *후기 교훈시*에 와서는 전적으로 무가치한 원리만이 남았다: 그 원리란 곧 허영심이 강한 거장의 인위적인 기교를 어려운 소재 속에서 의도적으로 과시하는 것이다. ─그렇다고 양식이 좋은 참으로 아름다운 교훈시의 가능성이 즉 아름다운 교훈적 소재를

---

177 원주: 잠언이란 도덕적인 격언이거나 속담을 말한다. 잠언이란 그리스문학에서 호머 시대부터 존재해 왔다. 잠언은 점차 잠언집으로 묶여서 청년들의 교육을 위한 목적으로 사용되었다. 이 잠언집은 중세에까지도 대중적으로 환영받았다.

178 영어 번역 주: 테오그니스Theognis(기원전 544-약 480). 그의 시의 대부분은 하층계급의 도전에 관하여 교훈을 주려 한다. 이런 하층 계급은 귀족을 전복하기 위해 전제적 인물을 지원할 가능성을 지니기 때문이다. 그의 많은 운문은 절제와 전통적인 도덕이라는 덕에 관하여 메가라 시의 시민들에게 교훈을 주려 했다. 그는 신지학적인 운문으로도 유명했다.

미적인 의도를 가지고 이상적으로 재현하는 시의 가능성이 부인되는 것은 아니다. 이 자리는 몇몇 플라톤의 대화편이 시적인 철학소[哲學素: philosopheme]인지 아니면 철학적인 시인지에 관해 결론을 내리는 자리는 아니다. 그것은 우리가 다룰 문제는 아니다! 원래 소위 그리스 교훈시 가운데에는 그와 같은 것은 존재하지 않는다.

또한 그리스 서사시는 다만 지역적으로 발달한 형식이어서 사람들은 그것에 관해 이상한 주장들을 우겨 왔다. 이런 성숙하지 못한 문학 양식은(332) 역사서가 아직 발전되지 않았으며 연극이 아직 완전해지지 않았던 시대에만 자리를 차지할 수 있다; 이 시대에는 영웅 전설이 유일한 역사서이며, 이 시대에는 신들도 인간성을 지니고 영웅들과 소통한다는 것이 대중이 일반적으로 믿고 있는 신앙이다. 물론 대중은 늙어가면서 다시 어린아이처럼 될 수 있다는 것은 쉽게 이해될 것이다.[179] 그러나 오직 신화 시대에 그리스 서사 문학이 그렇게 높은 정점에 도달했기 때문에 알렉산드리아나 로마에서 나타나는 서사적인 단편들조차도 어느 정도 근거와 지반을 가지게 된다. 문학과 신화는 고대의 문화 전체의 싹이며 원천이었다: 서사시는 신화적인 문학의 참된 정점이었다. -고대의 후기에 이르러 학식을 지닌 작가는 이미 현전하는 일정한 소재와 어느 정도 발전된 도구를 찾아내기만 하면 되었다. 감수성은 준비되어 있었으며 모든 것은 이미 유기적으로

---

179 역주: "늙어가면서 다시 어린아이처럼 될 수 있었다"는 구절은 「재판」에서 "나이가 들어 기력이 쇠해지면서 유아기의 기억으로 되돌아가듯이 초기 신화 시대에 대하여 새로운 애호를 회복하려고 노력한다"로 변경되었다.

갖추어져 있었고 어떤 것도 강요될 필요는 없었다. ―그에 반해 근대의 서사시는 어떤 발판도 없이 고립적으로 텅 빈 공간 속에 떠돌고 있다. 위대한 천재는 헤라클레스적인 힘을 사용하면서 서사적인 세계, 절묘한 신화를 무로부터 창조해 내려고 시도하였다. 위대한 정신이라 할지라도 민족의 전승을 즉 민족적인 환상을 더욱 발전시킬 수 있거나 이상화할 수는 있지만 이를 변용하거나 무로부터 창조할 수는 없다. 예를 들어 북구의 우화는 논란의 여지 없이 가장 흥미로운 고대 유산에 속한다: 그러나 작가가 이 유산을 소생시키고자 한다면[180] 그는 상식적이거나 진부한 존재가 되거나 아니면 자기의 우화가 개성적이고(333) 특별하고자 원하는 경우 스스로 주석을 달아야 하는 위험에 빠질 것이다.

새로운 호머를 기대하는 것은 헛된 일이다; 버질리우스[181]의 인위적인 양식은 완전한 아름다움과는 엄청나게 거리가 먼데도 불구하고 왜 우리는 바로 그런 식으로 새로운 버질리우스를 원해야만 하는가? ―*낭만적 작품*을 그리스와 로마의 서사시와 비슷하게 구성하려는 시도는

---

180 역주: 「재판」에서 이 지점에 다음과 같은 구절이 삽입되었다: "―마치 클롭스톡Klopstock이 대담하게 비약하면서 고대적 양식의 서정시를 통해 이런 우화를 진실하게 소생시켰듯이―"

181 역주: 버질리우스Publius Vergilius Maro (기원전 70-19), 흔히 버질이라 불리는 그는 아우구스티누스 시절 로마의 고대 시인이다. 그는 「아네이드 Aeneid」 라는 서사시로 유명하다.이 서사시는 호머를 본받은 서사시이며, 로마의 건국신화인 트로이의 난민이 로마를 건국하는 과정을 서사시로 만들었다.

모조리 실패해 왔다. 타쏘가 도중에 머물러 낭만적 방식으로부터 그리 멀리 떨어지지 않았다는 것은 다행이다.[182] 타쏘를 이탈리아인이 애호하는 작가로 만드는 것은 다만 개별적인 구절들이지 전체의 구성은 아니라는 것은 확실하다. 이미 아주 초기에서부터 낭만적 작품에 나타나는 황당한 규모나 공상적인 삶에 대하여 조롱이 퍼부어졌다. 나즈막하게 말해지던 그런 조롱은 자주 아주 큰소리로 말해지기도 한

---

182 영어 번역 주: 타소[Torquato Tasso(1544-1595) 16세기 이태리 시인]의 작품 「해방된 예루살렘Gerusalemme Liberata(1575)」은 고전적인 서사시를 기사도적인 소설의 맥락 속에서 제시하려 노력했다. 슐레겔이 제안했듯이 타소는 아리오스토Ariosto의 느슨한 서사시적인 양식을 거부하고 구조나 주제의 통일과 전일이라는 특징을 지닌 서사시를 구성하려 시도했다. 이러 점에서 그는 아리스토텔레스적이었다. 그러므로 슐레겔은 타소가 서사시를 근대성의 맥락 속에서 부흥하려고 시도하는 중이었다고 제안한다.

다. 이런 황당한 규모나 공상적 삶이 풀치[183]로부터 리치아르데토[184]에 이르기까지 이런 유형의 작품에서 지속적으로 나타나는 특징이다; 비란트Wieland는 자기의 거의 모든 낭만적 작품에서 이런 변덕스러운 혼합물을 표현한다. 그의 작품들에 온갖 단계로 나타나는 이런 혼합물은 각기 다르며 항상 놀랄만큼 새롭고 항상 절묘한 방식으로 이루어진다; 그러나 그는 모든 면에서 자기 자신에게 철저하게 충실하였

---

183 영어 번역 주: 풀치Luigi Pulch(1432-1484)는 투스카니아 지방의 작가이었으며 그의 기사도적인 서사시인 「모르간테Morgante(1478)」로 가장 잘 알려졌다. 이 서사시는 고대의 전사 올란도Orlando의 이야기를 전한다. 올란도는 배반자 가노Gano의 계략에 의해 샤를마뉴Charlemagne대제의 궁정으로부터 추방된다. 올란도가 스페인에서 이교도와 싸워 이기자 가노는 매복하여 올란도를 살해하려는 음모를 꾸미는 데 성공한다. 그때 비로소 샤를마뉴 대제는 올란도의 진정한 가치와 가노의 배반을 깨닫는다. 이 작품이 프랑스의 무훈시chansons des geste로부터 영향을 받았음에도 불구하고 허풍이나 라벨레Rabele적인 재치라는 특징을 가지고 있다. 이 작품은 그 제목을 보조 인물 즉 올란도의 종복이 되는 해학적인 거인으로부터 따왔다. 흥미로운 것은 풀치가 바이런의 숭배를 받았다는 것이다. 바이런은 그 자신의 「베포Beppo」, 「돈 주앙Don Juan」, 「심판의 예견A Vision of Judgement」에 대한 영감을 그에게서 발견했다. 바이런이 매력을 느꼈던 것은 오타바리마ottava rima라는 형식 뿐만아니라 익살적인 희극 양식이었다는 것은 의심할 바 없다.

184 영어 번역 주: 포르테게리Niccolò Forteguerri(1674-1735)는 그의 「리치아르데토Ricciardetto」 가운데 푸리오소Furioso의 이야기 중의 하나를 재구성하여 제목으로 삼았다. 그의 작품은 특성상 전반적으로 희극적이었다. 흥미로운 것은 포르테게리는 셸리의 주목을 끌었다는 것이다. 셸리의 작품 「아트라스의 마녀The Witch of Atlas」는 그로부터 영감을 받았다.

다. 확실히 이것은 우연은 아니었다.[185] 낭만적 우화와 낭만적 분장이 극적이고 아름다우며 단순하게 구성된 서사시의 절묘한 소재가 될 수 있으려면 그것들이 속한 원초적인 문화에 비추어 더욱 순수하게 인간적이며 더욱 아름다운 것이어야만 했을 것이다. 타쏘는[186] 근대적 비평가가 정상적인 서사시라면 갖추어야 한다고 말한 것에(334) 부합하지 않는 점을 얼마나 많이 보유하고 있는가?[187] −작가는 민족적 환상이 통용되는 영역으로부터 전적으로 멀리 떨어져 있지 않는 경우에만 실제로 자기 민족의 입과 가슴이 되어 살아간다. 반면 전적으로 자의적으로 처리하는 작가는 보통 도서관에 썩어버릴 비극적인 운명에 부딪힌

---

185 역주: 이 문장은 「재판」에서 다음과 같이 변경되었다: "낭만적 문학에 아이러니가 그렇게 철저하게 혼합된 것은 −가장 초기의 문학에서부터 가장 최근의 몰락기까지− 우연이 아니었다는 것은 확실하다."

186 영어 번역 주: 15세기 후반부는 점차 문학이론과 비평에 관심을 가지게 되었다. 타소는 이런 관심을 공유하면서 그의 작품이 비판적인 불신에 부딪히지 않도록 보장하기 위해 온갖 정성을 다했다. 「해방된 예루살렘」을 완성하면서 타소는 스키피오네 곤자가Scipione Gonzaga와 다른 예술가들과 두 해 동안 편지를 교환하면서 그의 작품의 다양한 측면들을 상당한 세부에 이르기까지 점검했다. 타소는 형식과 양식에 관한 문제에 관해서도 점검했다; 또한 그는 종교적 논점이나 대중적인 호소력에 영향을 줄 수 있을 요인들에 대해서도 고려했다.

187 역주: 이 문장은 「재판」에서 다음과 같이 변경되었다: " 타소는 고대의 모범에 기초하여 그리고 전승된 예술 이론에 기초하여 이해한 고전적 개념을 추구했음에도 불구하고 절묘하게도 여전히 얼마나 자주 낭만적인 분장과 환상을 걸치고 있었는가? 이런 짓은 모두 잘 구성된 영웅시에 관한 근대의 예술적인 판단의 요구와 부합하지 않았다."

다. 그 운명은 언젠가는 아름다움에 대한 감각을 지니면서 여기 도서 관에 파묻혀 있는 진정한 재능을 발견하고 평가할 줄 아는 문필가가 나타나기까지—매우 드문 경우이겠지만!—계속된다. 그러면 낭만적 우화나 기독교적 성인전을 이상적인 아름다운 신화로 변용하는 가장 자의적인 시도들이 성공했던가? 오, 결코 아니다!

"Naturam expelles furca; tamen usque recurret."
"자연을 쇠스랑으로 걷어갈 수 있다. 그러나 그것은 여전히 다시 돌아온다." (호라티우스의 『사도들Epistles, I』, 10.24)

야만인의 물질에게 그리스인의 영혼을(335) 불어넣는 것은 불가능하였으며 여전히 불가능하다.[188] 절묘한 비율이나 자유로운 조화, 간

---

188 역주: 이 문장은 『재판』에서 다음과 같은 문장으로 대체되었다: "고대적인 영혼과 고대의 아름다운 예술의 형식을 근대적인 세계·역사 복합체 속에 불어넣으려는 것은 가장 집요한 예술에게서조차 아직까지도 불가능했으며 앞으로도 불가능할 것이다."

다음 단락이 이 문장 다음에 추가되었다: "의심할 바 없이 근대의 영웅전설과 근대문학에는 위대한 문학적인 아름다움이 풍요롭게 존재하며 놀랄 만한 환상이 엄청나게 풍성하게 존재한다; 그러나 모든 것들은 서로 어긋나며 고립적으로 존재하여 마치 서로 떨어진 산봉우리들의 모습과 같다. 장엄한 게르만 원시문학이 남긴 단편들 가운데 단 하나만이 독일의 「니벨룽겐의 노래Nibelungenlied」와 같은 아름다운 형식과 완성미를 달성했으니 이는 단지 드문 현상이며 개별적으로 존재하는 예외이다. 북구의 「에다Edda[고대 아이슬랜드 신화집]」는 이교적인 원시 시대에 귀를 기울이고 엄격히 자족적이며 독보적이다. 그

단히 말하자면 *아름다운 구성*이 놀라운 것, 힘에 넘치는 것, 매력적인

신화집은 기독교 시대가 시작하는 초반에 출현한 독일 부족의 고딕적인 영웅의 노래들로부터 아주 멀리 떨어져 있는 것처럼 보인다. 그것은 적어도 그것과 동시대에 번성하고 있었던 문학들과 직접적이며 생동적인 교섭이 없었던 것처럼 존재한다. 그러나 그것들 사이에 이전에 존재했던 상호 연관의 매듭은 발견될 수 있으며 학문적인 연구에 의해 사실적으로 입증될 수 있다. 현재 남아있는 중세의 기사도 문학들은 그런 신화집에 대해서와 마찬가지로 고딕 시대의 원시 영웅 설화에 대해서도 명백하게 이질적이다. 기사도 문학들은 새로운 시대가 정신적으로 만개하면서 출현한다. 기사도 문학들은 대부분 원시적 영웅주의에 대해 적대적이며 대립한다; 그것들 가운데 어느 것도 독일의 「니벨룽겐의 노래」처럼 완성된 아름다운 형식을 갖지 않는다. 고딕적 영웅 문학의 다른 단편들과 서양의 기사도적 인물을 다룬 다른 단편들은 처음 출발점에서부터 아름다운 전설을 다만 산만하게 반향하는 것에 불과한 고립된 로망스 소설이다. 로망스 소설들은 서로 고립되어 있으며 더 큰 서사시의 주기와 접촉하지 않는다. 위대한 새로운 문학의 한 부분을 이루는 단테와 같은 작가는 정성을 다하여 만든 작품의 기초를 기독교적 상징과 신성한 전설 그리고 심원한 알레고리에 두었으며 그 결과 다시 대중의 전설로부터 전적으로 분리되고 고립되었다. 왜냐하면 단테의 작품은 무한히 정교한 형식을 가지고 있지만 이 형식은 당시까지 분명하고 완성된 형식으로 발전하지 않았기 때문이다. 그러나 타소Tasso와 카모엔스 Camoëns은 번성하는 중에 있던 문학이 일반적으로 발전해온 맥락 속에서 위대하며 역사적이고 아직도 환상적인 소재를 좀 더 고대적인 형식[고전고대적 형식]에 따라서 형성하려고 한다. 그들의 시도는 현실적인 이유가 없거나 아니면 단편화를 지향하는 근대적 경향을 따르기 때문이다. 이런 타소와 카모엔스와 같은 사람들은 대부분 그들 이전에 출현한 기사도 노래를 적대적인 요소로서 외면한다; 다른 한편 그들은 그들이 채용한 고대의 형식들에 의해 방해를 받고 목표로부터 일탈하게 된다; 다른 무엇보다도 이 형식 때문에 그들은 근대의

삶에 결여되어 있다 하더라도 비극적인 긴장이 쉽게 야기될 수 있다. 하지만 이런 비극적인 긴장이 충분하게 오랫동안 단조롭게 되거나 흥미를 상실하게 되지 않은 채 지속될 수는 없으며 거대한 전체에 걸쳐서 전일적으로 또한 단순한 순수성을 유지하면서 확산될 수는 없다. 원심적인 힘이 커가면 그에 대립되는 극단을 향한 저항할 수 없는 동경이 출현한다. 비극적 환상은 풍자와 유익한 방식으로 합일되는 것을 통해서만 뒷받침을 얻고 영속성을 획득한다.(336) 비극와 희극의 이런 기이한 조합이 근대에 출현한 매력적인 자웅동체가 지닌 본래적인 아름다움이다. 이런 조합은 원초적으로 기형적인 것이거나 본래 허용되지 않는 것은 결코 아니다. 이렇게 조합된 것은 힘이나 짜임새에 있어서는 순수한 유형 특히 순수한 비극의 유형에 비해 아주 많이 뒤떨어지는 것이다: 그러나 그 형식을 제약하는 경계선의 폭을 여기서 어느 정도 더 제한적으로 적용하더라도 그것이 적어도 재현적 예술의 목적 즉 아름다움이 도달 될 수 있는 형식인 한에서; 그리고 기계적으로 꾸며낸 것이 아니라 조형적인 본성을 통해 유기적으로 생산된 형식인 한에서 단적으로 비난되는 것은 아니다. 예술의 영역에

시기나 기독교 영웅의 전설에 적합할 서사시에 특유한 아름다운 형식을 얻는 데 방해받는다; 동시에 그들은 적어도 초기에는 때때로 자발적으로, 고대의 예술과 무관하게 비교할 수 없을 정도로 더 탁월하며 더욱 절묘한 방식으로 진화했다. 근대의 문학은 서사시적인 전설로부터 고립적인 방식으로 분리되어 있으므로 그리고 근대문학은 불완전하고 종종 비공식적이므로, 매우 일찍부터 근대적인 것 속에서 풍자가 뿌리내리고 확립되었고 그 결과 이 풍자가 가장 특이한 특색 중의 하나가 되었다."

서 *변종*이라고 해도 비록 권리를 더 적게 가지고 있지만 그럼에도 불구하고 완전한 시민권을 가진다. 근대문학의 가장 매력적인 정점들이 비록 외면적인 지역적 형식은 많이 다르더라도 본질적인 특성에서는 그리스문학의 변종들과 많은 점에서 합치한다는 것은 놀라운 일이다. 그리스적 기법에 따르면 낭만 소설은 *풍자적인 서사시*에 해당된다. 현존하는 자연이 지닌 원초적으로 소박한 활력 속에서는 대립된 요소들이 철저하게 상호 융합되고 있지만 아티카의 연극에서 이런 활력은 비극적 활력과 희극적 활력으로 분리되었다. 여기서 이렇게 분리된 것들은 이어서 새롭게 혼합되면서 비극적인 것이 약간의 우위를 차지했다:[189] 왜냐하면 두 가지 대립된 힘들이(337) 완전하게 균형을 이루고 있다면 서로 충돌하는 가운데 서로를 제거하게 될 것이기 때문이다. 이런 혼합으로부터 풍자 연극이라는 변종이 발생했다. 이런 연극 가운데 단지 진부하거나 양식적으로 나쁜 연극만이 유일하게 보존되었다. 도리아인의 연극은 간략히 살펴보자면 결코 앞에서 말한 분리의 단계에까지 고양되지 않았으며 도리아인이 자연적으로 지닌 쾌활한 재치는 다만 주관적이고 지역적이며 서정적이었지 결코 객관적이지 않았으며 또한 연극에 본래 합당한 것도 아니었다.[190] 그러나

---

189 원주: 활력에서라기보다는 재료나 분장 그리고 기관에서 그렇다는 것이다. 그러므로 비극 작가는 풍자적 연극의 작가이지 결코 희극작가는 아니다. 역주: 이 문장은 「재판」에 통합되었다.

190 영어 번역 주: 그리스 연극의 기원이 지닌 정확한 본성이 무엇인가는 여전히 모호하지만, 도리아인은 비극이라는 변종이나 희극이라는 변종이건 모든 종류의 연극을 발명했다고 주장되고 있다.(아리스토텔레스, 「시학Poetics」,

도리아인의 무언극에 여전히 혼합되어 있는 소박한 활력이라는 측면에서 본다면 희극적인 것이 우위였다. 호머의 것으로 보이는 마그리테스[191], 프라티나스[192]나 애쉴루스[193]의 몇몇 풍자적인 연극, 도리아적인 기분이 얼마간 분출된 소프론[194]의 무언극 또는 린톤의 것과 같은[195]

1448a) 도리아인의 희극 가운데 어떤 세속적 형태에는 합창이 없다. 따라서 아리스토파네스, 크라티누스Cratinus, 유폴리스Eupolis과 같은 작가들을 위한 토대를 놓았던 것으로 보인다. 이들의 희극은 대체로 간단한 소극이거나, 일상생활에 대한 무언극이다.

191 영어 번역 주: 잃어버린 고대 작품. 그것은 아리스토텔레스에 의해 호머에게 귀속되었다. 아리스토텔레스는 「마그리테스Magrites」가 희극에 대해 갖는 관계는 일리아드가 비극에 대해 갖는 관계와 같다고 말했다.

192 영어 번역 주: 프라티나스Pratinas(기원전 약 300), 그리스 연극 작가. 그는 텝시스Thepsis 이후 초기 비극작가들 가운데 한 사람으로 알려진다. 그가 창작했다고 추정되는 약 32편의 풍자극은 그에게 귀속되었다. 아리스토텔레스는 풍자 연극은 비극에 대한 저주라고 생각했다.

193 영어 번역 주: 비극작가는 대체로 풍자극을 비극 중간에 상연하도록 제시했다. 그러므로 슐레겔은 애쉴루스의 풍자극이 남아 있었다면 그런 풍자극을 판단할 기준을 소유할 수 있을 것이라고 짐작한다.

194 영어 번역 주: 소프론Sophron(기원전 약 400), 무언극의 작가. 그는 무언극에 문학성을 부여했다고 믿겨진다. 그래서 그는 테오크리토스Theocritus나 린톤Rhinthon을 위해 토대를 제공했다. 현존하는 수고들 중의 하나를 본다면 후기 학자들이 소프론으로부터 인용한 것을 도리아 방언의 본성을 입증하는데 사용하였던 이유가 분명해진다.

195 영어 번역 주: 린톤Rhinthon(기원전 약 300), 그리스 희극 작가. 그의 전공은 희비극(Hilarotragidia)이다. 이 희비극은 비극적 주제를 소재로 삼는

희비극[Hilaro]이 남아 있었다면 그것들은 아마도 평가를 위한 척도가 되었거나 적어도 신적인 대가인 아리오스토[196]의 매력적인 괴기극[Groteske]이나 비란트의 환상극에 나오는 쾌활한 마술과 흥미롭게 비교해 볼 동기를 주었을 것이다. ―너무 진지하여 낭만 소설의 공상적인 마술을 이상화하여 비극적인 서사시로 만들고자 하는 사람들은 그 때문에 *균형 감각*을 놓치고 말았다. 또한 근대인이 만든 서사적인 탈리아 희극[197] 즉 낭만적 모험담[198]은 그것을 경멸하는 자들에게 냉혹하

소극이었다. 린톤의 잔존하는 연극은 그가 특히 유리피데스를 풍자했다는 것을 암시한다. 또한 이 연극은 대체로 본성상 외설적이며 배우가 가면을 쓰고 거대한 남근을 들고 있고 배와 궁둥이에 속을 채우는 분장을 하고 출연했다.

196 영어 번역 주: 아마도 아리오스토Ariosto의 다섯 가지 희극을 지시하는 것 같다. 이 희극들은 로마의 희극으로부터 영감을 얻었으나 근대적인 삶을 지향한다는 것은 분명하다.

197 영어 번역 주: 희극이나 목가시에 맨 앞줄에 나오는 8번째 뮤즈 여신.

198 영어 번역 주: 모험적 낭만 소설, 즉 탈리아Thalia 희극은 12세기에서 15세기까지 유행했다. 낭만 소설은 낭송되거나 노래로 불러지기 위한 것이 아니라 읽혀지기 위한 것이다. 낭만 소설은 자주 아더왕의 전설을 다루었으나 로보통 연애 이야기를 포함하는 영웅의 모험에 초점을 맞추었다. 중세의 다른 낭만 소설과 달리 모험적 낭만 소설은 마술이나 초자연적 사건을 추방했다. 이런 이유 때문에 모험적 낭만 소설은 근대 소설의 선구로 보인다. 16세기경, 모험적 낭만 소설은 악한 소설로 진화했다. 이런 형식으로 출현한 것들 가운데 초기에 많은 영향을 미쳤던 것은 익명으로 쓰인 소설 「라자리요 데토르메스Razarillo de Tormes의 삶, 그의 행운과 불운」(1554)이다. 악한 소설은 스페인이나 유럽의 다른 나라에서 번성했다. 보기를 들지만 르 사쥬Le Sage의 「질 블라Gil Blas의 이야기」(1715-1735), 그리멜스하우젠Grimmelshausen의 「모험을

게 복수했다: 왜냐하면 그런 자들은 낭만적 모험담을 조금도 쓰레기로 보지 않는 전체 청중 앞에서 조소받았기 때문이다.[199](338)

서사시에서와 마찬가지로 *비극*에서도 신화적인 소재를 사용하는 것은 유사한 어려움을 가지고 있다. ―토속적인 우화가 있는 곳에서도 우화는 비극에 적합하지 못하다. 외국의 것이거나 아주 옛날의 우화라면 진부한 것이거나 아니면 박식하지 않으면 이해불가능한 것 중의 하나일 가능성 밖에 없다. 역사적인 것이든 고안된 것이든 신화적 소재는 작가와 청중을 비상하게 구속한다; 그런 소재가 지닌 무거운 부담 때문에 전체의 자유로운 형성이 억압당하는 것 같다. 청중에게 처음 소개하는 것만으로도 그리고 알려지지 않은 낯선 것을 잠정적으로 알리는 것만으로도 얼마나 많은 번거로움이 필요한가? ―그리스 비극작가는 일반적으로 알려진 신화를 이용하여 곧바로 목표로 향할 수 있었으며 청중의 시선은 소재로부터 자유로워질수록 저절로 그 형식에 더 많이 주목했으며 무거운 소재에 그토록 노예적으로 집착하

좋아하는 심플리시치무스Der abenteurlich Simplicissimus」(1669), 데포Defoe의 「몰 플랜더스Moll Flanders」(1772)와 「잭 대령Colonel Jack」(1772), 필딩Fileding의 「무법자 요나단Jonathan Wild」(1743)이다. 그래서 슐레겔은 모험적 낭만 소설을 비극적 서사시로 변형시키려는 욕망은 영웅풍을 향한 저항할 수 없는 경향에 의해 좌절되었다고 추측한다.

199 역주: 이 문장은 『재판』에서 아래와 같이 변경되었다: "그런 유형의 문학에 내재하는 자연적인 기쁨과 아이러니를 포기함에 의해 모험적 낭만소설은 냉정한 진지함을 통해 소극으로 변형되었으며 회피할 수 없는 아이러니로 부지불식간에 되돌아 갔다."

지 않았다. 비극이 전적으로 소박한 소재를 철저하게 문학적으로 만들게 하고, 단순한 큰 줄거리 속에서 작은 세부를 확장하며 특히 부단하게 뒤섞이는 자연적인 것을 제거하게 하여 특정한 이상을 지향하게 만드는 일은 아직도 사실상 정말 헤라클레스적인 노동을 필요로 한다. 형식과 소재 사이에 필수적인 균형을 이룩하는 것은 근대의 비극 작가에게는 무한히 어려운 일로 되었으며 따라서 심지어 본래 아름다운 비극이란 것이 도대체 가능한가 하는 회의가 일어날 수 있는 지경에 이르렀다.[200] 한편 우리 시대의 인위적(339) 문화에서는 모든 참된 방향이 혼란에 빠지고 탈색되지만 그럼에도 불구하고 자연이 스스로 더욱 강한 손짓으로 극작가에게 그가 가야할 길을 필연적으로 지시하는 것으로 보인다. 또한 인위적 문화에서 비극적인 것과 희극적인 것의 분리가 완화되는 것도 필연적인 것으로 보인다.[201] 나는 여기서 독일의 예를 인용할 수 있게 된 것이 기쁘다. 그런 예가 있기에 커다란 희망이 솟아나며 모든 소심한 회의가 떨어져 나간다. 쉴러에게 나타

---

200 역주: 「재판」에서 다음 단락이 추가되었다: "근대의 경우 모든 정신적 힘은 개념화하는 경우에서나 재현하는 경우에도 풍부한 세부를 지니고 있는 역사적으로 풍요한 소재들에 전적으로 사로잡히고 말았다. 이런 역사적 소재을 간과하는 것은 어려울 것이다. 이럴 때 아름다운 형식에 의미가 부여될 수 없으며; 정말로 조화로운 구성이나 통일성에 주의를 기울일 물리적인 시간조차 없다."

201 역주: 「재판」에서 이 지점에서 다음과 같은 문장이 삽입되었다: "그러나 예외는 있다. 다른 경우에는 자연은 우리의 근대가 지닌 위대한 문학적인 재능을 보편적으로 탕진시켰을 것이지만 이런 예외의 경우 자연은 이런 탕진을 뚫고나가 가장 본질적인 힘과 기운으로 표현된다."

나는 천부의 재능은 비극에 단적으로 걸맞는 것이다. 애쉴루스의 특성을 대담한 줄거리를 통해 발전하는 자연을 최고로 감동적인 순간에 순식간에 휘갈겨 그려내는 것처럼 볼 수 있다면 쉴러는 이런 애쉴루스의 특성과 닮았다. 애쉴루스를 보면 그리스인이 왜 동일한 작가가 비극작가이면서 동시에 희극작가가 된다는 것을 불가능한 것으로 보았는가가 상기된다.[202] 사실 「돈 카르로스Don Carlos」를 보면 인물의 아름다움이나 전체의 아름다운 구성을 추구하는 강력한 노력이 소재의 육중한 무게 때문에 그리고 인위적인 인과 연관 때문에 억압되거나 방해받고 있다: 그러나 비극적인 활력이 얼마나 강한가는 독창적인 힘이 얼마나 큰가를 입증한다. 그 뿐만 아니라 비극적인 활력은 순전한 힘의 크기를 입증할 뿐만 아니라 어느 정도로 완전하게 순전한 것인가는(340) 예술가가 소재의 저항을 어느 정도 극복했는가를 입증한다.[203]

---

202 원주: 플라톤, 「공화국Republic」, 3권, 395a-b. 참조.역주: 여기서 소크라테스는 아디만투스Adimantus와의 대화 가운데 어떤 작가가 비극작가인 동시에 희극작가가 될 가능성과 그런 것이 바람직한지를 논박하고 있다. 그 이유는 "동일한 사람이 하나를 모방할 수 있는 동시에 다른 것들을 모방할 수는 없다는 것"(3권, 394e)이다. 소크라테스는 작가에 관한 이런 예로부터 전사는 그에게 적합한 것만을 모방해야 한다는 결론을 끌어낸다.

203 역주: 「재판」에서 이 지점에서 다음과 같은 단락이 삽입되었다: " 근대적 재료를 가지고 고대의 아름다운 형식을 추구하는 작가는 누구나 커다란 어려움과 싸워야 할 것이며, 미완의 결과 속에서 많은 것이 결정되는 처지에 머무를 것이다. 이런 점은 특히 예술 가운데 고귀한 장르에서 심하다. 이런 장르에서 토대를 이루는 관념은 고대의 경우와 전적으로 다른 것으로 되었기 때문에 이런 작가는

그리스문학에서 객관적인 것과 지역적인 것의 혼동에 관해서는 사실 한 권의 책을 쓰는 것도 어렵지 않을 것이다. 나는 이미 언급된 것에 다만 몇 개의 간단한 암시를 덧붙이는 것으로 만족하려 한다.

그리스 서정시가 가장 아름다운 절정에 이르렀던 시기에 산문과 공적인 연설은 아직 요람 속에 들어 있었다. 음악과 운율적인 것, 신화적인 시적 언어가 남성적이거나 여성적인 아름다운 감수성을 분출하기 위한 자연적인 지반이었으며 민중의 축제적인 기쁨과 공적인 열광을 위한 참된 도구이기도 했다. ─그리스 서정시 작가가 그렇듯이 무릇 서정시 작가는 항상 그의 모국어로 말하는 것처럼 보여야 한다; 아마도 그가 휘황한 관복을 빌려 입은 것이 아닌가 하는 의심이 조금이라도 들면 그가 일으키는 기만이나 효과는 모조리 파괴될 것이다. 개인의 마음 상태를 재현하든지 전체 민중의 상태를 재현하든지: 그

이름만 동일할 뿐 전적으로 다른 양식이나 유형의 문학을 얻을 뿐이다. 따라서 본질이 변화되었는데도 옛 형식을 추구한다면 이는 사실상 허망한 것이 된다; 그렇게 되면 여러 갈래의 길 속에 우리는 길을 잃게 된다. 그러므로 생동적인 융합에 이르러야 할 것이다. 물론 이것은 그 자체로서 불가능하다. 하지만 그렇게 해야만 우리는 두 가지 요소들을 다시 통합하기에 이르며 문학 속에서 고대에 명증적으로 존재하는 예술의 완성 방식이나 고양된 형식과는 다르면서 동시에 기독교적인 아름다움을 위해 적합한 것을 보장하기에 이른다. 그런 융합이 없다면 그리고 환상을 진정으로 새롭게 부활하고 변형하지 않는다면 본질적이고 올바른 예술적 형식은 단순히 가정된 것에 불과하게 될 것이다. 한편 그런 융합의 관념을 명백하게 이해하는 경우는 드물며 오히려 이런 관념은 언제나 단순히 우연적인 지역적 진리와 혼동되어 왔다."

는 말하기 위한 *진정한 권능*을 가져야만 한다(341); 재현된 상황이 전적으로 가공적인 것이어서는 안된다. 재현된 상황을 다루는 데 있어서 작가의 자유는 무제한적이라는 것은 말할 것도 없지만 그런 상황은 적어도 이미 알려진 대상 속에서 진정한 영감을 발견해야 한다: 왜냐하면 서정시의 상황이 전적으로 고안된 상태라면 그것만으로는 어떤 연극으로부터 떨어져 나온 부스러기에 불과할 것이기 때문이다; 대상이 전적으로 고안되거나 또는 알려지지 않는 경우라면 그는 그것 속에 들어가서 생생하게 체험해야만 한다. 그러므로 그런 대상을 재현하는 일은 이미 연극 속으로 침범해 들어가는 일이다.[204]

초기 그리스의 *경구*는 *변론*과 마찬가지로 본래 신화 시대의 문학에 속하는 것이다: 그것에 반해서 후기의 경구는 기교와 타락의 시대에 속하는 것이다.

*목가적*인 삶에 대한 관심이 소재에 있는 것이라면 그리고 그런 목가적인 삶이 청중의 주변에 있는 개별 세계와 대조된다는 데 있는 것이라면 이것은 미적인 것과는 절대적으로 이질적인 것이며 단적으로 비난할 만한 것이다. 게다가 원초적으로 서정적인 분위기나 시흥을 서사시적으로나 연극적인 방식으로 전개한다면 이는 예술가의 도착이

---

204 역주: 다음과 같은 것이 『재판』에서 이 지점에 삽입되었다: "헬레니즘 시대 문학의 다른 장르들은 본성상 그리고 그 자체에서 이미 전적으로 지역적이다. 그런 장르들은 문학에 진정으로 속하는 장르가 아니며, 차라리 문학을 이루는 여러 요소들일 뿐이다; 또는 그런 장르들은 보편적으로 타당한 유형이 아니며 오히려 특별한 상황에 의존하는 유형일 뿐이다."

거나 아니면 예술 일반이 일반적으로 타락한 것을 확실하게 보여 주는 징표이다. 시골의 삶이나 가정 속의 삶을 아름답게 그리는 일이라면 호머가 모든 목가적인 작가들 가운데 가장 위대한 작가이다. 그러나 자연을 인위적으로 모사하는 일이라면 차라리 알렉산드리아인에게 내맡기는 것이 항상 더 좋을 것이다.[205]

호머에 대한 포스의 번역은 독일인이 그리스인 작가의 *언어*를 얼마나(342) 충실하게 그리고 절묘하게 모방할 수 있는지를 보여 주는 빛나는 예가 된다.[206] 포스의 이상은 완벽하게 번역하는 것인만큼 동시에 철저하게 숙고하는 것임은 논란의 여지가 없다. 그러나 위대한 번역자에게 농락당해 그리스인을 모방하는 자에게 저주 있으라! 그리스인에게서 객관적인 정신과 지역적인 형식은 내적으로 가장 불가분적으로 융합되어 있기 때문에 그리스인을 모방하려는 자가 이 두 가지를 구분할 줄 모른다면 그는 길을 잃을 것이다.[207] 근대인의 위대

205 역주: 다음과 같은 것이 『재판』에 추가되었다: "모방된 민중 문학, 위조된 자연 문학보다 더 비자연적인 것은 실제로 존재하지 않는다."

206 영어 번역 주: 포스 Johann Heinrich Voss(1751-1826)은 '괴팅겐 숲 Gottinger Hein'이라 알려진 집단과 연결되어 있다. 1781년 그는 「오디세이」의 독일어 번역을 출판해 절찬을 받았다. 또한 그는 버질, 오비드, 호라티우스와 헤시오드를 번역했다. 번역자로서 포스를 남다르게 만드는 것은 심원한 문헌학적 지식과 짝을 이루는 시적인 감각이었다. 포스는 정말로 문헌학이 학문으로서 성립하기 전에도 진정한 문헌학자이었다. 그의 번역은 독일 원시어를 부활하고 신조어를 만듦으로써 독일어를 풍부하게 만드는데 기여했다.

207 역주: 『재판』에서 다음이 추가되었다: "왜냐하면 정신은 즉 고대의

한 역사 서술가가 남긴 불멸의 작품 즉 *요하네스 뮐러*[208] 의 『스위스 역사』는 가장 위대한 로마적 양식으로 기획되고 전개되었다. 뮐러의 작품은 개별적인 측면에서는 고대인의 진정한 감각을 철저히 흡수한다: 그럼에도 불구하고 전체적인 측면에서 그 작품은 다시 타성에 빠진다. 왜냐하면 고전 고대적 정신 옆에 고대의 개별성이 거드름을 피우고 있기 때문이다. ―클롭스톡은 『문법적 대화 Grammatischen Gesprächen』라는 책 속에서 독일어가 그리스인의 표현과 로마인의 표현을 모방하는데 얼마나 엄청난 능력을 발휘할 수 있는지를 포스의 번역과 마찬가지로 명백하게 입증한다. 그러나 그의 번역은 포스의 번역과는 전적으로 상이한 방식이다.[209] 고전 번역의 이런 예들은 각각

정신이든지 자기 자신의 정신이든지 예술가가 강박적 운율을 통해 이를 포착하려면 정신은 이런 예술가의 포착을 회피한다는 것은 확실하기 때문이다. 그런 방식으로 포착하더라도 완전한 동질성이라는 목표는 획득될 수 없을 것이다."

208 역주: 뮐러 Johannes von Müller (1752 ―1809), 스위스 역사가.

209 영어 번역 주: 클롭스톡Friedrich Gottlieb Klopstock(1724-1803). 그는 고트세드Gottsched의 권위에 도전하려 했던 비평가였던 보드머Bodmer와 브라이팅거Breitinger를 옹호한 사람이었다. 1748년 그는 「메시아」라는 장편시 (칸토canto)의 첫 번째 세 편의 시를 출판했다. 이 시는 독일에서 문학과 작가에 대한 새로운 전망을 열었다. 그 속에서 그는 프랑스 고전주의가 이상적인 운문의 형식으로 떠받들었던 알렉산드리아 시를 거부했다. 클롭스톡은 호머와 버질을 올바로 모방하여 육각시hexameter라는 형식을 취했다. 이 육각시는 독일에서 고전적인 방식으로 글을 쓰려는 시도 중의 첫 번째로 주목할 만한 시도 중의 하나이었다. 비록 나중에 이르러 그는 육각시로부터 거리를 취했지만 그가

나름대로 놀랄만큼 완전하며 동시에 다양하기도 하다. 그런 예들이 그야말로 탁월하다고 하는 이유는 가장 진지하고 가장 순수하며 가장 강력하며 가장 기분좋은 독일어를 사용하면서도 원초적 언어에 가능한 한 가장 충실하다는 데 있다.[210] 나는 두 가지 번역 방식들이 진정한 취미가 일반적으로 확산되는데(343) 동일하게 불가결한 것으로 본다. 위대한 고대 작가 대부분을 포스적인 방식으로 번역하거나 크롭스톡적인 방식으로 번역하게 될 때 비로소 커다란 반향이 일어나고 일반적인 취미가 철저하게 개조될 것이라고 기대된다.

비록 *그리스의 운율*에는 한참 못미치지는 하지만 조금이라도 그것과 유사한 운율을 발전시키는 행운을 독일어에게 기대해도 될 것이다. 다만 이런 유사성이 한계를 가진다는 사실에 대해 기만당하지는 말아야 한다![211] 그리스의 근본원칙에 따르자면 예를 들어 육각시

강조했던 감각과 주관성은 일반적으로 낭만주의의 전조로 간주된다.

210 역주: 『재판』에 다음이 추가되었다: "그런 탁월성은 특히 독일어가 고전어와 동일한 정도의 간결성으로 압축되었다는 데 있으며 가능한 곳에서는 심지어 좀 더 축약되었다는 데 있다. 독일적 양식이나 예술에 대한 이 존경할 만한 노장은 이런 간결성에 엄청난 가치를 둔 것으로 보였다. 독립적인 작가라면 누구나 심지어 표현이 진기할 때조차 클롭스톡의 단편들을 이용해서 스스로를 말한다. 포스의 양식과 방식에는 운율적인 예술이 모든 다른 것을 대신한다."

211 역주: 다음이 『재판』에서 추가되었다: "이때 이래로 아우구스트 윌리엄 슐레겔A.W.Schlegel[이 책의 저자 프리드리히 슐레겔의 형]은 전적으로 고대적 방식에 따르는 가운데 비가적인 시에서 모든 강약격을 회피하여 운율 예술을 풍부하게 만들었다. 이런 시도가 장편 서사시에서 수행될 수 있었다는 것은

Hexameter가 강약격Trochaic 을 본질적인 구성요소로 사용하는 경우라면 결코 서사시의 박자가 될 수 없다. 왜냐하면 서사시의 박자는 전적으로 무제한하게 지속될 수 있어야 하므로 필연적으로 박자의 방향이 일정해서는 절대 안되기 때문이다.[212] 일정한 방향으로 끝없이 움직인다든지, 서정적인 윤율을 서사시에 사용한다든지 하는 것은 필연적으로 단조로움을 야기하며 청중이 최고로 집중적으로 몰입하는 것을 결국 지치게 만든다. ―고대 운율이 지닌 음악적 원리는 일반적으로 근대의 운율이 지닌 음악적 원리와 절대적으로 상이하다. 그것은 그리스 음악의 특성 그리고 음악과 문학 사이의 그리스적 관계가 근대의 것들과 다른 것과 마찬가지이다. 그리스적인 운율은(344) 일정한 전제 아래서는 지역적 지반 속에 있으면서도 동시에 객관적일 수 있다. 그 가운데 개별적인 것은 우리들에게 어떤 권위도 가질 수 없다. 하물며 그리스 음악가들이 주장하는 이론이(그리스 음악의 연주를 올바르게 해명하거나 그 운율 자체를 연구하기 위해 이 이론이 불가결한 보조수단임에는 틀림없지만) 우리의 규범이 되는 일은 거의 불가능할 것이다.[213]

상상하기 힘들다."

212 영어 번역 주: 아리스토텔레스는 『시학』(1459b33-1460a5)에서 이런 주제에 관해 설명했다. 그는 서사적 운문에 적절한 운문의 형식은 육각시라고 논증했다. 왜냐하면 이 육각시가 모든 운문 가운데 가장 느리고 가장 무거운 것이기 때문이다. 반면 약강격(iamb)적인 삼각시나 강약격(trochaic)적인 사각시는 운동을 묘사하는 데 적절하다.

213 역주: 다음이 『재판』에서 이 지점에 추가되었다: "외면적인 형식이나

아직도 어떤 거짓된 환영이 사라지지 않는다. 어떤 사람들은 이런 환영을 참된 *고전*이라고 존경하고 있으니 그들은 기교를 부린 문구를 가지고 인위적으로 깎아낸 작품으로 불멸의 이름을 얻기를 바라는 사람들이다. 그러나 기교를 부린 것, 과도한 장식, 차가운 화려, 소심한 꼼꼼함보다 더 비고전적인 것은 없다. 현학적인 알렉산드리아인이 과도하게 근면성실하게 만든 작품은 이미 타락과 모방의 시대에 속하는 것이다. 그것에 반해서 절정기에 만들어진 가장 탁월한 산물은 신중함을 가지고 날카로운 판단을 통해 수행되었으며 따라서 그 윤곽은 신중하게 그러나 최고도의 감흥, 거의 도취한 듯한 감흥 속에서 그려진 것이다. 가장 위대한 극작가의 작품 대부분은 소심하게 기교를 부린 것이 아니라 자유롭게 창작되었다는 것을 입증하며; 시간이 얼마나 걸린 것인지 그리고 소비된 노동이 얼마나 큰지는 작품의 가치를 결정하는 척도가 아니라는 것을 입증한다.[214]

근대 작가들 가운데 다만 소수의 예외자만이 객관적인 것이나 아

문자에 의해서는 고대인의 정신을 결코 얻을 수 없다. 왜냐하면 우리는 우리 자신을 회피할 수도 없으며 또한 우리의 본성이나 언어를 바꿔치기할 수도 없기 때문이다; 그러나 정신이 이해되고 포괄되는 곳에서는 이와 동시에 내적으로 아름다운 형식이 발견되고 획득된다."

214 역주: 다음과 같은 것이 『재판』에 추가되었다: "고대 예술의 본질뿐만 아니라 근대문학에 대한 그 차이는 이용된 고대언어의 외면적인 형식이나 양식에 있지 않으며 또한 소위 고전적인 표현에 있지도 않으며 또한 임의적인 규칙이나 단순히 부수적인 특색에 있지도 않고 오히려 아름다움에 대한 정신과 내적인 관념에 있다."

름다운 것에(345) 어느 정도 접근했다고 평가될 수 있다. 그러나 전체적으로 본다면 미적 가치를 결정하는 본래 근대적인 척도는 항상 *흥미로운 것*에 있다. 이런 관점을 그리스문학에 전가하는 것이 *근대화*라고 불린다. 호머를 그저 흥미로운 작가라고만 보는 사람은 그를 모독하는 것이다. 호머가 그려낸 세계는 쉽게 파악되면서도 완벽한 묘사이다; 기형이 지닌 혼란이 어떤 것인지를 접촉한 적이 있으면서도 자연에 대한 감각을 전적으로 상실하지 않은 마음으로 본다면 영웅 시대에 등장한 원초적인 마술은 무한한 흥분을 준다; 그와 같이 매력적인 소박함, 자유 그리고 성실성에 대하여 그리스인이 지니고 있는 견해 속에서 우리 세기의 불만에 가득찬 시민은 자신이 결여하고 있음에 틀림없는 것을 모두 발견할 것이라고 믿을 수 있다. 이 존경할 만한 작가 호머에 대한 베르테르Werther적인 열광은 아름다움에 대해 순수한 기쁨을 느끼는 것이 아니며 예술을 순수하게 인정하는 것도 아니다. 예술 작품을 작품이 처한 개별적인 세계와 *대조*하는 것을 즐기는 자라면 그의 목소리가 농담조이든 아니면 매우 진지하든 그는 사유 속에서 그와 같은 예술작품을 본래 *우스꽝스러운 것으로 만들* 뿐이다. 오직 완성되고, 완전하며 아름다운 직관에만 권위를 인정하는 경우에 비로소 그저 예술의 한 부분에 지나지 않는 것을 가지고 흥미로와 하는 일면적 견해에 몸을 맡기는 일이 일어나지 않을 수 있을 것이다.

모방되어야 하는 것은 *이런저런 작가, 개별적으로 애호되는 작가*가 아니며 *지역적인 형식이나 개별적인 도구들*이 아니다: 왜냐하면 개체 "자체"는 결코 일반적인 규범이 될 수 없기 때문이다. 전체에 다소간 흩어져 나타나는 것들 즉 도덕적 충실성, 자유로운 합법칙성, 개방적인 인간성, 아름다운 비율, 미묘한 균형, 탁월한 숙련;(346) 말하자면 황금기에 나타난 완전한 양식, 그리스의 문학 양식이 지닌 진정성과 순수함, 재현에 있어서의 객관성; 간단하게 말해서 *전체를 지배하는 정신 즉 순수한 그리스성*을 습득하는 근대 작가만이 진실로 아름다운 예술을 추구하는 작가가 될 수 있을 것이다.

그리스의 문학을 본래 전혀 *이해하지 못하는* 한 이를 올바르게 모방할 수는 없다. 그리스문학을 *전체적으로* 연구하는 경우에 비로소 그리스문학을 철학적으로 설명하고 미적으로 평가할 줄을 알게 된다: 왜냐하면 그리스문학은 내적으로 결합되어 있는 전체이기에 다만 가장 작은 부분이라도 전체적인 연관 밖으로 떼어낸다면 올바르게 파악하거나 판단하는 것은 불가능하기 때문이다. 사실 그리스의 문화 전체는 도대체 한 덩어리로만 인식되고 평가될 수 있는 전체이다. 그리스문학에 대한 역사적 연구자는 예술의 전문가가 지닌 원초적인 재능을 가지고 있어야 하는 것 외에도 *역사에 대한 객관적인 철학*에 동시에 *예술에 대한 객관적인 철학*에 학문적으로 기초가 되는 명제나 개념을 미리 지니고 있어야만 한다. 그는 그런 경우 비로소 그리스문학의 *원리나 구성*을 탐구하고 발견할 수 있을 것이다. 본래 중요한 것은 이런 원리나 구성이다.

우리가 고대의 위대한 몇몇 작가를 거의 우리 작가인 것처럼 잘 알고 있다는 것은 사실이다; 대중이 선택한 작가들은 그 가운데서도 좀 더 쉽게 파악될 수 있고 또한 개별적으로 본다면 그래도 *어느 정도* 이 해될 수 있는 작가이었으니, 이런 선택은 확실히 가장 절묘한 선택이 다. 그 외의 작가들의 경우 형식과 도구에서 나타나는 그들의 개성이 이질적이어서 그런 개성과 유사한 경우는 근대인이 보여 주는 주관의 영역 전체를 찾아 보아도 발견된 적이 없었다. 이런 작가들은 그리스 문학의 전체를 지배하는 원리나 구성에 대해 알지 못한다면(347) 전체 적으로 *전혀* 이해되지 않을 수밖에 없었다. 그들의 이상은 너무 고귀 해서 대중적으로 될 수 없었다. 왜냐하면 지배적인 취미가 비록 개선 되었다 하더라도 여전히 편협함을 지니고 있기에 그런 이상은 지배적 인 취미를 훨씬 능가하는 것이기 때문이다. 아마도 아름다움의 향락 을 통하여 자기 자신만을 발전시키고자 하는 애호가에게는 그리스문 학에 대한 완전한 지식이 가능하지 않으며 또는 적절하지 않을 것이 라는 점은 확실하다. 그러나 진정으로 아름다운 예술을 알고 습득할 뿐만 아니라 확산시키려고 진지하게 노력하는 작가, 전문가, 사상가 라면 그는 그의 목적을 위해 불가결한 수단이 되는 어떤 어려움도 기 피해서는 안된다는 요구를 받아들일 수 있는 것이다. ―핀다로스와 애 쉴루스, 소포클레스, 아리스토파네스의 작품은 겨우 조금만 연구되었 으며 그래서 별로 이해되지 않았다. 즉 사람들은 그리스문학의 가장 완전한 문학 양식이나 문학적 이상이 실현된 시대 그리고 그리스 취 미의 황금기에 관해 거의 전적으로 모른다는 말이다.

게다가 대중이 애호하는 작가들에 대한 견해는 지극히 풍부하지만 그런 견해 속에서도 어떤 잘못이 남아 있음에 틀림없다. 왜냐하면 그들의 본래적인 맥락에 대해 그리고 전체 속에서 그들이 차지하는 올바른 자리에 관해서 일정한 지식이 없기 때문이다. 호머의 작품은 모든 그리스 예술의 원천이며 그리스문화의 일반적인 토대이고, 예술이 가장 감각적이었던 시대에 피어난 가장 완전한, 가장 아름다운 꽃이다. 그리스문학이 예술과 취미에 있어서 더욱 높은 단계에 도달했다는 점만은 잊어서는 안된다. —대체될 수 없는 것을 대체하는 것이 가능하다면, 위대한 그리스 서정시 작가를 망실한 우리의 슬픔을 호라티우스가 어느 정도 위안해 줄 수 있을 것이다. 이 경우라도 그로 대체될 수 있는 그리스 서정시 작가는 민족의 이름으로 도덕성 전체가 처한 공적인 상태를 재현했던 작가를 포함하지 못하며 다만 어떤 개인의 아름다운 감정을 노래했던 종류의 작가에 한정될 것이다. 호라티우스의 예술작품은 진정한 로마 정신으로부터 피어나서 오늘날까지 전달되어온 몇 안 되는 전적으로 특유한 예술적 작품들 가운데서도 가장 소중한 것이다. "교양을 지닌 인간이라면 누구나 애호해 마지 않는" 이 작가는 일찍부터 휴머니즘과 자유로운 의지를 가르친 위대한 교사이었다. 그의 「조국 송가」는 고귀한 로마인이 지닌 감각에 대한 놀랄 만한 기념비이며 브루투스조차도 그의 시민적 도덕을(348) 존경했다는 사실을 기억하게 만든다.[215] 그의 아름다운 서정적인 도덕성

---

215 영어 번역 주: 마르쿠스 브루투스Marcus Brutus는 호라티우스를 소집하여 필리피Phillipi전투에 로마공화국 군의 군법무관tribunes militum으로 봉사하도록 했다. 슐레겔의 추측에도 불구하고 호라티우스 자신은 이 전투에서의 자기 모습을 폄하하는 평가를 했다는 사실을 잊어 버리면 안된다. (「송가2」, vii 참조).

은 원초적인 것이며 또는 그럼에도 불구하고 진심으로부터 나오고 자발적으로 우러나온 것이다. 그러나 그의 노래는 그리스적인 원형과 로마적인 영감 사이에서 동요하는 가운데 대부분 우아한 통일성을 결여한다. 또한 그의 성애적인 작품은 조금도 강조되어서는 안된다. 사실 그런 작품 속에서도 이 매혹적인 철학자, 정직한 예술가가 남긴 개인적인 흔적이 발견된다; 하지만 그런 작품은 전체적으로 본다면 거의 언제나 경직되어 있고 흔히 로마인이 하는 말로 하자면 약간 답답하다. 또한 운율을 선택하는 경우에도 여기저기서 음악적 취미가 타락했다는 사실이 드러난다. ―더군다나 나는 사실 *버질리우스*에 대한 사람들의 과도한 경탄을 정당하다고 보지는 않지만 그래도 그것을 용서해 줄 수는 있다. 아름다움을 친구로 삼는 사람들의 눈으로 본다면 버질리우스의 가치는 사소할지도 모른다; 그러나 예술 전문가나 예술가의 연구를 통해 본다면 그는 지극히 놀랄 만한 존재이다. 이 박식한 예술가는 일종의 심미안을 통해 그리스 작가가 남긴 풍요로운 창고로부터 개별적인 조각이나 특징을 골라냈으며 통찰력을 가지고 이렇게 골라낸 것을 서로 융합했으며 공들여 쌓고 갈고 닦았다. 전체는 생동적인 구성이나 아름다운 조화를 결여한 미완성품이지만 그럼에도 불구하고 그는 고대 문학이 도달한 박식과 인위의 시대에 출현한 최고 정점으로 간주될 수 있다. 사실 그에게는 알렉산드리아인에게서 나타나는 최종적인 마무리나 섬세함이 결여되어 있지만 그는 그의 작가적 재능에 들어 있는 신선한 로마적인 힘 때문에 자기만의 양식을 갖추

도주 중에 자기의 방패를 잃어버렸다는 그의 가벼운 언급을 본다면 호라티우스는 아칠로쿠스Archilocus를 연상시킨다.

고 있다. 그러므로 그와 같은 시대 살았던 그리스인이 고유한 양식을 유지함에도 불구하고 무기력했다는 것과 비교해 볼 때 그는 그런 그리스인보다 훨씬 탁월하다. 그는 본래 불완전할 수밖에 없는 양식을 연마하는 가운데 물론 단적으로 완전하지는 않지만; 그래도 가장 탁월한 예술가이다.

사람들이 받아들여 왔던 가장 유감스러운 착상이면서도 여전히 일반적으로 만연하고 있다는 흔적이 아직도 많이 남아 있는 착상이 있다면 그것은: 그리스인의 *비평*과 *예술 이론*에게 권위를 부여하려는 착상이다. 하지만 이런 권위는 이론적인 학문의 영역에서는 전혀 받아들여질 수 없는 것이다. 이런 비평과 예술 이론으로부터 *미학적인 지혜의 돌*이(349) 발견된다고 사람들은 믿었다; 아리스토텔레스의 개별적인 규칙과 호라티우스의 격언은 근대성의 사악한 악령에 대항하는 강력한 부적으로 사용되었다; 나중에 가서야 비로소 그렇게 입문한 자의 누더기를 걸친 초라한 모습 때문에 그런 비밀이 진정한가에 대한 약간의 불신이 일어났다.

그런 착상의 출발점이 되었던 오류추리는 후르트의 말이었다: "고대인은 구성에서 대가이다; 따라서 고대인의 저술 가운데 예술을 연습하기 위한 지침을 주는 이론서가 가장 가치가 있음에 틀림없다."[216]

---

216 영어 번역 주:후르트Richard Hurd(1720-1898), 보르체스터Worchester의 추기경이자 문학 비평가. 이 구절은 「사도 서한 입문」에 나온다. 이 책은 「Epistola ad Pisones」을 소개한다. 「후르트 전집(London:Cadell and Dvies, 1811)

어떤 것도 이 이론서보다 가치 없는 것은 없다! 이론이 요람에 있을 때는 그리스의 취미가 이미 완전히 타락했을 때였다. 이론이 재능을 부여할 수는 없으며 그리스의 이론은 예술가의 목적이나 이상을 규정하지 못했다. 왜냐하면 예술가는 오로지 공적인 취미의 법칙에 종속했기 때문이다. 예술 철학이 완성되더라도 이는 진정한 취미를 되살리는 데 충분하지 못할 것이다. 그러나 그리스와 로마의 사상가는(단편이나 보고 그리고 짐작을 통해서 판단해 볼 때) 객관적인 미학의 완성된 체계를 너무나 적은 정도로 소유하고 있으므로 그런 체계에 관한 한 항상적인 노력은 말할 것도 없고 시도나 계획조차 한 번도 없었던 게 아닌가 한다. 한번도 미학의 경계나 방법이 규정되지 않았으며; 한번도 취미와 예술에 대해 보편적으로 타당한 학문의 개념이 정의되지 않았으며, 심지어 그런 학문이 가능한가조차 전혀 논증되지 않았다.

그리스인 사상가의 비평적 단편은 그리스문학을 해명하는 데 기여할 중요한 단서를 포함하며 앞으로 이론의 체계화를 수행하고 완성하는 데(350) 사용될 수 있는 탁월한 재료를 포함하고 있다는 것은 부인할 수 없다. 디오니시우스의 분석과 같은 상세한 분석은 대단히 귀중한 것이며[217] 가장 사소한 미적 판단조차도 매우 커다란 가치를 가질

」 참고.

217 영어 번역 주: 디오니시우스Dyonisius of Halicarnassus. 기원전 1세기 그리스 작가, 그의 수사학과 작곡에 관한 그의 수필은 아우구스트 시대 로마에서 순수 아티카적인 산문을 부활시키려고 시도했다.

수 있다. 이런 단편에서 사용되고 있는 개념이나 규정은 *완벽한 직관*에 속하는 것이며 순수한 학문을 통해 다시 대체되는 일은 결코 불가능할 것이다. 원초적으로 주어지고 올바르게 합치되는 감정이 판단을 오류에 빠지지 않도록 인도하는 가운데 이론적 판단이 발생했다. 그리스인에게 아름다운 재현을 수용하고 평가하는 능력은 거의 완벽하고 톡특했으니, 이런 점에서 그런 아름다운 재현을 산출하는 능력과 마찬가지이었다. 일반적으로 볼 때 미학의 이론적인 부분에서는 후기의 비평가들이 특히 응용된 분야나 특수한 분야에서 가장 커다란 가치를 지닌다; 실천적 부분에서는 특히 초기 철학자들에게서 나타나는 가장 일반적인 근본원칙이나 개념이 가장 가치 있는 것이다.

그리스인의 모든 문화 또한 모든 학설과 학문의 원천은 *신화*이었다. 문학은 민중의 가장 오래된 교사였으며 웅변술이 시작되기 전부터 있었던 유일한 교사이었다. 신화적 사유에 따르자면 문학은 본래적인 의미에서 신들의 선물이며 계시이었고, 작가는 신들을 위한 성스러운 성직자이었다. 이런 사유방식은 모든 시대에 걸쳐 그리스인이 지닌 민중적 신앙이었다. *플라톤*의 학설도 그런 신앙에 의거하였으며 아마도 음악적인 열정이나 예술의 신성에 관한 *데모크리투스* Democritus의 학설도 그것에 의거하였을 것이다. 일반적으로 그리스 철학이 공개적으로[218] 진술되는 경우 *신화적 색채*가 전적으로 지배했

218 영어 번역 주: "공개적"이라는 말은 루시안이 처음 사용하였다. 그는 아리스토텔레스 자신이 그의 작품을 "공개적"인 범주와 "비의적"인 범주로 구별했다고 주장한다. 따라서 OED2는 공개적이라는 말을 다음과 같이

다. 우리 시대에서도 자주 예술가는 학자나 사상가로 대접받고자 노력했다. 이는 아마도 예술가의 본래적 가치가 대중에게는 별게 아닌 것으로 간주되기 때문일 것이다: 이와 마찬가지로 당시에도 그리스 철학자는 자신이 음악가나 작가가 된 것인양 행세했다. 예술이(351) 무엇인가에 대한 플라톤의 학설은 예술에 대한 실천적인 철학을 세우기 위한 재료로서 그리스에서부터 우리에게 전승되어 왔던 것들 가운데 가장 탁월한 것이다. 그러나 가장 오래된 그리스 사상가에게서 실천 철학은 전적으로 *정치학적인 것*이었다[219]; 그리고 사실 정치학은 근본원칙의 측면에서 본다면 전혀 경험의 노예적 산물은 아니며 오히려 전적으로 합리적인 산물이다. 그렇지만 정치학이 진술되거나 배열되는 측면에서 본다면 그것은 주어지거나 현전하는 정치에 전적으로 의존한다. 본래 그리스 철학은 그리스 예술과 마찬가지로 문화의 *완전한 자립성*의 단계에 도달하지 못했다. 특히 플라톤에 있어서는 개별적인 철학적인 논제들이 가지고 있는 전체적인 질서는 내적으로 규정되기보다는 오히려 외부적으로 형성되고 발생했다. 따라서 다만 예술에 대한 플라톤의 학설만 이해하려고 하더라도 그리스문화 일반의 기

정의한다: "철학적 학설, 논문, 발언 방식 등 가운데서; 학문의 일반성 등을 위해 계획되거나 그것에 적합한 것; 외부 집단에 속하는 것이며; 비의적인 가르침으로 받아들여지지 않는 것"

219 역주: 다음과 같은 것이 『재판』에서 이 지점에 삽입되었다: "정치학이라는 말은 고대적 의미에서 사용된 것이다. 거기서 정치학은 국가와 시민의 공동적 삶이나 그 제도를 포괄할 뿐만 아니라, 예술이나 신들에 대한 전설, 심지어 숭배의 방식 외에도 윤리학과 삶의 전체를 포괄하는 것이다."

원이 되는 신화뿐만 아니라 그리스인에게서 존재했던 정치적이고 윤리적이며 철학적인 문화의 전체를 포괄적으로 알아야만 한다! –방식은 다르겠지만 공적으로 인정되고 있는 여론이 소피스트들의 기초가 되고 있다. 그러므로 그들의 모든 학설, 따라서 아름다움과 예술에 관한 학설도 이런 공적인 여론이라는 기초로부터 발생했으며 또한 이렇게 공적으로 알려진 여론이 그들이 추구했던 것이었다. –아리스토텔레스에서 이론적인 미학은 아직 유치한 단계에 있으며 실천적인 미학은 이미 그 정점에서 전적으로 추락하는 중이었다. 『정치학』(8권)에 실린 예술의 본성에 대한 아리스토텔레스의 이론은 개방적인 사유방식을 입증하며 그 신념은 전적으로 무가치한 것이라 할 수는 없다: 하지만 그럼에도 불구하고 그 관점은 이미 더 이상 정치학적인 것이 아니며 오히려 다만 윤리학적인 것이다. 그러나 그는 『수사학』이나 『시학』의(352) 단편 속에서는 예술을 다만 자연학적인 방식으로 다루었으며 즉 아름다움에 대한 고찰은 전혀 없이 단순히 역사적이고 이론적인 방식으로 예술을 다루었다. 그는 때때로 미적으로 판단하는 경우 다만 전체의 마디 구조가 정합적인지 그리고 결합은 완전하고 세련되었는지에 대해서만 예리한 감각을 보여준다. –아리스토텔레스에게서나 후기 수사학자에게서는 사라진 작품들 즉 우리에게는 전혀 알려지지 작품들에 대한 언급이 존재하는데 이런 개별적인 언급 가운데 전적으로 이해할 수 없는 경우나 지극히 해독하기 어려울 정도로 특수한 경우가 얼마나 많은가? 또한 개인적인 관점에서 전체가 파악되는 경우도 드물지 않다. 퀸틸리아누스파 수사학자들의 관점도 마찬가지이다. 작가의 가치를 규정할 때 사용한 그들의 주요 관점은 젊은이들이 작가를 암송하여 멋진 애교를 떨도록 가르치는 데 그것들이 쓸모가 있는가 하는 것이다.[220] 호라티우스가 비평적 서간문을 쓴 개인적인 동기, 그런 비평적 서간문이 쓰여진 특수한 상황 전체, 즉 그 서간문의 전반적 처지는 때로는 전체적으로 때로는 대부분 알려지지 않는다.[221] 그럼에도 불구하고 우리는 개연적이거나 함축성이 있는 가설에 의존해서 완전히 어둠 속에서 여기저기를 손으로 더듬어 그런 처지를 알아내려 한다.

그리스인에 대하여 한마디로 모든 것을 포괄하는 완전한 인식을 말하라 하면 그리스의 모든 요소들은 상호작용 속에 있다는 것이다. 그리스 예술 이론에 대한 연구 또는 특히 미적 문화에 대한 연구는 그

---

220 영어 번역 주: 퀸틸리아누스Marcus Fabius Quintilianus(기원후 약 35-약 100). 기원 후 96년 그는 『연설가의 교육』이라는 책을 발간했다. 이 책은 12권으로 구성되어 있으며, 연설가를 위한 포괄적인 교육 및 훈련 계획을 제공하고자 했다. 11권에서 그는 그리스와 라틴 저자의 범위에 속하는 자들을 탐구한다. 수사학을 가르치는데 그들이 유용한가 하는 것이 지배적인 기준이라는 사실은 여기서 명백하다.

221 영어 번역 주: 『사도 서한』은 시인 호라티우스를 근거리에서 통찰할 수 있는 통로를 제공한다. 『사도 서한』은 종종 명백히 특수한 동기 때문에 작성되었다. 그럼에도 불구하고 비평가들은 대부분의 부분들에서 동기의 특수한 본성을 명확하게 알지 못한다. 예를 들자면 『사도 서한』(1, 7)에서 호라티우스는 그의 후견인 매세나스Maecenas에 대해 독립을 주장한다. 그러나 여기서 암시되는 특수한 동기에도 불구하고 이런 반응을 유발한 사건이 정확하게 무엇인지는 불분명하다.

리스문화 일반에 대한 전체적인 연구의 *핵심적 부분*이라는 점은 말할 것도 없다. 그러나 전체를 *방법적으로 연구*한다면 그리스 비평은 아주 나중에 가서 연구해도 될 것이다. 먼저 그리스문학의 전체, 구성 그리고 원리를 알아야 그리스문학에 대한 비평적인 저술 가운데 대체로 아직도 이용되지 않은 채 감추어져 있는 진주들을 탐구할 수 있으며 발견할 수 있다.

나는 소위 인류의 대변자가 제시하는 독재적 월권이나 전제적 개혁과는 거리가 멀다. 이런 대변자는(353) 인류의 계약서에는 한 마디도 적혀 있지 않은 많은 것들을 기획하며 또한 공적인 민중의 의지가 개최하는 인류의 원초적인 회의를 통해서라면 재가되지 않을 많은 것들을 명령한다.[222] 아름다움과 재현에 관한 보편 타당한 학문과 그리스의 원형에 대한 올바른 모방이 진정으로 아름다운 예술을 회복하기 위한 필수적인 조건이라는 주장은 *자의적인* 것은 아닌 만큼 *새로운* 것도 아니다. 나는 미적 발전에 이르는 길의 흔적을 찾고 지금까지 예술사의 의미를 추측하며 미래에 대한 위대한 전망을 발견하는 데 소박하게 기여한 것으로 만족하려 한다. 아마도 나는 예술을 형성하는 영원한 법칙이라는 커다란 전체 속에 개별적으로 눈에 뜨이는 현상들 각각에게 올바른 자리를 규정하려 시도하는 가운데 어둠을 약간 밝히고 몇몇 모순을 해결하는 데 성공한 것 같다. 나의 기획의 대강을 증

---

222 역주: 이 부분은 「재판」에서 다음과 같이 변경되었다: "역사를 지배하고 인도하는 정신이나 또는 인류 자체의 역사적 진보에 의해서 결코 입증된 적이 없는 많은 것들을 선포한다."

명하고 또 입증하는 것이 있다면 그것은 이런 견해에 따라서 고대의 미적 문화와 근대의 미적 문화 사이의 갈등이 제거되었다는 점일 것이며; 고대 예술사와 근대 예술사의 전체는 전체적인 내적 연관이 밝혀지게 되자 우리를 놀라게 하고 전체의 완전한 합목적성이 밝혀지게 되자 우리를 완벽하게 만족시킨다는 점일 것이다.

근대의 예술적 천재가 산출한, 위대하지만 그럼에도 불구하고 여전히 별난 산물들은 어느 것이나 이런 관점에 따라 본다면 진정한 진보이며 자기 나름으로는 최고의 합목적적인 진보이다. 그런 산물들은 외면적으로 보면 고대에 대해 이질적이라 할지라도 본래적으로 본다면 고대의 산물에 진정으로 가까이 다가간 것이다. 점진적 발전이 단계적으로 진행한다는 것이 불가피하다 해서 이미 도달한 탁월성의 정도에도 미치지 못한다는 약점이 변명되는 것은 아니다. 하지만 그런 불가피성은 진정으로 위대한 예술가가 지닌 결함이나 과도함을 설명하고 변명할 수 있다. 아마도 그런 예술가는 문화의 도정에서 성급하게 몇 걸음 앞서 출현했으며(354) 그 문화의 발전을 촉진했으나 그렇다고 전체 단계를 도약할 수는 없었다.

근대문학이 발전하는 역사는 미적 능력에 관한 *주관적인 소질과 객관적인 경향*이 지속적으로 갈등하는 가운데 후자가 점차로 압도하게 되었다는 것을 서술할 뿐이다. 주관적인 것과 객관적인 것의 관계가 본질적으로 변화하게 되면서 *문화의 새로운 단계가* 시작된다. 근대문화의 위대한 두 시대들은 고립적으로 있으면서 차례로 등장한 것이 아니라 고리를 이루고 있는 마디처럼 서로 융합되어 있었다. 그런데 이제 근대문학은 실제로 이 두 시대를 이미 지나쳤으며 이제 제3의 시대의 시초에 서 있다. *최초의 시대*는 미적 문화의 전체 속에서 민족적 특성이라는 일면이 가장 결정적인 우위를 차지했으며 고대를 지향하는 미적 개념이나 경향이 지도한다는 것을 보여 주는 몇몇 소수의 개별적인 흔적들만이 다만 여기저기에서 움틀거리고 있다. *두 번째 시대*에서는 고대에 대한 이론과 모방이 전체의 대부분을 지배했다: 하지만 주관적인 본성이 여전히 아주 강력했기에 객관적인 법칙에 전적으로 복종될 수는 없었다; 주관적인 본성은 대담하게도 법칙이라는 이름 아래에 행세했다. 그 결과 모방과 이론, 그것들과 더불어 취미와 예술 자체도 일면적이고 민족적인 것에 머물렀다. 고대를 모방하는 데 온갖 개별적인 방식이 나타났으며, 온갖 주관적인 이론이 출현하고 온갖 상이한 모방이 나타난 결과 무정부성이 출현했다. 또한 일면적인 민족성들을 최종적으로 씻어 내고 근절하려는 운동이 등장했다. 이런 무정부성과 이런 운동이 두 번째 시대로부터 세 번째 시대로 *이행을 야기했던 전환기 국면*이다. *세 번째 시대*에서는 적어도 전체 가운데 개별적인 지점에서는 객관적인 것이 실제로 도달되었다; 객관적인 이론, 객관적인 모방, 객관적인 예술 그리고 객관적 취미가 그것이다.[223](355)

---

223 영어 번역 주: 이 문장은 『재판』에서 다음과 같이 변경되었다: "객관성의 흔적들은 전체 속에 포함되는 이론과 모방, 예술과 그 산물, 또한 느낌에서 명백하다."

그러나 두 번째 시대는 다만 한 가지 *부분*에서만 펼쳐졌고 세 번째 시대는 다만 전체 가운데 *개별적인 지점*에서만 시작되었으며 전체의 주요한 부분은 아직까지 최초의 단계에 머물러 있다. 더우기 아직도 문학 창작의 전체적인 목적은 여전히 흥미로운 민족적 삶에 대한 충실한 재현에 지나지 않는다. 유럽의 민족 체제가 지닌 민족적 특성들은 이미 세 결정적인 전환기 국면을 통해 ─십자군의 시대, 종교개혁과 미국 발견의 시대, 우리의 시대─ 세 가지 위대한 진보를 경험했던 것과 마찬가지로: *근대의 민족적 문학도 세 번에 걸쳐서 상이한 획기적 시대로 꽃피어났다.*

우리의 당대가 지닌 미적 문화의 상태를 이해하기 위해서는 우리는 과거 전체를 개괄할 필요가 있다. 이제 우리는 우리가 출발했던 지점으로 되돌아 왔다. 근대문학의 두 번째 시대에서 세 번째 시대로 이행을 야기하는 전환기 국면을 표시하는 징조들은 일반적으로 널리 펴져 있으며 *객관적 예술과 객관적 취미에 대한 단초*는 이미 여기저기에서 *명백할 만큼* 움틀거리고 있다. 아마도 취미와 문학 예술의 역사전체에서 그렇게 전체적인 특색이 나타나고, 과거로부터 그렇게 풍요로운 결과가 출현하고, 미래를 위해 그렇게 풍성한 싹을 품고 있던 순간은 없었다; 미적 문화의 중대한 혁명을 위한 *시간이 성숙했다.*[224] 지금은 다만 추측될 수 있을 뿐인 것도 미래에는 명확하게 알게 될 것이다: 또 다른 커다란 전환기 국면의 한 부분인 이 중요한 순간에 진정

---

224 역주: 「재판」에서 "미적 문화의 중대한 혁명"이란 구절은 "미적 문화의 위대한 부흥"으로 대체되었다.

으로 아름다운 예술의[225] 운명을 재는 저울은 결정적으로 기울었다. 아름다운 것에 대한 무관심으로 빈둥거리거나 이미 얻은 것으로 자부심에 차서 안심하고 있는 것은 별로 적절하지 못할 것이다; 그러나 또한 노력한다고 한들 근대인의 미적 문화가 앞으로 나갈 길을 약속하는 정도 이상의 보상을 기대해서는 안될 것이다. 아마도 다음의 시대는 자주 현재의 것을 비록 숭배의 마음으로(356) 찬미하지는 않는다 하더라도 즐거움 없이는 회고하지 못할 것이다.

미학 이론의 객관성이라는 성과가 원하는 것이 무엇이든 미학 이론은 이런 성과로부터 더 이상 그렇게 멀리 떨어져 있다고 볼 수 없는 지점에 도달했다. 권위를 근본명제로 삼고 있는 이론화의 본능(최초의 시대)이라는 예비 실습 단계 다음에 참된 과학적인 이론이 발생했다. 거의 동일한 시대에 합리적인 미학이거나 또는 경험적 미학이라는 독단적 체계[226]가 발전되고 형성되었다(두 번째 시대); 상이한 방식으로 형성된 이론들이 이율배반에 부딪힌 결과 미적인 회의주의(두 번째 시대에서 세 번째 시대로의 전환기 국면)가 출현하였다. 이런 이율배반은 미적 판단력[227] 비판을 예비하고 이를 야기하는 동기가 되었다

---

225 역주: 다음이 『재판』에서 이 지점에 추가되었다: "그리고 인간 문화의 과정 가운데 최근에 일어난 변화의"

226 역주: 『재판』에서 "합리적거나 또는 경험적인 미학의 독단적 체계"라는 표현은 "순수하게 이상적이거나 또는 단순히 경험적인 예술 교의"로 대체되었다.

227 역주: 『재판』에서 "미적 판단력"이라는 구절은 "예술과 아름다움에 대한 이상적인 판단과 모든 근본적인 개념"으로 대체되었다.

(세 번째 시대의 출발점). 아직도 이런 비판의 과제가 끝난 것은 결코 아니다. 미학자라면 누구나 공통적으로 비판철학의 결과를 출발점으로 삼지만 원리에서나 방법에서 서로 합치하는 아니다; 비판철학 자체는 회의주의와 벌이는 힘겨운 투쟁을 아직 완전하게 끝장내지 못했다. 어떤 위대한 사상가가 언급한 것을 본다면 일반적으로 말해서 실천에 있어서는 아직도 해야할 것들이 많이 남아 있다.[228] 그러나 *피히테*에 의해(357) 비판철학의 토대가 발견되었던 이래로 이 토대는 실천철학에 대하여 칸트가 대강 그려놓은 것을 바로잡고 보완하고 수행하는 데 확실한 원리를 준다; *실천적이고 동시에 이론적인 차원에서 객관적인 미학 체계가 가능한가에 대하여 근거 있는 의심은 적어도 더 이상 일어나지 않는다.*

그러나 *그리스인에 대한 일반적 연구*에서 특히 그리스문학에 대한 연구에서 우리 시대는 위대한 단계에 이르는 경계선상에 서 있다. 오랫동안 사람들은 그리스인을 로마인을 매개로 해서만 알 수 있었다. 연구는 *서로 고립적이었고 어떤 철학적인 원리도 없이* 이루어졌다(최초의 시대); 이어서 여전히 서로 고립된 채 이루어지던 연구가 자의적인 가설에 따라서 또는 일면적인 원리와 개별적인 관점에 따라서 규제되고 조종되기에 이르렀다(두 번째 시대). 사람들은 이미 그리스인을 *전체적으로 연구하지만 철학적인 가설 없이,* 차라리 원리란 것을 전혀 무시한 채로 연구하고 있다(두 번째 시대에서 세 번째 시대로의

---

228 원주: 피히테의 『학자의 사명에 대한 강의』를 보라. 역주: 이 노트는 『재판』에서 추가되었다.

전환기 국면). 최종적이며 가장 위대한 발걸음을 디디는 일만은 아직 남아 있다: 그 일이란 곧 *전체에게 객관적 원리들에 따라서 질서를 부여하는* 일이다(세 번째 시대). 온갖 개별적인 것들의 풍요가 낳은 혼돈이나 전체에 관한 상이한 견해들이 벌이는 갈등은 필연적으로 전체의 일반적인 질서를 탐구하고 발견하는 데로 나아가게 될 것이다. 사실 그리스인에 대한 인식은 결코 완성될 수 없으며 그리스에 대한 연구는 결코 고갈될 수 없다: 하지만 사상가, 역사 연구자, 전문가와 예술가를 위험스러운 근본적 오류로부터, 전적으로 잘못된 방향으로부터 그리고 모방의 부조리한 시도로부터 보호하는 하나의 *고정된 지점* 정도는 획득될 수 있다.(358)

그러나 "당신 자신은 미적인 힘과 도덕성을 미적인 혁명을 위한 필수적인 공리로서 제시하지 않았던가"하고 사람들을 말할지도 모른다.[229] "그렇다면 문화가 앞으로 가야할 길에 관해 어떤 것을 미리부터 규정하는 것이 어떻게 가능할 수 있을까? 왜냐하면 이런 선행해야 하는 조건 자체는 가장 기이한 상황들이 절묘하게 합류하는 것에 즉 뜻밖의 것[Ohngefähr]에 의존하기 때문이다. 누가 천재를 생산하고 예술가를 배출하는 것과 같은 자연의 손놀림을 배울 수 있었을까? 모든 자질들 가운데 가장 기이한 자질인 *미적인* 천재성은 결코 창조될 수는 없다! 문화는 그 천재성을 변조시킬 위험을 무릅쓰고 약간 더 완성시킬 수 있을 뿐이라는 점은 확실하다. 마찬가지로 대부분의 개인에게

---

229 역주: 『재판』에서 "미적 혁명을 위한 필수적 공리"라는 구절은 "예술과 문학의 부흥을 위한 필수적 조건"으로 대체되었다.

서 도덕성이 미치는 범위와 힘에는 *원초적*이고 넘어설 수 없는 *한계*가 있는 것처럼 보인다. 다만 자립적인 소수의 예외자들만이 자기의 도덕성을 무제한적으로 완성할 수 있다. 그들에게 나타나는 이런 자립성도 역시 가장 절묘한 상황들이 가장 기이하게 합류하는 것 즉 우연의 덕분인 것처럼 보인다. 순수한 사상가가 자랑하는 이성이 그런 자립성을 약속하지 않을 것은 당연하다. 하지만 예술사에 대한 공평무사한 견해를 통해서 본다면 다음과 같은 결론을 내릴 수 있는 것처럼 보인다: 즉 자연은 전체적으로 볼 때 가장 값비싼 예술가적인 자질에 관한 한 시기심이 많고 인색하다는 것이다. 그래서 자연은 한 줌의 진정한 예술가의 영혼을 이런저런 경우에만 즉 가장 아름다운 순간에만, 기분에 따라서, 가장 은총을 받은 나라에 던져 주어서 서양 세계에 빛이 전적으로 꺼져 버리지 않도록 하는 것이다."

문화가 앞으로 가는 길에 관해서 어떤 것도 단정적으로 규정할 수 없다는 것은 당연하다; 매우 많은 것들이 다만 짐작될 수 있을 뿐이다. 이성이나 역사의 영원한 법칙을 정당화하고 정초하려는 인간의 욕망이 이런 짐작을 강요한다. 인간은 마치 신들의 도움이나 얻은 것처럼 자연이 숨은 채로 따르고 있는 비밀스러운 의도와 원동력을 아는 체한다. 학문과 역사는 그렇게 많은 것을 알지는 못한다. 그러나 천재가 드문 것은 인간의 본성의 책임이 아니며(359) 인간의 불완전한 기술 즉 *정치적인 무능력* 때문이라는 정도는 학문이나 역사를 통해 알려진다. 유감스럽게도 학문이나 역사에 고유하게 들어 있는 이런 총명함이 오히려 인간의 자유를 구속하며 문화의 공동성을 방해한다.

그런 모든 것에도 불구하고 눌러진 불이 한번 되살아나게 되면 그 불은 기적과도 같이 우리를 감탄하게 만든다. 문화를 자유롭게 하라, 그리고 과연 힘이 결여되어 있는지를 보게 하라! 힘이 그렇게 결여되었더라면 일찌기 한 순간 아주 작은 은총이 주어지자 마치 마술봉이 휘둘러진 것처럼 잠자고 있던 힘이 장엄하게 빛났던 이유가 무엇이겠는가?

모든 인간 문화의 필수적인 조건은 힘, 합법칙성, 자유 그리고 공동성이다. 미적인 힘의 합법칙성이 객관적인 토대와 방향을 통해서 보장된 다음에야 비로소 미적 발전은 *예술의 자유와 취미의 공동성*을 거쳐 나가면서 철저하게 확고하게 되며 공적인 것으로 될 수 있다. 진정한 아름다움은 정말 수많은 개별적인 점들에 확고하게 뿌리를 내린 다음에야 비로서 전체 수평면에 일반적으로 확산되며, 근대문학은 발전 과정에서 *바로 다음에 임박한* 단계에 즉 *객관적인 것이 전체에 걸쳐 철저하게 지배하는* 단계에 도달할 수 있을 것이다.

그러나 미적 발전의 조건들 가운데 몇몇 조건에 관해서 다른 조건들이 완료되기까지 그저 기다리고 있어서는 안된다; 네 가지 조건들 모두는 *철저하게 상호작용*하고 있다. 따라서 *미의 전달*을 저지할지도 모르는 것을 모조리 청소하는 것은 이미 현재에 있어서도 너무 이른 것은 아니다. 특히 독일의 작가나 전문가 가운데에는 매우 위험하고도 본래 비개방적인 사유방식이 지배하고 있기 때문에 독일적인 결함 즉 전달 능력에 관한 원초적인 결함이 오히려 근본원칙으로 신성시된다. 독일민족은 고상할 정도로 초연한데다가 소영웅주의적인 인물들은 남을 시기하면서 적대하니, 이 때문에 자주 공은 많지만 자만에 빠지는 사람들에게 그러하듯이 나쁜 변덕이 발생한다.(360) 이런 변덕이 심하면 사악한 가혹함이 될 수도 있다. 독일의 소영웅주의자들은 자기들의 요청이 모욕당하자 부루퉁하면서 비웃음과 거만함으로 자기의 요청을 덮어 버리며, 자기의 재능을 전혀 드러내지 않거나 다만 기진맥진한 듯한 표정을 지으면서 청중의 자리로 기어들어가 버린다. 그들의 마음은 비좁은 현재의 한계를 넘어설 수 없으니, 그들은 진정한 아름다움을 모름지기 *신비한 것*으로 간주하며 미적인 문화의 공공성을 전적으로 불가능한 것으로 간주한다. 야생 그대로의 특이성은 *사회성*을 통해서만 순화되고 완화되며 뜨거워지고 빛나게 된다; 내재하는 불꽃이 부드럽게 불붙으면서 외면적인 형태가 고쳐지고 규정되고 다듬어지고 날카로와진다. 그에 반해서 고독이 과도하게 되면 기이한 망상의 모체가 된다. 따라서 모난 딱딱함, 퉁명스러운 음조, 컴컴한 색조가 그렇지 않았더라면 탁월했을 많은 독일의 저술가에게 나타났다. 결국 이 길은 자연의 단순성과 정말 본질적인 것, 진정한 아름다움으로부터 매우 멀리 떨어진 길이 될 수도 있다. 그러므로 이런 길에서 미학적 신비를 구한다면 이는 *비밀 없는 비밀결사*이지 않을까 하고 의심해도 무방할 것이다. 그런 곳에서는 누구나 다른 사람은 그 비밀을 알고 있을 것이라고 믿을 것이다.

　　지식과 도덕 그리고 취미를 전달하는 데 있어서(361) 프랑스인은 이미 오래전부터 우리보다 훨씬 뛰어났다. 프랑스인은 바로 그런 전달의 능력을 통해 *그리스문학을 공적인 문학으로 삼는* 정도에서 유럽의 다른 개화된 민족들보다 높은 단계에 도달할 수 있을 것이다. 프랑스에서 전개된 이런 의아한 현상은 추측컨대 새로운 정치적 형식으로부터 설명된다. 왜냐하면 이런 정치적 형식은 고요함 속에서 오랫동안 침잠해 왔던 힘이 만개하도록 절묘한 충격을 주었던 것이 아닐 수 없기 때문이다.[230] —민족적 특성을 정확하게 규정하여 볼 때 개별적인

230 역주: 이 단락의 첫 세 문장은 「재판」에서 아래처럼 변경되었다: "그러나 이 모든 것에 필요한 재능에 있어서 프랑스인들은 지난 세기에 다른 민족들 특히 독일 민족을 능가했다. 왜냐하면 그들의 지식의 유형과 본성이 고립적인 것이 아니기 때문이며, 모든 견해와 감정을 소통하는 것이 그들의 관습이자 경향성이기 때문이다. 그 나라에서 모든 지배적인 의견은 이런 방식으로 항상 확립되어 왔던 까닭이다. 바로 이런 이유 때문에 그들은 특히 완성의 높은 수준을 단지 공적인 문학을 통해 달성하려고 노력했으며, 스스로 그것을 이미 획득했다고 믿었다. 문학에 있어서 완성된 장르 즉 연극적인 문학에서 그들은 전적으로 수사학 쪽으로 방향을 틀었다. 예술의 수사학적인 측면이 지배적 경향성이 된 이유나 동기는 그들의 사회적 생활이 지닌 전반적인 형식이나 정치적 사건들 속에서 발견될 수 있다. 이런 동기나 상황 때문에 일반적으로 단순히 수사적인 것을 향한 지배적인 경향성이 어떤 개인이거나 좀 더 중요한 인물 속에서 촉진된다. 그러나 이와 동일한 동기와 상황 덕분에 그런 개인이나 인물은 이런 수사학적 영역을 넘어서도록 고양될 수 있다. 이것은 모든 극단은 자연적으로 자신과 반대되는 것을 요청하는 것과 마찬가지이다. 그러므로 이런 동기나 상황은 고차적인 질서를 향한 열정을 촉진할 수 있다. 이런 고차적 질서는 정신이 분명해지고 표현이 활기를 얻게 된다면 더욱 진정으로 문학적이고 서정적인 것이라고 주장된다. 하지만 이런 분명한 정신이나 활기있는 표현을 우리는 그들에게 기대할 수는 없을 것이다.

아름다운 특징이 몇 가지만이라도 현전하고 있어서 이상적인 수행을 위한 대강과 요강이 될 수 있는 곳에서라면; 즉 음악적이고 문학적인 재능이 전적으로 결여된 것이 아닌 곳이거나 다만 약간이라도 미적인 문화가 있는 곳에서라면; *공적인 도덕*, 공적인 의지 그리고 공적인 경향성, 일정한 민족의 영혼과 목소리가 존재하자 말자 필연적으로 고차적인 서정시가 저절로 발생한다.[231] 민족적 특성의 일면성이 가장 결정적으로 되고 가장 제한적으로 되더라도 이런 상황이 서정시적인 아름다움이 발생하기에 단적으로 불리한 것만은 아니다. 단 이때 이처럼 범위에 있어서는 결함이 있더라도 내포적인 힘과 높이가 이를 대신해야 할 것이다. 우리는 이와 같은 경우를 *도리아인*에게서 볼 수 있을 것이다.

그에 반해서 아름다운 연극은 문화가 절대적으로 확산되고 민족적 한계나 민족적 특성으로부터 완전히 자유로워지기를 요구한다. 프랑스인은 이런 자유에 가장 멀리 떨어져 있다고 하겠다! 프랑스인이 이런 자유에 도달하기까지 자칫하면 수백 년이 지나갈 수도 있다: 왜냐하면 새로운 정치적 형식은 민족적 특성의 일면성을 더우 강력하

---

231 역주: 이 문장은 「재판」에서 아래와 같이 변경되었다: "그러므로 위대한 사건이 위대한 감정과 견해를 발생시키자 말자, (···서정시가 저절로 발생한다). 왜냐하면 그런 감정과 견해는 비록 인민의 공적인 도덕이나 경향성에 상응할 수 없다고 하더라도 서정적으로 표현되기 때문이며 민족의 더욱 세련된 영혼이 되어 감수성이 더욱 강한 몇몇 사람들의 좀 더 고상한 감흥에 공적인 목소리를 부여하기 때문이다."

게 집중시키고 더욱 단적으로 고립시키기 때문이다. 따라서 소위 프랑스 비극은 부조리함을 보여 주는(362) 고전적인 모범이 되었다. 프랑스 비극은 공허한 형식을 지닌 채 무기력하고 매력 없고 이야기거리도 결여한 것일 뿐만 아니라 그 형식조차도 모순적이고 야만적인 기제[機制]를 가질 뿐 내적인 생명의 원리나 자연적인 구성을 결여하고 있다. 프랑스 민족의 특성은 소설이나 희극에서 흥미롭고 매혹적인 것으로 나타날 수 있다. 왜냐하면 이런 소설이나 희극은 주관적인 재현이 적당한 정도로 등장하여야 만족스럽기 때문이다; 그에 반해서 라신느와 볼테르의 소위 비극은 객관적인 것을 헛되이 가장하지만 이 때문에 오히려 프랑스 민족의 특성 가운데 가장 탐탁하지 않은 면모가 참을 수 없을 정도로 미화된다. 즉 프랑스 민족의 특성 가운데 역겨운 것과 몰취미한 것이 지속적으로 교대로 나타나는 가운데 추악한 조급성과 닳아빠진 공허성이 가장 밀접하게 융합된다.[232] −하여튼 프랑스인에게는 영국인이나 이태리인에게서도 마찬가지이지만 (지금으로서는 이상의 두 민족들의 문학을 돌아볼 필요는 거의 없다. 왜냐하면 그들은 독일인의 특성을 얼마간 선취하여 보여 주는 것 같기 때문이다.) 객관적 이론이 결여되어 있으며 고대 문학에 대한 진정한 지식이 결여되어 있다. 프랑스인이 그런 객관적 이론으로 향한 길을 발견할 단서만이라도 얻고자 한다면 그들은 독일 학교에 다녀야

---

232 역주: 「재판」에 다음과 같은 것이 추가되었다: "그럼에도 불구하고 프랑스인이 문학에서 잘난 체 하는 토대는 열광적인 수사학에 관한 잘못된 이미지이지, 진정한 문학적 성향이 아니다. 프랑스인은 보통 문학적 성향에 관해 오해를 갖고 있다."

할 것이다. 프랑스인으로서는 그런 결정을 내리기가 무척 어려울 것이다!(363)

독일에서 그리고 오직 독일에서 미학과 그리스인에 대한 연구가 정점에 도달했으며 그 결과 필연적으로 문학예술이나 취미가 전적으로 개조될 수 있었다. ─철학적인 미학이 단계적으로 발전하는 과정에서 이룩한 가장 중요한 진보는 합리적인 체계와 비판적인 체계이다. 이 양자를 창시하고 전개했던 사람은 모두 독일인이다. 합리적 미학의 경우는 *바움가르텐*Baumgarten, *슐처*Sulzer 등이며 비판적 미학의 경우는 칸트와 그의 후계자들이다.[233] 미학에 대한 경험적이고 회의주의적인 체계는 영국의 몇몇 저술가들이 본래 창시하고 남긴 공적이라기보다 오히려 철학의 일반적인 도정에서 필연적으로 나타난 결과이었다. ─고전 비판의 옛 방식에 관해서라면 우리나라의 *레싱*Lessing은 예리한 감각을 가지고 있고 아름다움을 진정으로 느낀다는 점에서 영국에 있는 그의 선구자들보다 무한히 많이 뛰어나다. 독일인이 그리스를 연구하는 전적으로 새롭고 비교할 수 없을 정도로 높은 단계를 인도하고 있다. 아마도 아직도 상당히 오랫동안 이는 여전히 독일인의 전유물일 것이다. 여기서 호명될 수 있을 사람들은 많지만 여러 이

---

233 역주: 다음과 같은 것이 「재판」에서 추가되었다: "초기 독일의 예술 체계가 기단[基壇]이 되어, 이 위에서 근대 철학의 연구가 무한하게 다양하고 풍부하게 전개되고 지적인 발전의 모든 영역으로 전파되었다. 그럼에도 불구하고 더욱 심원하고 포괄적인 미의 이론을 향한 최초의 시도에 불과한 것조차 이미 다른 민족보다 훨씬 앞선 것이었다. 다른 민족은 아직도 그것을 쫓아와야 한다."

름 대신에 다만 한 사람만을 들어 보자. *헤르더*/Herder는 고전 연구에 관해서 가장 포괄적인 지식을 가장 민감한 감정과 또한 가장 탄력적인 감수성과 결합한 사람이다.[234](364)

---

234 역주: 다음과 같은 것이 『재판』에서 추가되었다: "그리고 그는 역사적 길흉을 판단하는 예외적인 재능을 가지고 있으며 심원한 지각의 능력이라는는 특성을 지니고, 예술적으로 이해하는 풍부한 상상력을 가지고 있으며 모든 것을 어떤 방식이든 어떤 형식이든 모방하는 이해심이 풍부한 상상력을 가지고 있다. 그러므로 그는 비평의 새로운 방식에 대한 최초의 토대를 놓았고 비평의 특색에 대한 소묘를 주었다. 이 새로운 비평 방법은 독일의 지적 문화와 학문, 양자로부터 가장 특유한 열매로 출현한 것이다. 무엇보다도 빙켈만Winckelmann 은 예술의 역사에 대해 처음으로 새로운 토대를 부여하였고 바로 그렇게 함으로써 고대에 대한 학문에도 새로운 토대를 부여했던 사람으로서 거론되고 찬양되어야 한다. 왜냐하면 우리는 예술에 대한 지식을 통해서만 고대에 대한 이해에 접근할 수 있기 때문이다. 그것은 고대의 문화가 아름다움에 대한 관념에 전적으로 기초하고 있는 까닭이다. 플라톤의 학설에 따르자면 올바른 통찰과 예술적 지혜는 경탄에서 나온다. 즉 신성한 것과 아름다운 것에 대한 순전한 열정을 심원하게 느끼는 데서 나온다. 이것은 빙켈만의 모든 것이 나온 고상한 동기이며 힘이었다. 그는 이를 통하여 예술에 관한 저서를 지었으니, 이 저서는 견고한 구조를 지닌 예술 작품일 뿐만 아니라 역사학의 걸작이며 불멸의 영원성이라는 각인을 얻었다. 이런 사실은 모든 나라에서 인정되고 있다. 무엇보다도 빙켈만은 예술사가 무엇이 되어야 하는지를 논증하고 기술했다: 그는 예술사의 최초의 출발점과 씨앗; 설명이라는 고차적 단계; 전체의 구조와 부분들; 유형과 양식과 학파; 이 모든 것에 대한 믿을 만한 관찰과 조심스러운 평가; 최고의 아름다움의 관념을 향하여 항상적으로 나아가는 정신에 대한 순수한 통찰을 포함한다. 한편 빙켈만은 자기만의 예술적 감각을 지닌 예술사의 전문가로서 그의 예술사를

대담하고 창의적인 클롭스톡이 독일문학의 창시자이며 아버지가 되었던 이래로 아직도 독일의 예술가들의 문학재능에 대해 회의할 수 있는 사람이 누가 있을까? 자유주의자 *비란트* 같은 사람이 그런 문학 재능을 가꾸고 인간화시킨 이후에는 누가 있을까? 예리한 감각을 지닌 레싱이 그런 재능을 순화하고 예리하게 만든 이후에는 누가 있을까? 쉴러가 그 재능에게 더욱 강한 힘을 주고 더 높이 도약시킨 이후에는 누가 있을까?[235] 이런 위대한 대가들 모두가 독일의 문학예술의 전체에 일반적으로 활기를 불어넣어 새로운 생명체가 되도록 했으며 신선한 힘을 통해 더욱 강력하게 전진하도록 추구했다. 얼마나 많은 다른 작가들이 앞에서 말한 최초의 창시자들을 행복스럽게 뒤따르면서도 그럼에도 불구하고 독창적이었으며 또는 자기의 고유한 길을 가면서 동시에 창시자들 못지 않게 주목할 만한 길을 걸어갔는가? 그들이 갔던 길은 다만 시대의 정신이나 공적인 문화의 도정과 매우 잘 합치하는 것은 아니기 때문에 덜 주목되었을 뿐이었다.(365) 또한 *朮*

웅장한 양식으로 그려놓았다. 다만 그의 시도는 조각에 한정되었다. 그러나 고대에 발생했던 문학이나 전체 지적, 윤리적 발전에 대하여 그의 시도를 적용하는 일은, 게다가 아름다움과 위대한 예술적 지혜에 대한 동일하게 고상한 감각에 따라 그의 시도를 적용하는 일은 이미 이런 확실한 기초가 놓여졌으니 더욱 쉬운 일이 될 수 있을 것이며 일반적으로 인정받을 수 있을 것이다."

235 역주: 이 문장은 「재판」에서 아래와 같이 변경되었다: "쉴러가 독일문학에 사유의 위대한 활력과 열정의 위대한 활기를 부여한 이래로 우리는 진정으로 그와 같이 풍요로운 시기에 새로운 도약과 아름다움의 여명을 기대할 수 있었다. 여기서 여전히 원시적이고 대부분 불리한 환경 속에서 일어난 최초의 노력조차도 이미 상당히 진보한 것으로서 감탄할 만하지 않은가?"

르거[236]는 예술을 학자들의 비좁은 책장이나 인습적인 취향의 동아리로부터 떼어내어서 자유롭고 생동적인 세계로 인도하고 또한 거장들의 비밀결사 속의 신비를 대중에게 누설하려 시도했으니, 이런 찬양할 만한 시도가 절묘하기 짝이 없는 영향을 남기지 않는다면 거짓말이 될 것이다.

우리에게 의미있는 유일한 경쟁자 즉 프랑스인[237]이 얼마나 먼 길을 뒤쫓아 와야 비로소 괴테가 그리스인에게 얼마나 가까이 다가갔는지를 짐작할 가능성만이라도 가질까![238] 문학에서 고대인에게 접근했다는 또 다른 징표는 쉴러의 더 고차적인 서정시에게서 나타나는 것과 같이 합창을 집어 넣는 현저한 경향이다(쉴러의 『그리스의 신들 Götter

---

236 영어 번역 주: 뷰르거Gottfried August Bürger(1747-1794). 그는 18세기 독일의 시인으로서 최초로 고대와 프랑스 고전주의에 반대했던 사람이었다. 그는 『레노어Lenore』와 『황야의 사냥꾼Der Jägersmann im Wild』의 저자로 잘 알려져 있다. 그는 대중적인 대중가요의 형식을 독일문학에 지금까지 나타난 적이 없는 복잡성과 진지함으로써 채웠다. 슐레겔의 칭찬과 달리 쉴러의 손에서 뷰르거가 비평을 손상했다는 비난의 대상이 되었다는 사실은 주목할만하다. 쉴러는 뷰르거가 대중적인 민족 시인이라는 주장을 논박하면서 그의 시는 미숙하고 세련되지 못한다고 말했다.

237 역주: 『재판』에서 영국인이 중요한 경쟁자로 추가되었다.

238 역주: 『재판』에서 다음이 추가되었다: " 또한 만일 프랑스인이 괴테를 이해할 수 있다면 고대의 아름다움에 대한 순수한 예술가적인 감각을 아는 것 외에도 괴테의 초기에 등장하는 여전히 소년다운 상상력이 지닌 비극적인 멜랑콜리로부터 나오는 모든 것을 알고자 시도할 것이다."

Griechenlands」, 『예술가 Künstler』에서와 같이）; 그는 모든 종류의 한계를 원초적으로 증오하기 때문에 고전고대로부터 가장 멀리 떨어져 있는 것처럼 보이는 예술가이었다. 외면적 모습이나 심지어 여러 가지 본질적인 면들이 그렇게 다르더라도 쉴러의 서정시의 유형은 핀다로스의 문학 양식과 동일하다는 것은 명백하다. 자연은 쉴러에게 강도 높은 감수성과 고귀한 신조, 화려한 환상, 기품 있는 언어, 위력적인 운율을 주었다. 즉 도덕적인 전체를 그의 마음 속에서 파악하고 민중의 상태를 재현하며 인간성을 표현하고자 하는 작가라면 가져야 마땅한 *가슴과 목소리*를 자연은 그에게 주었던 것이다.

*비란트의 문학*의 가장 소중한 구절들로 말할 것 같으면 외면적으로는 그토록 이질적인 것으로 보이더라도 객관적인 희극이며 진정으로 그리스적인 것이다.(366) 놀랍게도 아티카의 우아함이나 진정한 희극에 대한 전문가라면 그의 문학에서 자주 아리스토파네스를 발견할 것이며 종종 메난드로스[239]를 발견할 것이다.

시야가 좁기 때문에 역사에 대한 거창한 견해를 전혀 가질 수 없는 사람은 아주 세부적인 것만을 지각하면서 모든 것을 고립시켜 본다. 따라서 그는 독일의 문학예술이 지닌 위대한 사명에 반대하여 사소한 이의를 다는 짓을 거두지 않는다. 그러나 독일의 취미와 독일의 예술에 여전히 잠들어 있는 전달 능력이 절묘한 충격을 받아서 활성화되

---

239 역주: 메난드로스Menandros(기원전 약 341/342-290) 그리스 신희극의 잘 알려진 대변자

어 탄력을 가진다면: 관찰자가 단지 독일 고유의 문자를 읽을 수 있기만 한다면, 그는 독일인이 이런 문학예술에서조차 유럽의 가장 개화된 민족들을 훨씬 능가할 정도로 높게 발전했다는 것을 경악 속에서 인정하게 될 것이다. 하지만 그런 발전이 어느 정도 확고하게 파급되어 있는가에 관해서라면 앞의 것과 똑 같은 정도로 독일인이 유럽의 민족들보다 많이 뒤쳐져 있는 것도 사실이다.

빙켈만은 언젠가 그리스 작가들을 알고 있는 사람은 아직까지도 소수일 뿐이라고 말했다. 그런 사람들이 이제 독일에서 약간 더 늘어나지 않았을까? 진정한 예술을 추구하는 사람들의 수가 앞으로 더욱 증가하지 않을까? —이런 희망을 가지고 나는 이 논문과 이 논집을 모든 *예술가*에게 헌정하려 한다. 그리스인이 내적인 마음에 충만한 도덕성을 운율적으로 구성하고 규제하여 조화를 이루는 자를 음악가라 불렀던 것처럼 나는 아름다운 것을 사랑하는 모든 사람들을 "예술가"라고 부르고자 한다.

번역자 후기: 무한의 미학을 향하여

1) 무한의 미학

프리드리히 슐레겔은 19세기 초 독일 낭만주의 철학자이며 미학자, 비평가이다. 그는 약간의 소설과 시도 남겼다. 일반적으로 그는 '아이러니(영 Irony; 독 Ironie)'의 개념을 미학적으로 제시한 것으로 널리 알려졌다. 그의 아이러니의 개념은 현대예술의 아방가르드적인 실천과 유사성을 갖는다. 이런 유사성 때문에 최근 들어와 국내에서도 슐레겔의 미학에 관한 관심이 대두되어 왔다.

『그리스문학 연구』는 슐레겔의 미학이론에 관한 대표적인 저서이다. 1797년 발간된 이 책에 이어서 발표된 『리세움 단편』(1797), 『아테네움 단편』(1798)에서 아이러니 개념이 전개되었으니, 『그리스문학 연구』가 아이러니 개념의 미학적 토대를 닦은 것으로 볼 수 있다.

슐레겔은 미학 이론가이면서 동시에 탁월한 철학자이다. 그의 미학이론은 그의 철학에서부터 나온 것이다. 그는 『선험철학 강의』(1800/1801, 예나), 『철학의 발전』(1804-1805, 쾰른)[240]을 통해 그의 철학을 제시했다. 그의 철학은 대체로 낭만주의 철학자로 분류된다. 동시대에 전개되었던 셸링의 철학이나 헤겔의 철학과 구별되는 고유성을 가진다. 그의 철학은 이성적인 헤겔과 직관적인 셸링의 가운데서 이성과 직관의 균형을 추구한다고 볼 수 있다.

슐레겔은 국내에서 독문학자들에 의해 종종 연구되었다. 하지만 대부분의 연구는 그의 '아이러니' 개념에 집중했을 뿐이고 그의 미학이론의 전모에 대한 연구는 거의 없었다. 더구나 그의 미학 이론의 토대가 되는 철학 역시 거의 연구된 바가 없다. 그 결과 아이러니라는 개념에 대한 이해는 그의 미학뿐만 아니라 철학적인 토대에 대한 이해 없이 실천지침 위주로 소개되었을 뿐이다.[241] 이런 사정은 세계적

---

240 이 두 개의 강의는 F. Schlegel, Phiosophische Vorlesungen(1800-1807), Kritische Friedrich Schlegel Ausgabe, 12Bd, hrsg. Jean Jacque Anstett, 1964에 실려 있다. '선험철학' 강의는 초기 낭만주의 시대 예나대학교에서의 강의이었다. 반면 '철학의 발전' 강의는 그가 쾰른에 거주할 때 가까운 사람들 앞에서 했던 강의이다. 전자의 강의는 그 동안 잊혔다가 1927년 쾨르너J. Körner의 노력을 발굴되어 1935년 처음 발간되었다. 후자의 강의는 그가 1807년 가톨릭으로 개종을 선언했던 이행기에 이루어진 것이다. 이 강의는 그의 사후 1836년 그의 제자 빈디쉬만에 의해 발간되었다. 이 전집의 편찬자 안스테트는 이 강의들이 기독교 개종 이전에 행하여 졌다는 점에서 하나의 전체를 이룬다고 보아 묶어서 발간했다.

241 국내 슐레겔의 미학과 철학에 관하여 아래와 같은 연구들을 참조하라.

으로도 마찬가지로 보인다. 그의 아이러니 개념은 광범위하게 알려진 반면 그의 철학은 거의 알려지지 않았다.

필자는 이 글에서 지금까지 소개되지 않은 그의 미학과 철학을 전반적으로 살펴보려 한다. 필자는 이 글에서 그의 미학적 사유를 '무한의 미학'이라고 규정하고자 한다. 그의 사상을 꿰뚫고 있는 개념이 바로 이 무한이라는 개념이라고 생각하기 때문이다.

필자는 우선 아이러니의 개념을 소개하고, 이어서 그리스문학 연구에 전개된 그의 미학 이론을 요약하며, 마지막으로 그 무한의 미학

이창남, 「프리드리히 슐레겔의 현대성 개념」, 연세대 석사, 1995: 고익환 유태원, 「독일 낭만주의의 반어의 특성 연구」, 독일어 문학 9, 한국독일어문학회, 1999: 윤병태, 「슐레겔의 낭만적 아이러니 개념과 그 역사성」, 헤겔연구 10, 한국헤겔학회, 2001: 박현용, 「프리드리히 슐레겔의 아이러니 연구」, 한양대 박사, 2002: 김은정, 「추의 현대적 이해: 슐레겔의 그리스문학 연구에 대해」, 뷔흐너와 현대문학21, 한국뷔흐너학회, 2003: 이창남, 「독일 전기 낭만주의 문학개념의 형성과 그 치유적 함의에 관하여」, 뷔흐너와 현대문학 23, 한국뷔흐너학회, 2004: 박현용, 「낭만적 아이러니 개념의 현재적 의미」, 독일문학 92, 한국독일어문학회, 2004: 박진, 「낭만주의 미학의 철학적 기초-피히테와 슐레겔을 중심으로」, 인간과 문화연구9, 2004:박현용, 「프리드리히 슐레겔의 초기 미학에 나타난 역사의식-그리스문학 연구론을 중심으로」, 독일문학 96, 한국독일어문학회, 2005: 김현, 「헤겔의 낭만주의 비판-낭만적 아이러니와 낭만적 자아를 중심으로」, 철학논총51, 새한철학회, 2008: 최신한, 「초기 낭만주의와 무한한 접근의 철학」. 철학연구117, 철학연구회, 2011: 권대중, 「반낭만주의적 낭만주의」, 헤겔연구 33, 헤겔학회, 2013: 이병창, 「헤겔 미학에서 아이러니의 개념」. 헤겔연구 33, 헤겔학회, 2013

의 토대가 되는 그의 철학과 인식론을 간단하게 소개하고자 한다. 이런 소개의 글이 아직도 시작 단계에 불과한 국내 슐레겔에 대한 연구를 위해 징검다리가 되기를 바랄 뿐이다.

2) 슐레겔의 생애

우선 국내에서 거의 알려지지 않은 프리드리히 슐레겔(이하 슐레겔)의 생애를 소개할 필요가 있겠다. 이 글은 벨러의 연구[242]에 기초한다. 슐레겔은 작센 주 개신교 귀족 출신이다. 그의 조부는 고위 성직자였으며, 그의 아버지는 목사로서 예술에 관해서도 많은 글을 썼던 평론가였다.

그는 1772년 일곱 아이의 막내로 출생했다. 그는 어릴 때부터 이런저런 공상에 사로잡혔다고 하며, 그 때문에 그의 어머니는 늘 두통을 앓아야 했다고 한다. 그런 슐레겔을 인도했던 사람이 바로 그의 형이었던 아우구스트 빌헬름 슐레겔[243]이다. 15세(1787년)가 되자 그의 아버지는 그를 라이프찌히 은행가에게 견습생으로 보냈으나 그는 형의 영향을 받아 독학으로 플라톤을 연구하면서 점차 '무한한 것에 대한 동경'을 깨달았다고 한다.

그는 1790년 형이 다니는 괴팅엔 대학에 입학하여 처음에는 법률

---

242 Ernst Behler, Friedrich Schlegel, Rowohlts Monographien123, 1983, 「슐레겔(생새와 사상 21)」, 역 장상용, 행림출판, 1987

243 아우구스트August Wilhelm Schlegel (1767 - 1845) 독일 시인이며 번역가 그리고 비평가, 독일 낭만주의의 지도자이며 그는 셰익스피어의 번역으로 유명했다.(이하 아우구스트로 약칭)

학을 연구했으나, 문학 평론가인 형을 본받아 평론을 시도했다. 1792년 그는 후일 낭만주의 운동을 함께 벌이게 되는 작가 노발리스[244]를 만났다. 1793년에는 형의 애인이었던 카롤리네Caroline Schlegel가 공화파의 음모와 연관하여 경찰의 추적을 받자 그녀를 보호하는 가운데 그녀를 통해 낭만적 정신에 대해 깨닫게 된다.

1794년, 상당히 방종한 생활을 하던 그는 부채를 견디지 못해 시집 간 누이가 살고 있는 드레스덴으로 가게 되었다. 당시 드레스덴에는 수많은 그리스 고미술품이 수집되어 있었다. 그는 올림포스 신상들에서 생명감과 약동을 느꼈다고 한다. 그는 빙켈만의 『고대예술의 역사』에 자극을 받아 그리스문학을 연구하기로 결심했다고 한다. 그 산물이 1797년 발간된 『그리스문학 연구』이다.

이 시기 예나 대학에 낭만주의자들이 집결했다. 예나 대학은 당시 바이마르 공화국 재상이었던 괴테의 특별한 보호를 받았다. 괴테를 중심으로 독일 철학자 피히테와 그리고 문학자 쉴러 등이 독일 낭만주의의 기초를 마련했다. 쉴러의 초대로 1795년 12월 형 아우구스트가 예나로 이주하여 「호렌」지의 편집에 참가했다. 하지만 카롤리네가 쉴러를 도덕군자라고 비판하는 바람에 아우구스트는 쉴러와 거리가 멀어졌다.

이 시기 독일 철학의 중심은 자아의 자유로운 세계 창조를 주장하는 피히테의 철학이었다. 그러나 이미 피히테를 넘어서는 운동이 시

---

244 노발리스 Novalis (필명, 원래 이름은 하르덴베르그 Georg Philipp Friedrich Freiherr von Hardenberg)(1772 - 1801), 낭만주의 시인으로서, 『푸른 꽃』의 저자로 유명하다.

작되었다. 자연의 약동하는 힘을 주장하는 스피노자의 철학의 영향을 받은 셸링이 이런 운동에 선구적인 역할을 수행했다. 슐레겔 역시 노발리스의 영향으로 피히테의 철학과 스피노자의 철학의 결합을 모색한다. 이 양자의 결합을 통해 슐레겔의 고유한 철학이 탄생하게 된다. 그의 철학은 이 시기에는 형성 중에 있었지만 「그리스문학 연구」 에 나오는 미학적 이론을 확립하는데 이미 깊은 영향을 미치고 있다.

슐레겔은 피히테와 니트함머[245]가 공동으로 주재하는 「철학 잡지」 에 「공화주의 개념에 대하여」 라는 논문을 발표했다. 벨러에 따르면 독일 낭만주의 운동이 단순히 문학예술 운동에 그치지 않고 사회적 운동의 성격을 지니는 데 슐레겔이 중요한 기여를 했다고 한다.

슐레겔과 그의 형 아우구스트는 1797년 베를린에서 쉴러의 반대파들이 모인 「아름다운 예술의 리세움」 잡지의 동인으로 참가했다. 이 잡지를 통해 소위 전기 낭만파가 형성되었다. 이 잡지 동인에는 슐라이어마허[246], 도로테아Dorothea Schlegel, 티크[247] 그리고 슐레겔 형제 등

---

245 니트함머Friedrich Philipp Immanuel Niethammer(1766 - 1848); 루터교 신학자, 그는 튀빙엔 신학대학에 다녔으며 헤겔과 횔더린, 셸링과 교제했다. 칸트의 해석자 라인홀트Reinhold의 영향을 받았으며 예나 대학에서 철학교수가 되었다. 피히테와 더불어 「철학잡지」를 공동으로 편찬했다.

246 슐라이어마허 Friedrich Daniel Ernst Schleiermacher(1768 - 1834); 독일 신학자로서 낭만주의적이며 신학적인 해석학을 창시했다. 그의 신학은 현대의 자유신학의 원조로 알려진다.

247 티크 Johann Ludwig Tieck(1773 - 1853); 그는 낭만주의 시인이며 비평가이다. 그는 슐레겔의 가장 친한 친구였으며 그의 아이러니 개념은 헤겔조차 매우 높은 가치를 가지고 있다고 평가했다. 헤겔과 슐레겔이 서로 반목했던 것을

이 참가했다. 슐레겔은 베를린에서 티크와 슐라이어마허와 교제하면서 서로 영향을 주고받았다. 슐레겔은 이 잡지에 『리세움 단편』을 발표하였다. 이 단편들 속에서 아이러니 개념이 최초로 제시되었다.

또한 슐레겔은 1797년 여름 도로테아와 만났다. 그녀는 은행가 파이트와 불행한 결혼생활을 하고 있었으나 1799년 이혼한 후 슐레겔과 결합했다. 이때 경험을 바탕으로 슐레겔은 『루신데Lucinde』라는 소설을 썼다.

베를린에서 슐레겔 형제는 잡지 『아름다운 예술의 리세움』과 절연하고 새로운 잡지 『아테네움』을 편집했다. 이 잡지는 낭만주의 문학지를 넘어서 낭만주의 세계관을 대변하는 기관지가 되고자 했다. 여기에 노발리스, 티크, 슐라이어마허가 참가했다. 『아테네움』은 3권까지 발간되었다. 이 잡지 1권에 발표한 단편들을 통해 슐레겔은 아이러니 개념을 보편문학의 개념으로 발전시킨다.

1799년 낭만파는 대거 예나로 복귀했다. 형 아우구스트와 카롤리네의 예나 저택을 중심으로 낭만파의 동인이 활동했다. 이때 예나 대학 철학교수였던 셸링도 참가했다. 반면 당시까지 낭만파 운동에 깊은 영향을 미치던 피히테는 이 해에 무신론자라는 고발을 받아 예나 대학을 떠나 베를린으로 이주하면서 자연히 영향력이 떨어지게 되었다.

1801년 노발리스가 돌연 사망하고, 셸링이 아우구스트의 부인인 카롤리네와 더불어 뮌헨으로 사랑의 도피를 감행하면서 낭만파가 깨

생각하면 그의 역할은 상당히 흥미롭다.

어졌다. 슐레겔은 1800년 예나 대학 교수자격 시험에 합격하고 1801
년 사강사로서 '선험철학'을 강의했으나 교수로 취임하는 데에는 실패
했다.

독일의 문화계에 실망을 느낀 슐레겔은 1802년 도로테아와 함께
파리로 이주했다. 그는 여기서 잡지 「오이로파」를 발간하면서, 독일
근대문학에 대해 강의했다. 프랑스 지식인층으로부터 반향을 얻지 못
한 그는 또 다시 실망에 빠지고 1804년에는 쾰른으로 이주했다. 그는
1804-1807년까지 그의 대표적인 철학저서인 「철학의 발전」을 강의한
다.

이 시기 그는 인도에 대한 연구를 하면서 독일 인도학의 원조가 되
었고, 게르만 원시 신화, 프로방스 음유시인, 중세 고딕 예술에 대한
연구를 하면서 낭만주의의 미학을 발전시켰다. 그는 1808년 도로테아
와 함께 종교적으로 가톨릭으로 개종했다. 1808년 도로테아와 가톨릭
교회에서 결혼식을 거행했다. 그는 가톨릭이 자신의 철학에 부합된다
고 보았기 때문에 개종했지만 그의 개종은 당시 자유주의적인 지식인
들에게 커다란 충격을 주었다고 한다.

슐레겔은 프랑스 혁명에 대해 열광했으나 1804년 나폴레옹이 황
제가 되자 급격하게 비판적으로 되면서 그는 참다운 헌법을 연구하게
되었다. 그는 중세 봉건관계를 자유로운 상호관계로 해석하면서 중세
게르만의 법에 기초한 새로운 헌법을 모색한다. 개종과 더불어 그는
정치적으로도 프러시아 개혁파와 거리를 취하면서 오스트리아의 보수
파와 가까워졌다.

1808년 형 아우구스트가 오스트리아 프란츠 황제를 알현하여 슐레

겔을 합스부르크 왕가의 역사가로서 추천했다. 그 이후 슐레겔은 비엔나로 이주하면서 보수주의자 메테르니히의 측근이 되었다. 1809년 나폴레옹이 오스트리아를 공격하자 그는 궁정비서관이 되어 황태자인 칼 대공을 위해 봉사했다. 그는 독일 전역에 호소문을 발표하면서 독일의 민족주의를 고취했다. 그의 호소는 나폴레옹에 대한 반감과 함께 독일의 자유주의적인 학생운동이 보수화되는 데 기여했다.

나폴레옹 전쟁에서 승리한 연합군들이 전후 질서를 확립하기 위해 1813년 개최된 빈 회의에서 슐레겔은 메테르니히의 위임을 받아 독일 연방의 조약을 만드는 일에 전념했다. 그는 훔볼트Friedrich Wilhelm Christian Karl Ferdinand von Humboldt 의 프러시아 측 헌법 초안을 비판하고, 오스트리아 제국을 중심으로 하는 연방주의에 기초한 헌법을 구상했다. 독일의 통일에 관한 요구에 부응하기 위해 1815년 프랑크푸르트에서 독일연방 회의가 개최되었다. 그는 이 회의에 참여하여 오스트리아의 입장을 대변하지만 오스트리아의 실력자 메테르니히의 입장과 틈이 있어 비엔나로 소환되었다.

1820년부터 1823년까지 비엔나에서 그는 『콩코르디아Concordia』라는 잡지를 발간했다. 이것이 후기 낭만파의 기관지이다. 여기에 뮐러Adam Heinrich Mueller, 바더Franz von Baader, 할러Carl Ludwig von Haller, 베르너Zacharias Wener 및 부흐홀츠Franz von Buchholts 등 후기 낭만파가 참여했다. 후기 낭만주의 운동을 주도한 이 잡지에서 문학보다는 신학이 중심이 되었고 자유주의와 의회주의가 비판되고 신성동맹이 옹호되었다.

1822년 그는 자신의 전집을 마이어Myer 사에서 발간하려 했다. 10

권까지 발간되었으나 1825년 출판사의 재정파탄으로 중단되고 말았다. 그 이후 그는 은둔생활 속에서 철학을 연구하였으며 상징적 신비 세계에 매혹되었다. 형 아우구스트가 개신교를 옹호하면서 형과의 우애도 파국에 이르렀다. 이후 그는 철학강연에 집중했다. 이 시기 강의는 사후 『역사 철학』(전집9권), 『삶의 철학』(전집 10권), 『언어와 말의 철학』(전집 10권)등으로 발간되었다. 그는 1829년 1월 11일 강연원고를 집필 중, 심장 발작으로 사망했다. 그의 무덤은 드레스덴에 있다.[248]

---

248 그의 사후 그의 유고는 부인인 도로테아에게 넘겨졌다. 도로테아는 이를 슐레겔의 제자인 후기 낭만파 신학자 빈디쉬만 Windischmann 에 넘겨 편집하도록 하였다. 빈디쉬만은 1836년에 1800년 초의 철학강의들을 출판했으나(『Friedrich Schlegels Philosophische Vorlesungen aus den Jahren1804-1806』) 전집을 발간하지 못했다. 형 아우구스트의 요청에 의해 문학 관련 유고들이 아우구스트에게 넘겨졌으나 출판되지 못하고 그 원고들이 흩어졌다. 도로테아의 사후 그녀가 보존했던 유고들은 1878년 괴레스 출판사에게 넘겨졌다. 그 가운데 1882년 미노르 Jakob Monor에 의해 슐레겔의 청년기 산문집(『Friedrich Schlegel 1794-1802, Seine Prosaischen Jugendschriften』)이 편찬되었다. 그 후 그의 흩어진 요고들은 20세기 초 프라하의 문학사가 요제프 쾨르너의 노력 덕분에 종합될 수 있었다. 이어서 괴레스 출판사에 넘겨졌던 유고가 2차 대전 후 알로이스 뎀프Alois Dempf에 의해 다시 발견되면서 그의 전집이 발간되었다. 그의 전집 『Kritische Friedrich Schlegel Ausgabe』, 35권은 벨러Ernst Behler의 책임 아래 안슈테트Jean-Jacque Anstett, 아이흐너Hans Eichner 등에 의해 편집되었으며, Padeborn-Darmstadt-Zuerich 사에서 1958년부터 발간되었다.

3) 아이러니의 개념과 현대 개념미술

슐레겔의 낭만주의 미학을 대표하는 개념은 곧 아이러니 개념이다. 그의 아이러니 개념은 『그리스문학 연구』(1797)에서 아직 등장하지 않는다. 이 개념은『리세움 단편』(1797)『아테네움 단편』(1798)에서 명시적으로 등장한다. 그 직전 작성된『그리스문학 연구』에서는 미학의 일반적 개념이 전개된다. 이런 미학의 일반 개념은 그 뒤에 전개된 아이러니 개념의 토대가 된다. 아이러니 개념은 그 미학이 도달한 끝에 있는 실천의 지침이다. 이런 시간적 순서에도 불구하고 우리는 거꾸로 아이러니라는 개념을 통해 그의 미학 개념을 이해하는 통로를 발견할 수 있을 것으로 본다.

그렇다면 미학적인 실천 지침으로서 '아이러니'란 무엇일까? '아이러니'란 웹스터 사전에서 아래와 같이 규정되어 있다.

① 특별히 즐거움을 위해 실제로 생각한 것과 반대되는 것을 의미하는 말을 사용하는 것(the use of words that mean the opposite of what you really think especially in order to be funny),

② 기대된 것과 반대인 것처럼 보이는 일들이 일어나기 때문에 이상하고 즐거운 상황(a situation that is strange or funny because things happen in a way that seems to be the opposite of what you expected)

이 가운데 일반적으로 알려진 아이러니 개념은 두 번째 경우이다. 그것은 의도하는 것과 반대되는 것이 출현하는 경우이다. 이런 경우

흔히 즐거움이 느껴진다. 예를 들자면 어머니가 아이보고 "넌 누구 닮아서 이러니!"하고 말할 경우이다. 이 경우 어머니는 이런 비난이 자기를 비난하는 것이라고 전혀 생각하지 않았다. 그런데 자신의 의도와 달리 자신의 말이 자기를 비난하게 된다. 이렇게 의도가 배반되는 과정은 실제로 일어난 객관적인 과정이다. 그 결과는 뜻밖의 우연이며 당혹스럽게 느껴진다. 반면 이 배반을 지켜보는 자는 그런 배반에 대해 즐거움을 느낀다. 지켜보는 자의 웃음은 당혹에 빠진 자에 대한 연민이면서 동시에 비난이기도 하다. 소크라테스가 대화편에서 즐기는 아이러니는 바로 이런 아이러니이다. 소크라테스의 상대방은 자신의 말의 결과가 무엇인지 알지 못한 채 말하다가 자기 당착에 빠지고 만다.

슐레겔의 경우 아이러니 개념은 이런 일반적 의미에서 아이러니 개념과는 구분된다. 그것은 웹스터 사전에서 첫 번째 의미 즉 원래의 의미와 반대되는 의미로 말을 사용하는 것이라는 정의에 부합된다. 예를 들자면 상대방의 비참한 모습을 보면서 "꼴 좋다"라고 말하는 경우가 그런 경우일 것이다. 여기서 말의 원래 의미와 실제 의미 사이의 간격은 아이러니를 사용하는 주체가 스스로가 의도적으로 산출한 것이다. 그는 의도적으로 자기 자신이 말한 말의 의미가 부정되도록 만든다. 그러므로 그의 아이러니는 자신의 말을 넘어서 있다. 아이러니는 주체가 자신을 이미 넘어서 있는 것을 전제로 한다.

슐레겔은 이런 아이러니의 개념을 예술작품의 의미와 연관하여 사용한다. 즉 그는 아이러니의 개념을 예술가와 예술작품의 사이에 적용한다. 예술가가 의도적으로 자기의 작품이 부정되도록 만들 때 아이러니한 예술이다. 슐레겔은 예술가에게 예술작품의 자기부정을 일반화하기를 요구한다. 예술가는 자기의 모든 작품을 스스로 부정해야 한다. 예술가는 끊임없이 작품을 산출하지만 그것은 자신의 작품을 부정하기 위해서이다. 이런 자기 부정은 전면적으로 일어나야 하는 과정이다.

> "소박하다는 것은 자연적인 것을 말한다. 그것은 개인적이거나 고전적이며, 현재 그렇든 그렇게 보이든, 아이러니에 이르기까지 또는 자기 창조와 자기 파괴의 지속적인 교체까지 포함한다."(「리세움 단편」 51단편)

> "철저하게 전적으로 그리고 어디든지 아이러니의 신적인 숨을 쉬는 고대나 근대의 작품들이 있다. 그런 작품들에는 정말로 초월적인 익살이 살아 있다. 내적으로는 모든 것을 굽어보며 모든 제약된 것을 무한히 넘어서는 그러므로 특유한 예술이나 도덕 또는 천재성조차도 넘어서는 목소리가 있다."(「리세움 단편」 42단편)

예술가는 작품 속에 정신을 투여한다. 이렇게 투여된 결과는 유한한 정신이다. 일정하게 규정되어 존재하기 때문이다. 이런 유한한 산물을 전면적으로 부정하는 것은 이런 유한한 정신을 넘어서는 무한한 정신을 전제로 한다. 이때 예술가는 자신의 유한한 작품 자체에 관심을 가지지 않는다. 그가 관심을 가지는 것은 작품의 부정을 통해 드러나는 무한한 정신이다. 작품을 통해 대상을 보여 주려는 것이 아니라 작품을 산출하는 무한한 정신을 보여 주려는 예술이 곧 아이러니의 예술이다.

작가가 이런 무한한 정신을 갖는다고 하더라도, 작품 자체의 자기의 부정이 작가의 변덕처럼 보이거나 우연적인 것이어서는 안 된다. 이 부정은 내적인 과정을 통해 필연적으로 출현해야 한다. 따라서 그의 작품은 내적인 자기부정, 자기모순이어야 하며 이런 점에서 작품은 현상성(Erscheinung)이 아닌 가상성(Schein)을 가진다. 현상성이 감각적 현존이 본질을 드러내는 것임을 의미하는 것이라면 가상성이란 곧 감각적 현존이 자기 스스로 부정되는 존재, 본질의 빛 앞에 무화되는 것이라는 뜻이다.

작품 자체에 내재하는 자기 부정성은 여러 가지 방식으로 실현된다. 슐레겔은 여기서 작품과 작가, 문학과 비평(철학, 주석), 시와 산문, 현실과 가상의 결합, 작중 주인공의 성격 분열, 다중적인 주인공들 등 다양한 방식을 모색한다. 슐레겔은 이런 형태의 낭만주의적 문학을 보편문학이라는 개념으로 규정한다.

"낭만 문학은 전진해 가는 보편문학이다. 그런 규정은 문학에서 서로 분리된 모든 장르들을 다시 통합하며 문학을 철학이나 수사학과 접목시키는 것일 뿐만은 아니다. 그런 규정은 시와 산문, 영감과 비판, 인위적인 문학과 자연적인 문학을 때로는 뒤섞고 때로는 융합하며 문학을 생동적이고 상호 교류하게 하며, 삶과 사회를 문학화시키고 기지[奇智]를 문학화시키며 예술의 형식들을 교양을 위해 필요한 모든 종류의 순수한 소재로 충만하게 하게 하며 포화시키며 유머를 휘둘러 생기를 불어넣고자 하며 또한 그렇게 해야 한다."(『아테네움 단편』, 116단편)

슐레겔의 아이러니 개념을 이루고 있는 이 세 가지 요소 즉 '무한의 정신', '가상성', '보편문학'이라는 개념들은 당시 출현했던 낭만주의 문학에서 영향을 주었다. 그 결과 낭만주의 문학은 가상과 현실 사이의 구별이 식별되지 않는다든지, 인물이 마치 만화경에서처럼 증폭된다든지 또는 문학이 스스로 자기를 비평한다든지 하는 특징들이 출현한다. 이런 특징들은 몇 가지 예를 통해 확인될 수 있다.

독일 낭만 작가 가운데 호프만E. T. A. Hoffmann의 소설 『스키데리양』의 주인공인 칼디라크라는 보석상은 흥미로운 인물이다. 그는 어렸을 적부터 보석에 흥미를 지니고, 나중에는 세계적인 보석가공사가 되었다. 그는 이상하게도 그가 만든 아름다운 보석들을 주문자에게 넘겨준 다음에는 불안과 절망에 빠져 잠도 건강도 살아갈 힘도 빼앗기고, 그가 만든 보석으로 치장한 인간의 모습이 밤낮없이 눈앞에 어른거려 견딜 수 없다. 그래서 그는 끝내 그 사람을 뒤 좇아 살해하고 그의 보석을 다시 되찾아 오곤 한다. 그는 범죄적 행위조차 불사하는 인물인데, 그의 범죄는 사실 아름다움을 소유한다는, 세속적 욕망에 사로잡혀 있기 때문이다. 이런 세속적 욕망과 아름다움에 대한 욕망이 뒤섞여 혼합되어 있다는 것이 이 인물의 특징이다.

독일 소설에 나오는 낭만적 인물로서 또 하나 전형적인 것은 이상을 추구하지만 현실적으로 그 어디에서도 찾지 못하고 동경에 가득차서 끝없이 방랑하는 인물이다. 아이헨도르프의 소설 『타우게니츠(Taugenichts)』의 주인공 타우게니츠가 바로 그런 인물이다. 그는 시민적 속물근성에 반하는 태도를 지닌, 따라서 사회적으로는 쓸모 없는 놈이다. 그러나 그에게는 음악적 능력이 있다. 그는 음악의 마술적인 힘을 통해 신의 언어를 듣고 운명을 예감할 수 있다. 그는 농부나 어린아이와 같이 소박하게 살면서, 그의 모든 것을 신에게 맡기며, 낙천적이고 두려움 없이 이 세계 속에 살아간다. 그는 이 세상에 쓸모 없는 인간이므로, 세상을 방랑하면서 이 세상 어디에도 속하지 않고 세상에 상관하지 않는다. 그는 이런 방랑을 통하여 어떤 영원한 것을 구하고 있다.

낭만주의 문학에서 나타나는 이런 특징들은 최근 아방가르드 예술에서 적극적으로 실현되었다. 가장 단적인 예가 바로 뒤상이나 마그리트로부터 영향을 받은 1950년대의 개념미술이라 하겠다.

개념미술은 예술작품을 통해 예술에 대해 반성하는 작품이다. 따라서 개념미술은 현실과 가상의 구별을 모호하게 하며, 작가가 작품 속에 출현하기도 하며(소원화 효과) 때로 인물이 이중화된다. 즉 스토리 속의 인물과 작가를 대변하는 화자로 이중화된다. 또한 작품 속에 작품 자신에 대한 비판과 주석이 출현한다. 심지어 이런 개념미술은 미술의 영역에 언어를 끌어들여 장르의 혼합을 꾀하기도 한다. 작품과 현실 사이의 경계가 흔들리면서 마침내 현실 속에 작품이 실현되는 대지미술이 출현한다. 이제 작품이란 하나의 개념에 불과하고 관객에 의해 완성되거나, 관객을 작품 속으로 끌어들인다. 이런 다양한 아방가르드적 실험의 근본적인 출발점은 곧 예술의 자기부정성이며, 이는 곧 아이러니의 개념의 영향을 보여 주는 것이 아닐 수 없다.

4) 칸트의 취미와 숭고미

그렇다면 예술이 이런 아이러니를 추구해야 하는 이유는 무엇일까? 우리는 「그리스문학 연구」에 등장하는 슐레겔의 미학적 개념을 통해 그 물음을 해명해 보고자 한다.

슐레겔의 미학은 매우 복잡하고 포괄적이다. 그럼에도 불구하고 그의 미학의 출발점은 단순하다. 그 출발점은 칸트의 미학에서 발견할 수 있다.

"*아름다운 것*은…무관심한 쾌감을 야기할 수 있는 보편 타당한 대상이다. …흥미로운 것은 아름다운 것을 예비하며 근대문학의 최종 목표는 *최고로 아름다운 것*, 즉 객관적인 미적 완전성이라는 극한 외에 다른 것일 수 없다." (『그리스문학 연구』, 253)[249]

이상 인용문에서 '무관심한 즐거움'이라는 구절이 상기시키듯이, 슐레겔은 칸트 미학을 근본적으로 받아들인다. 그에게서 미적 판단은 칸트에게서와 마찬가지로 반성적 판단(개별에서 보편으로 역행하는 판단)이다. 이런 반성판단은 자유로운 것이며 아름다움이란 자유에 의해 일어나는 주관적인 쾌감, 즐거움이다. 반성판단이 가지는 자유로움이 곧 쾌감의 원천이다. 알다시피 칸트는 이런 방식으로 욕망의 충족을 통한 쾌감(욕구의 만족)에서 미의 원천을 찾는 경험적 주관적 미학이나 객관적으로 아름다운 질서(예를 들어 황금분할의 비율)가 존재한다고 보는 합리론적 미학을 비판한다. 하지만 슐레겔과 칸트 사이에는 중요한 차이들이 있다.

---

[249] 앞으로 『그리스문학 연구』 인용 표시는 1935년 쾨르너 판 페이지를 기준으로 한다. Josef Körner, Friedrich Schlegels Neue Phiosophische Schriften, Frankfurt a.M., 1935

첫째로 칸트는 반성판단과 규정판단을 구분한다. 반성적 판단은 개별에서 보편을 찾아내는 우연적인(자유로운) 과정이라면 규정적 판단은 추상적인 보편을 개별적인 것으로 구체화하는 필연적 과정이다. 이 후자는 구상력의 도식화를 통해 일어난다. 미적 판단은 반성적이지만 이론적 판단은 규정적이다. 슐레겔은 이런 구분을 폐지한다. 그에게서 모든 판단은 한편으로 대상에서 개념을 발견하는 반성적인 미적 판단이다. 이는 상상력의 기능이다. 그러나 다른 한편으로 모든 판단은 대상을 산출하는 구성적 과정이며 이는 구상력의 기능이다. 그러므로 미적 판단은 이론적 판단을 내포한다. 이것은 이론적 판단도 마찬가지이다. 이론적 판단 역시 미적인 판단을 내포한다. 미적 판단과 이론적 판단이 동일한 판단력의 양면성이 되므로, 직관과 개념 또는 감각과 오성[250]이 통일되며, 문학은 이미 철학이며, 철학은 또한 문학이 된다.

둘째로 칸트에게서 취미는 감각적 현상이 오성의 개념에로 자유롭게 반성되는 판단이다. 칸트의 취미 개념에 해당되는 것이 슐레겔에

---

250 칸트에게서 오성의 개념은 선험적으로 사용된다는 데 특징이 있다. 칸트는 이성 개념(예를 들어 자유의 개념 등)의 선험적 사용을 거부한다. 즉 이성 개념은 초월적인 개념이다. 반면 슐레겔은 소위 이성 개념 역시 선험적으로 사용될 수 있다고 본다. 그러므로 슐레겔은 선험적 개념인 오성 개념 속에 이성 개념까지 포괄한다. 굳이 구분할 필요가 있는 경우에 오성 개념은 인과적 추상적 개념으로, 이성 개념은 자유의 구체적 개념으로 규정된다. 슐레겔이 굳이 이성이라고 할 때는 그런 포괄적인 의미에서 개념이 형식논리학에서처럼 순수하게 형식적으로 사용되는 경우를 의미한다.

게서 흥미의 개념이다. 하지만 칸트와 다른 점이 있다. 칸트에게서 감각의 물질적 현상 자체는 미적인 판단에 속하지 않는다. 그러나 슐레겔은 감각의 물질적 현상도 반성적인 미적 판단에 속한다. 왜냐하면 감각의 물질적 현상은 이미 어떤 예감을 내포하고 있기 때문이다. 이 예감이란 곧 이성적 전체에 대한 인식이다. 그러므로 감각의 물질적 현상 자체가 반성판단이고 미적인 판단일 수가 있다. 슐레겔에게서 이런 감각적 현상은 자극적인 흥미를 야기한다. 결과적으로 슐레겔의 흥미 개념은 두 가지 요소를 포함한다. 하나는 방금 말한 자극적인 것이고 이고, 다른 하나는 특징적인 것이다. 특징적인 것이란 개별자 속에 들어있는 추상적 일반성(칸트적으로 말한다면 곧 오성적 개념)이다. 이것은 칸트에게서 취미에 속하는 것이다.

셋째로 슐레겔의 미학과 칸트의 미학 사이에 결정적으로 나타나는 차이는 숭고미의 범주이다. 칸트에게서 무한은 양적인 크기의 무한성과 사물의 무규정성으로서의 무한성이다. 칸트는 이런 무한의 현상을 신적인 존재라는 범주에 귀속시키면서 숭고의 감정이 출현한다고 보았다. 이 신적 존재라는 범주는 현실적 대상에는 적용되지 않는 초월적인 이성의 범주이다. 무한의 현상은 그 초월적 범주에 직접 귀속되는 것이 아니라 다만 그 초월적 범주를 간접적으로 환기시킬 뿐이다.

반면 슐레겔에게서 숭고미를 규정하는 범주는 '무한의 범주'이다. 슐레겔에게서 무한성이란 칸트에서와 달리 현상계에 나타나는 생명의 현상과 자유의 현상을 말한다. 슐레겔은 왜 이런 현상들을 무한성의 범주에 귀속시켰는가? 이에 대해서는 곧 다시 설명하겠지만 일반적으로 말해서 그의 무한 개념은 대립의 통일이라는 특징을 지닌다. 그리고 생명과 자유는 이런 대립의 통일이라는 구조를 갖고 있으므로 무한성의 범주에 속하게 된다.

그런데 슐레겔은 이런 무한의 범주를 현상계를 초월하는 범주로 파악하지 않는다. 슐레겔은 무한의 범주를 오성의 범주들과 마찬가지로 현상을 구성할 수 있는 것으로 보았다. 즉 무한의 범주 역시 선험적인 범주에 속한다. 그는 칸트의 오성의 범주 속에 무한의 범주를 집어넣음으로써 오성의 범주를 확대한다. 이런 점에서 칸트에게서 나타나는 취미와 숭고미의 존재론적 차원상의 구별이 슐레겔에게서 폐지된다.

슐레겔의 미학은 칸트 미학에 기초하면서도 이런 두 가지 점에서 칸트의 미학과 구별된다. 슐레겔의 미학의 장점은 이런 원리를 통해서 다양한 미학적인 범주들을 통일적으로 설명하려 했다는 것에 있다.

5) 슐레겔의 미학적 평면

"가장 넓은 의미에서 아름다운 것은 (이것은 숭고한 것, 좁은 의미에서 아름다운 것 그리고 자극적인 것을 모두 포괄하는 것이다) 쾌감을 주는 선의 현상 이다."(『그리스문학 연구』, 288)

"아름다운 것이 선의 현상 가운데 쾌감을 불러일으키는 것이라면 *추한 것*은 악의 현상 가운데 불쾌감을 불러일으키는 것이다."(『그리스문학 연구』, 311)

이상 두 가지 인용문에서 슐레겔은 쾌감을 야기하는 것을 '보편 타당한 대상' 또는 '선의 현상'으로 규정한다. 두 용어의 의미는 동일한 것으로 보인다. 이때 둘 다 매우 포괄적인 의미에서 사용되고 있다. 이 점은 위의 인용문에서 아름다움은 숭고한 것, 좁은 의미에서의 아름다움, 지극적인 것을 포함한다는 설명으로부터 충분하게 짐작할 수 있다. 아래 인용문들을 보면 쾌감을 주는 대상들이 어떤 것들인가를 짐작할 수 있다.

"풍부한 충만에 대립하는 것이 공허이다; 그것은 단조롭고, 획일적이며, 둔한 것이다. 조화란 불균형이나 갈등에 대립한다. ...엄밀한 의미에서 아름다운 것이란 유한한 수의 다양성이 일정한 조건 아래에서 통일을 이루는 현상이다. 그것에 반해서 숭고한 것은 무한의 현상이다; 무한히 풍요롭고 동시에 무한히 조화로운 것이다. "(『그리스문학 연구』, 312)

"숭고한 아름다움은 완전한 향락을 보장한다. 그것에 반해서 숭고한 추함의 결과는...절망이며, 흡사 절대적이고 완전한 고통처럼 보인다. 즉 그것은 도덕상 잘못된 개별적인 상황을 지각하는 경우 발생하는 *불만*...또는 고통이다; 왜냐하면 모든 도덕적으로 잘못된 상황에 부딪히면 상상력은 주어진 소재를 보완하여 무제약적인 부조화라는 생각에 이르기 때문이다. "(『그리스문학 연구』, 313)

이상의 미적 차원을 종합하자면 모든 미학적 개념들은 3차원의 좌표축에 배치될 수 있을 것이다. 각각의 차원마다 미적 반성을 통해서 쾌감과 불쾌감(고통)이 발생한다. 수직축은 충만과 공허이라는 축이다. 이는 물질적 감각의 풍부성에 의해 결정된다. 감각적 자극이 풍부(충만)하면 여기서 흥미가 느껴지며 반면 감각이 공허하고 단조롭다면 지루함이 느껴진다. 이 수직축과 교차되는 수평축이 조화와 불균형의 축이다. 이 축의 한쪽 끝에는 유기적 통일성이 놓여 있다. 다른쪽 끝에는 지리멸렬한 것이 놓여 있다. 유기적 통일성은 숭고의 쾌감을 야기하며 지리멸렬한 것은 고통을 야기하면서 추함을 느끼게 만든다.

슐레겔은 이런 수직축과 수평축이 만드는 미적 평면 속에 또 하나의 축을 도입한다. 이 축은 곧 도덕적 이념의 차원이다. 이 축의 한 끝에는 나의 자유와 타인의 자유가 일치하는 상태이다. 그것은 사회적 자유 또는 인륜적 도덕이 된다. 이 경우 야기되는 쾌감을 통해 객관적 미(좁은 의미에서 아름다운 것)가 성립한다. 반면 다른 끝은 억압과 지배와 같은 악덕이고 여기서는 사회적 분열이 출현한다. 이런 악덕과 분열은 고통을 야기한다. 이것이 도덕적인 추함의 느낌이다.

슐레겔의 미학적 개념이 전개되는 이런 3차원은 작품을 이해하는 기준이 된다. 즉 이 세 가지 좌표축은 작품의 내부를 규정하는 요소들이다. 충만한가 아니면 공허한가는 작품의 소재적 요소이다. 이 소재적 요소의 풍부성이 자극(즉 매력)을 규정한다. 이것의 기준은 다양성이다. 숭고한가 아니면 추한가는 작품의 내적인 통일성을 규정하며 작품 구조의 정합성(통일성)을 규정한다. 이런 형식적 통일성은 예술의 임의적인 형식은 아니다. 이 형식은 곧 작품이 드러내려는 현실의 본질적인 구성방식을 보여준다. 즉 작품의 내적인 통일성은 곧 작품을 통해 형성되는 현실 자체의 내적 통일성을 의미한다. 도덕적 선인가 아니면 도덕적 악인가는 작품의 목적과 정신을 규정한다. 작품은 이런 목적을 가졌을 때 전체성이라는 가치를 지닌다.

슐레겔의 경우 미적인 차원은 단순히 쾌감을 야기하는 차원만 다루는 것이 아니다. 그의 미적인 차원은 불쾌감의 차원도 다루며, 따라서 그의 미학이론은 미에 대한 이론뿐만 아니라 추에 대한 이론조차 포함한다. 미의 축이 세 가지이므로, 추의 개념 역시 세 가지를 포함한다. 즉 작품의 내용이 지루한 경우와 작품의 구조가 불균형적인 경우 그리고 작품의 정신이 도덕적으로 추한 경우이다. [251]

슐레겔은 3차원적 미학 개념들을 통해 심지어 미적 장르들의 개념을 규정하기도 한다. 그는 미적 장르를 조각, 미술과 음악, 문학으로 나눈다. 조각은 감각적 물질성을 도구로 하는 예술이며, 따라서 흥미가 미적 기준이 된다. 문학은 정신이 직접 표현되는 언어적 기호를 도구로 하는 예술이며 따라서 도덕적 아름다움을 표현할 수 있다. 미술과 음악은 조각과 문학 사이의 중간적인 단계의 장르로 규정된다.

6) 근대미학과 고대미학

슐레겔의 미학적 개념들은 각각의 역사적 시대에 고유한 것으로

---

251 지리멸렬이나 악덕은 보통 고통을 야기하지만 논리적으로는 쾌감과 연결될 수도 있겠다. 권태의 미학이나 필름 누와르가 주는 영화미학이 이런 쾌감이 아닐까? 또 형식적 통일성이나 도덕적 보편성이 고통과 연결될 수도 있을 것이다. 예를 들어 귀족적 우아성에 역겨움을 느끼거나 영웅주의에 대한 반발감이 그런 경우일 것이다. 슐레겔의 미학은 예술을 포괄적으로 이해하는 데 도움이 된다.

규정되지만 그 사이에 역사적 발전이 성립하지 않는다. 각각의 시기에 미학적 개념은 성장하고 소멸하며, 다른 시기에는 다른 미학적 개념이 성장하고 소멸한다. 이런 점에서 슐레겔의 미학은 그와 마찬가지로 포괄적인 미학을 시도했던 헤겔과 대조된다. 헤겔은 각각의 미학적 개념들 그리고 심지어 그 개념들을 반영하는 미적 장르들 사이에 역사적 발전의 가능성을 탐구했다.

슐레겔의 미학이 지닌 독특한 역사관은 그리스문학과 근대문학을 전체적으로 이해할 수 있는 기반을 마련해 준다. 『그리스문학 연구』에서 슐레겔은 그리스문학과 근대문학을 대비한다. 그리스문학은 자연적인 문학이다. 반면 근대문학은 인위적인 문학이다. 근대문학은 자연적인 소재를 인간이 지닌 개념으로 구성하려는 충동 가운데서 발전했다. 이런 구성적 충동 때문에 슐레겔은 이를 인위적 문학이라 규정한다. 이런 구성적 충동은 처음 흥미로운 문학으로 출현한다. 그러나 흥미로운 문학은 점차 사회적 자유에 관심을 지닌 객관적 문학으로 발전한다. 흥미가 가장 탁월하게 등장하는 특징성의 문학이 셰익스피어의 연극이다. 반면 객관적인 미 즉 사회적 자유에 대한 관심이 가장 잘 드러나는 대표작이 괴테의 문학이다.

이에 반하여 그리스문학은 자연문학이다. 이는 자연을 관철하는 맹목적인 운명적 힘의 표현이다. 그러므로 추한 가운데서도 힘이 느껴진다. 이 힘은 자연적으로 자기 스스로의 질서를 찾아나가면서 마침내 개인의 자유를 발견한다. 여기서 운명의 힘과 개인의 자유 사이에 조화로운 균형이 형성된다. 이 경우 숭고한 미가 형성된다. 이 과정이 자연 스스로 자발적으로 일어나는 과정이므로 슐레겔은 그리스

문학을 자연문학이라 규정했다. 그리스문학은 호머에서 보듯이 맹목적 운명의 힘이 지배했다. 운명의 맹목적 힘과 개인의 자유 사이의 대립이 가장 적절한 균형을 이루고 있는 문학이 바로 그리스 아테네의 비극이다. 아테네의 비극은 숭고의 미의 대표적인 경우이다.

> "인간 문화에게 최초로 규정하는 충격을 주며, 이를 통해서 걸어가야 할 방향이나 따라 가야할 법칙과 전체 궤도의 최종 목표를 결정하는 것은 자연이어야 하든가 아니면 자유이어야 한다; ...첫 번째 경우에서 문화는 자연적 문화며 두 번째의 경우에 문화는 인위적 문화라 말해 진다; ... 전자의 경우 지성은 가장 연마되는 경우에조차 기껏해야 경향성의 앞잡이든가 번역자에 불과하다; .. 그에 반해서 후자의 경우 지성이 인도하고 법칙을 부여하는 힘이다"(『그리스문학 연구』, 230)

심지어 그는 그리스문학과 근대문학의 약점조차 위에서 설명한 미의 3차원을 통해 명쾌하게 그려낸다. 그리스문학의 약점이라면 객관적 미가 결여한다는 것이다. 많은 그리스문학이 근친상간과 같은 인간의 비도덕적 행위를 공공연하게 승인한다. 반면 근대문학의 경우 숭고미가 부족하다는 것이 커다란 약점이이라고 규정된다. 다시 말해서 근대문학은 조화나 유기적 통일성이 결여된 경우가 많다는 것이다.

각각의 문학이 지닌 이런 약점 때문에 문학은 전체적으로도 순환적이다. 고대예술이 끝 무렵은 근대예술의 첫 무렵과 연결된다. 아테네 비극이 끝난 후 희극이 발전하면서 흥미가 문학을 지배하기 시작한다. 그것이 알렉산드리에서 나타나는 성찰적 문학들의 특징이다.

이런 흥미의 개념은 근대문학으로 발전한다. 그는 근대문학은 이미 다시 고대문학에서 나타났던 추의 미학과 숭고미의 미학을 추구하기 시작했다고 본다. 그는 낭만주의 미학이 추구해야 하는 것은 바로 이런 숭고미의 영역이라고 간주한다.[252]

슐레겔은 또한 예술을 재현예술과 유희예술로 구분한다. 슐레겔의 경우 미학적 판단의 기초를 이루는 상상력은 두 가지 측면을 지닌다. 하나는 현상으로부터 보편적 개념을 찾아내는 상상력이다. 다른 하나는 보편적 개념을 구성하여 구체적인 현상을 창조하는 구상력이다. 상상력에 속하는 것이 재현예술이다. 이 경우 소재는 현실 속에서 주어진다. 반대로 구상력에 속하는 예술이 자유로운 유희로서 예술이다. 이 경우 예술은 고유한 형상을 가상(환상)적으로 창조한다. 재현예술의 경우 아직 자연적으로 주어진 소재의 힘이 압도적이다. 반면 유희예술에 이르면 소재의 힘은 사라지고 내용을 규정하는 정신의 질서가 표면에 등장한다.[253]

"아름다운 예술의 특수한 특성은 규정된 목적이 없이 자유롭게 유희한다
는 것이다; 반면 재현적 예술 일반의 특수한 특성은 재현을 이상화한다

---

252 슐레겔이 근대미학의 종말에 대해 언급한 것은 없다. 하지만 그의 생각을 확장하면 다음과 같이 말할 수 있지 않을까? 즉 근대예술의 끝 무렵은 고대예술의 첫 무렵으로 연결된다. 객관적 미학은 자연의 무한성 즉 충동적인 힘을 발견하게 되면서 추의 미학으로 넘어가게 된다. 예를 들어 오늘날 흥미를 추구하는 포스트모더니즘 문학이 모더니즘의 객관적 미학 다음에 출현하는 것도 이런 맥락이 아닐까?

253 슐레겔에서 재현예술이 흔히 리얼리즘 예술에 해당되는 것이라고 한다면, 아름다움의 예술이 모더니즘의 예술과 부합되는 것으로 보인다.

는 것이다."(『그리스문학 연구』, 241)

근대문학의 전반기 흥미로운 문학이 지배할 당시 재현예술이 지배적이었다고 한다면 후반기 객관적 미에 이르러 구성적 질서가 우위에 등장하면서 유희 예술이 대두된다. 그리스 예술의 경우도 전반기 자연적인 운명이 지배하는 경우가 재현예술에 속한다고 한다면 후반기 인간의 자유가 등장하여 형식적 통일성을 지니게 되는 경우에 유희예술이 출현한다.

전체적으로 보아서 문학은 무한을 추구하는 것으로 규정된다. 그러나 무한의 개념에 두 가지가 있으므로 근대문학과 그리스문학의 구분은 각 문학이 추구하는 무한의 종류에 있어서 구분된다. 그리스문학은 숭고미를 추구한다. 반면 근대문학의 객관적 미를 추구한다. 숭고미는 유기적 통일성으로서의 무한이다. 그것은 생명의 개념에 해당된다. 반면 객관적 미는 사회적인 통일성으로서의 무한이다. 그것이 곧 개인과 사회의 통일성으로 사회적인 자유의 개념이다.

슐레겔은 이런 관점을 통해서 그의 당대에 활발하게 토론되었던 논쟁을 해결하려 한다. 르네상스 이후 고대문학이 부활하면서 고대예술의 아름다운 형식은 예술의 전범이 되었다. 반면 근대문학의 추한 형식들은 고딕적이라면서 비판되었다. 하지만 18세기 말부터 계몽주의가 등장하면서 근대문학이 다시 높이 평가되었다. 근대문학은 도덕적 선, 이상적 사회를 추구하는 이성적인 문학이 되었다. 반면 고대문학은 도덕적 악이 넘치는 비이성적인 문학으로 격하되었다.

이런 논쟁 가운데 슐레겔은 고대문학과 근대문학이 역사적으로 고유한 발전과정 속에 있다고 주장한다. 고대문학은 주어진 운명으로부터 개인의 자유를 향하여 솟구쳐 오르는 과정에 있으므로 그 자체로서 고유한 문학적 가치가 있고 근대문학이 고대문학의 지향성을 그대로 모방할 일은 아니라고 본다. 그는 근대문학이 고대문학을 모방해야 한다면 고대문학 속에 들어있는 정신이어야 한다고 본다. 그 정신은 곧 무한의 정신이다. 그런데 이런 무한의 정신은 근대문학의 경우는 개인의 자의를 넘어서서 사회적인 자유에 이르는 과정을 통해 나타나게 된다. 비록 정신은 같지만 그것이 실현되는 구체적 목표는 달라지는 것이다.

이제 문학이 추구하는 무한과 개별 작품의 관계를 보자. 그 관계는 무한과 개체의 관계이다. 괴테의 상징주의는 무한이 가장 적절하게 표현되는 개체가 있다고 본다. 그것이 바로 상징이다. 그러나 슐레겔에게서 무한과 개체의 관계는 자유로운 상상력에 의한 관계이므로, 무한을 표현하는 가장 적합한 개체 즉 상징이 존재할 수는 없다고 본다. 무한은 어떤 개체를 통해서 표현되지만 그 관계는 상당히 자의적이다. 무한과 개체의 이러한 관계는 상징과 대비되는 알레고리의 관계라고 규정할 수 있다. 그러므로 하나의 개체로 무한을 표현할 수는 없다. 개체의 다양한 종합에 의해서만 즉 그것의 자기부정을 통해서만 그나마 무한에 가까이 다가갈 수 있다. 마치 원에 내접하는 다각형에서 다각형의 수가 증가하면 원에 더욱 가까이 다가가는 것과 같다.

바로 이런 것 때문에 아이러니라는 개념이 성립한다. 아이러니란 결국 원에 가까이 다가가기 위한 다각형의 노력이다. 중요한 것은 개체가 아니며 이런 개체가 자기를 넘어서 가는 과정이다. 개체는 자기 스스로를 부정하면서 그 밑에는 무한이 있다는 것을 즉 궁극적으로는 무한을 추구하는 정신을 드러내려 한다. 아이러니의 문학은 곧 무한의 미학이다.

7) 슐레겔의 무한의 철학

앞에서 우리는 아이러니 개념의 근거가 슐레겔의 미학에 기초하고 있다고 했다. 그의 미학은 근본적으로 상상력과 구상력, 직관과 개념, 감각과 오성의 통일성에 기초하고 있다. 고대문학이 추구했던 숭고미와 근대미학이 추구했던 객관적 미학은 이런 통일성 위에서 역사적으로 위치지어질 수 있었다. 이런 직관과 개념의 통일은 곧 개체와 보편 사이의 통일을 의미하며 이런 통일성이 아이러니의 개념의 근거가 된다. 이제 그의 미학의 토대가 되는 직관과 개념의 통일을 철학적인 차원에서 살펴보기로 하자.

슐레겔의 철학의 출발점은 당시 대부분의 젊은 철학자들(헤겔, 셸링)과 마찬가지로 칸트이었다. 칸트는 개념을 통해 직관을 구성하는 선험적 종합의 원리를 통해 근대 자연과학의 보편성을 정당화했다. 그의 인식론은 관념론과 경험론의 대립을 해결했지만 물자체와 현상계라는 이원론적 대립에 직면했다.

칸트 이후 철학자들은 모두 칸트의 이원론적 대립을 극복하는 문제에 매달렸다. 그의 후계자 모두에게서 칸트의 철학의 이원성을 극복하는 데 결정적 계기가 된 것은 바로 무한이라는 개념이었다. 칸트 『판단력 비판』에서 나오는 무규정성으로서 무한의 개념은 칸트의 후계자들에 의해 새로운 무한의 개념으로 재해석되었다. 이 새로운 무한 개념의 핵심은 생명의 개념에 있다. 이런 재해석은 상당히 정교한 논리적 연쇄를 토대로 한다. 거기에는 연속성 개념과 미적분학의 발전, 그리고 생명의 현상에 대한 이해 등이 고리를 이루고 있다. 긴략하게 그런 개념적 연관 고리들을 살펴보자.

우선 무한이란 칸트에게서 무규정적인 것을 의미했다. 그것은 질적으로나 양적으로 규정되지 않은 것이다. 무규정적인 것이란 연속성과 같은 의미가 된다. 왜냐하면 연속적이란 어떤 것과 그것의 부정이 구분되지 않는 것을 의미하기 때문이다.[254]

그런데 연속성을 다루는 수학이 곧 미적분학이다. 이런 미적분학의 핵심 개념이 곧 연속함수의 '극한'이라는 개념이다. 연속함수의 한 점에서 대립된 두 가지 힘(즉 원심력과 구심력)이 결합되어 있다. 이 대립적 결합이 미분적 힘이 되어 이 힘을 통해(누적적 과정; 적분) 연속함수가 출현한다. 그러므로 연속함수가 연속성을 지니는 이유는 이런 미분적 힘의 결과이다. 이런 단계적 추론을 거쳐서 칸트의 무규정성으로서 무한은 대립의 통일이라는 새로운 무한 개념으로 재해석되었다.

자연 속에 이런 대립의 통일성을 지닌 존재가 있을까? 생명이 바로 그런 대립의 통일성이다. 자연 속의 다른 물체들은 시간의 풍화작용에 의해 서서히 해체되는 것과 달리 생명은 자기의 동일성을 유지

---

254 수학자 데데킨트Dedekind가 연속성을 정의하면서 "수직선을 단절할 때 한쪽은 끝이 있으나 다른쪽은 끝이 없는 것이라"고 했을 때도 이와 같은 의미이다. 부러진 두 직선이 둘 다 끝점을 가지면 서로 명확하게 한정되어 단절과 규정성을 지니게 된다.

한다. 생명은 끊임없는 신진대사 속에서 자기의 동일성을 유지하며 자신의 죽음 뒤에도 자신과 동일한 종을 재생하는 현상으로 간주되었다. 이런 생명의 특징을 개념적으로 파악한다면 질료의 가변성 속에서 형상이 자기 동일성을 유지하는 존재가 된다.

그러면 존재론적으로 볼 때, 가변성 속에 동일성이 어떻게 가능한가? 그것은 소위 헤라클레이토스의 불의 비유를 통해 해석되었다. 즉 불 속에는 생성과 소멸이라는 두 가지 대립된 힘이 균형을 이루고 있다. 두 힘은 각각 끊임없이 변화하지만 그 가운데 균형을 통해 동일성이 성립한다. 생명의 현상 역시 이런 불의 현상이다. 즉 생명에는 두 가지 대립된 힘이 존재한다. 생성하는 힘과 소멸하는 힘이다. 이 대립된 힘들이 균형을 이루면서 생명체의 고유한 형상이 성립한다. 생명이 신진대사를 이루며 종을 재생하는 것은 이런 대립된 두 힘의 균형을 통해서 가능하게 된다. 생명 개념이 이렇게 대립의 통일이라면 생명이 바로 무한한 존재가 된다. [255]

---

255 헤겔이 밝힌 바에 따르면 생명 개념에 대한 이런 해석은 이미 아리스토텔레스에 의해 시작되었다고 한다.(졸저, 『불행한 의식을 넘어서』, 먼빛으로, 2012, 167-171쪽 참조) 아리스토텔레스가 실체라고 한 것은 개별자이면서 동시에 보편자이다. 이 때문에 중세에 걸쳐서 개별 보편 논쟁이 벌어졌다. 헤겔은 아리스토텔레스에게서 실체는 바로 생명을 전제로 한 것이라 주장한다. 왜냐하면 개별자이면서 보편자인 것은 바로 생명체이기 때문이다. 대립의 통일로서 생명의 개념은 중세 스토아 철학을 통해 보존되었으며 근대 이르러 스피노자, 라이프니츠에 의해 다시 소생되었고 괴테를 통해 슐레겔, 셸링, 헤겔에게로 전달되었다.

생명을 통해 자연 속에 무한의 존재가 발견되면서 칸트의 철학에서 획기적인 전복이 일어나게 된다. 칸트에게서 무한 즉 무규정성의 통일은 물자체의 세계에서나 가능했다. 즉 그것을 통일시키는 신적인 존재라는 범주는 초월적인 이성적 범주이었다. 그러나 칸트 이후 생명의 현상을 포섭하는 무한의 범주는 다른 오성의 범주와 마찬가지로 선험적인 범주로 파악된다. 즉 무한의 범주 역시 현상을 구성하는 범주가 된다.

이렇게 칸트가 말한 이성의 범주가 선험적 범주가 되면서 세계는 이제 인과적 세계를 넘어서서 무한한 세계로 즉 생명이 생성 소멸하는 세계로 재해석되었다. 인과적 세계란 이런 생명의 세계의 어떤 한 부분, 표면적인 영역에 지나지 않게 된다. 자연에 대한 뉴턴적 세계관이 전복되었다. 뉴턴적 세계는 고정된 실체(관성적 물체)를 전제로 하고 외부적 힘에 의해 작용하는 세계이다. 그러나 생명의 세계에서 모든 존재는 대립의 통일성을 지닌다. 그 속에서 상승하는 힘과 하강하는 힘, 자신을 수축하는 힘과 자신을 확산하는 힘, 하나로 통일시키는 힘과 다양성으로 분화시키는 힘이 하나로 통일되어 있다. 세계의 모든 것은 이런 대립적 힘의 통일 곧 생명이다. 세계는 이런 생명이 창조하는 세계이다. 이 속에는 개체의 자발적 자유와 전체의 통일성이 동시에 존재한다. 진화는 맹목적이지 않으며 목적론적이며 물질의 인과적 결합은 동시에 새로운 창조가 된다.

세계 속에서 이런 생명은 단계적으로 출현한다. 가장 단순한 물체도 하나의 무한한 생명이며 가장 복잡한 인간 존재, 그리고 그것을 넘어서 사회도 하나의 무한한 생명이다. 다만 무한의 방식, 종류에서 차이가 있다. 자연 물체의 경우 무한한 생명은 물체적 다양성으로 현상하며 그 통일성은 감추어져 있다. 그 결과 물체의 세계는 기계적인 방식으로 작동하는 것처럼 보인다.

반면 가장 복잡한 무한의 경우 즉 사회적 생명의 경우 무한한 다양성은 유기적인 통일성 속에서 출현한다. 이런 유기적 통일성은 나와 타자가 각자 자기의 개체성을 유지하면서도 전체적으로 통일을 이루는 것이다. 이런 유기적 통일성은 자유를 그 특징으로 한다. '자유'라는 개념은 정의상 타자성 속에서 자신을 실현하는 것이며 즉 타자와 나의 존재를 인정하면서도 서로의 동일성이 출현하는 관계이기 때문이다.[256] 그러므로 생명의 운동은 단순한 기계적인 물체로부터 자유로

---

256 이 자유의 개념이 슐레겔이 정치적으로 반동화되는 데 결정적인 계기가 되었다. 개인과 개인의 자유로운 통일, 곧 사회적 자유를 그는 자본주의적 사회질서나 민주주의적인 관계에서 발견하지 못했다. 여기서는 개인과 개인은 대립과 분열 속에 존재할 뿐이다. 그는 중세의 영주와 기사 사이의 관계가 바로 이런 자유로운 개인들의 관계의 원형으로 본다. 영주와 기사는 서로에게 무한히 충실하면서도 자신의 자립성을 잃지 않는다고 한다. 중세의 질서가 자유로운 사회의 원형이라고 파악하면서 슐레겔은 현실의 중세를 떠나 중세를 낭만화하게 된다. 이런 중세의 낭만화로부터 그는 중세적 질서를 지키려는 오스트리아 합스부르크 왕조와 로마 가톨릭의 복원을 주장하게 된다. 당시 슐레겔의 이런 관점은 독일의 낭만주의 운동에 아주 깊은 영향을 주었고, 역사적으로 슐레겔의 철학이 망각되는 결정적 이유가 된다. 슐레겔의 희망과 달리 독일에서는 프러시아 중심의 통일, 근대적 자유주의적 개혁, 그리고 헤겔철학이 지배하게 되기 때문이다. 만일 슐레겔이 현대에 태어났다면 현대 포스트모더니즘이 추구하는 사회를 이런 무한의 개념에서 도출하려 하지 않았을까? 이런 점에서 슐레겔이

운 사회로 발전하는 것이다.

이런 무한 개념은 셸링의 철학이나 헤겔의 철학에서도 출현했다. 마찬가지로 슐레겔 역시 무한 개념을 기초로 자신의 철학을 전개한다. 슐레겔은 이런 무한의 개념을 통하여 피히테의 철학과 스피노자의 철학을 통일시킬 가능성을 발견했다.

피히테의 철학은 자아의 자유의 철학이다. 자아 자체는 내적인 통일성이다. 세계는 이런 자아의 자기 실현에 해당된다. 반면 스피노자의 철학은 자연의 생기[生起]론으로 이해된다. 즉 자연 속에 무한한 다양성이 출현한다. 다양성을 산출하는 힘은 맹목적이다.

그런데 슐레겔은 피히테와 스피노자를 통일시키면서 세계를 자아의 통일하는 힘과 자연의 생기하는 두 힘들의 통일로 파악한다. 따라서 자아의 통일하는 힘의 배후에 이미 자연의 산출하는 힘이 전제되어 있으며, 거꾸로 자연의 산출하는 힘의 배후에는 통일하는 자아의 힘이 존재한다고 본다. 슐레겔은 이런 양면적인 통일성을 통해서 헤겔의 철학과 셸링의 철학도 비판적으로 바라본다. 즉 헤겔의 철학은 피히테의 철학을 기초로 한다고 본다. 그렇지만 슐레겔은 헤겔이 자연의 산출하는 힘을 수용하면서, 자연의 산출하는 힘 역시 자아의 자유에 종속한다고 보았다고 해석한다. 반면 슐레겔은 셸링의 철학은 이와 정반대라고 해석한다. 즉 셸링의 철학은 스피노자의 자연의 생기론을 전제로 하면서 자연은 맹목적이지 않고 통일성을 향한 목적론적 발전을 지향한다고 해석한다는 것이다. 셸링은 자연에 자아의 자

역사적으로 반동에 복무했음에도 불구하고 오늘날 그의 철학이 다시 주목받는 이유가 밝혀진다.

유의 힘을 부여한다. 그는 헤겔과 셸링이 자연과 자아의 통일을 추구했지만 일방의 우위 속에서 통일을 추구했다고 한다. 반면 슐레겔 자신은 자연과 자아의 균등한 통일을 주장한다. 이런 균등한 통일성을 그는 무차별성이라는 개념으로 표현한다.

> "의식과 무한자는 철학의 요소들이다. 이것이 모든 실재의 요소들이다.
> 실재는 둘 사이의 무차별 점이다."(『선험철학』, 6)[257]

슐레겔은 이런 무차별성을 모비우스적 통일성으로 파악한다. 자아에서는 자기 내 통일하는 힘이 전면에 있고 대상을 산출하는 힘은 배후에 있다. 반면 자연에서는 대상을 다양성으로 산출하는 힘이 전면에 있고 대상을 통일하는 힘은 배후에 있다. 세계에서 변화는 이렇게 배후에 있는 힘이 전면으로 등장하는 과정이다. 그러므로 자연은 자아로 전환되며 자아는 자연으로 전환된다. 따라서 자아와 자연은 뫼비우스적인 통일성을 가진다.

이런 관점에서 슐레겔은 칸트에게서 나타나는 자아와 대상, 현상계와 물자체의 세계(즉 초월적 대상과 초월적 자아) 사이의 대립을 해소하고자 한다. 무한의 철학이라는 입장에서는 자아와 대상은 모두 산출하는 힘과 통일하는 힘의 결합체이다. 이 두 힘이 메비우스의 띠처럼 결합되어 있어서, 산출하는 힘이 전면에 나오면 그게 감각적 대상이 되며, 통일하는 힘이 전면에 나오면 그게 자아가 된다. 그러므로 감각적 현상 배후의 초월적 대상이란 자아의 통일하는 힘에 불과

---

257 인용은 『철학강의』, (전집 12권)의 페이지를 기준으로 한다.

하며, 반면 자아의 배후에 있는 초월적 자아란 곧 산출하는 자연의 힘에 불과하다. 결국 자아와 대상, 현상계와 물자체의 세계는 뫼비우스의 띠로 연결되어 있다. 그는 자신의 철학을 다음과 같은 비유로 설명한다.

> "두 대립된 요소로 하나의 원이 그려질 수 있는지를 알고자 하는 자는 곧바로 사태를 다음과 같이 생각할 수 있을 것이다: 원의 중심은 긍정적 요인이다, 반경은 부정적 요소이며 주변의 점은 무차별한 점이다. 무차별한 점에서 긍정적 요인은 자신을 중심에 있는 긍정적 요인과 결합시키려고 노력한다; 그러나 부정적 요소의 힘 때문에 그는 중심에 다가갈 수 없으며, 다만 중심을 선회할 수밖에 없다. 열정이 중심이라면, 회의가 반경이다."(「선험철학」, 10)

슐레겔은 자신의 철학을 관념론으로 규정한다. 그의 관념론은 버클리의 관념론처럼 관념으로 이 세계가 이루어졌다는 의미가 아니다. 그의 관념론은 이원론적 대립을 극복했다는 의미에서 관념론이다. 그러므로 그는 자신의 철학을 실재론으로 표현하기도 한다. 그러나 그는 실재론보다는 관념론이라는 말을 선호한다. 왜냐하면 그는 자연의 존재를 입증할 수는 없지만 관념의 존재는 스스로 입증되기 때문이라 한다. 이때 그는 나의 존재를 의심할 때조차 나는 존재해야 한다는 데카르트적인 논증을 이용한다. 철학은 이런 절대 확실한 원리로부터 시작해야 하므로 자신의 철학을 관념론이라 한다.

8) 슐레겔의 인식론

위에서 우리는 그의 철학체계의 기본원리를 간단하게 설명했다. 그의 철학체계는 두 개의 대립된 개념 즉 자아와 자연이라는 두 개념으로 이루어지며, 대립된 것의 통일이라는 하나의 원리를 통해 전개된다. '두 개의 개념과 하나의 원리'가 그의 철학의 모토이다. 이 모토를 통해 두 개의 좌표축으로 이루어진 그의 철학 평면을 구성할 수 있다. 하나의 좌표가 자아와 자연의 좌표라면 다른 좌표는 이 원리가 실현된 것의 좌표 즉 단순한 것에 복합적인 것으로 전개되는 역사적 좌표이다.

> "두 개의 개념이 일반적인 사유 양식이 토대를 두고 있는 것이다. 이 두 개란 의지의 자유와 자연의 합법칙성이다. 여기에 또 하나의 제3의 개념이 속한다는 것은 확실하다. 그 개념이란 이성의 일반적으로 타당한 근본원리이다."(『선험철학』, 51)

그런데 그의 철학 체계는 구체적인 영역으로 들어가면 각 영역은 다중적인 평면으로 복합적으로 이루어져 있다. 즉 하나의 평면 내부의 부분 평면이 다시 다른 좌표축의 개입으로 복합적으로 되면서 각 영역은 대체로 3개의 좌표축으로 구성되는 3차원 입체를 이루고 있다. 이런 3차원 입체는 이미 앞에서 슐레겔의 미학의 영역에서 확인된 바가 있다. 이런 특징은 인식의 영역에서도 마찬가지로 드러난다. 슐레겔의 인식의 영역도 3차원으로 이루어진다.

슐레겔의 경우 인식은 칸트의 선험적 종합의 원리로부터 시작한다. 그는 칸트의 이 원리를 그의 철학의 근본원리인 무한의 개념을 통해 재구성한다. 즉 칸트에게서 개념에 의한 직관의 구성은 도식을 매개로 하는 연역적인 구조를 갖는다. 이것이 칸트의 선험적 연역이다. 칸트는 이 연역이 가능하기 위해서는 자기의식의 통일작용과 구상력의 종합작용이 필요하다고 했다.

칸트에게서 분리되어 작용하는 두 힘 즉 자기의식과 구상력을 슐레겔은 동일한 판단력의 두 측면으로 본다. 슐레겔은 이런 선험적 연역의 구조를 쌍방향적으로 재해석한다. 즉 개념과 직관의 관계는 이중적이다. 하나는 통일(다양한 성질을 하나의 개념에 귀속하는) 과정이다. 다른 하나는 산출(개념들의 결합을 통해 하나의 대상을 산출하는) 과정이다. 통일의 과정은 상상력에 의해 이루어진다. 이 과정은 자유로운 반성의 과정이다. 즉 무한의 힘 가운데 자기 내 복귀하는 힘의 작용이다. 반면 산출의 과정은 구상력에 의해 이루어진다. 이 과정은 연역적 과정이다. 이는 무한 가운데 자기를 산출하는 힘이다. 칸트의 구상력/자기의식의 쌍이 슐레겔에게서는 상상력/구상력의 쌍을 통해 재해석되었다.

이 두 개념이 결합하는 원리가 전개되면서 직관과 오성이 나온다. 직관은 가장 낮은 단계의 구상력이라 했다. 그러므로 직관은 외적인 직관인 것처럼 보인다. 그런 외적인 직관은 칸트에게서 보듯이 현상 넘어 사물 즉 물자체를 전제로 한다. 그러나 슐레겔에게서 직관의 원인으로서 물자체는 사실 앞에서 설명한 대로 자아 즉 '우리 자신Wir Selbst'에 불과하다. 이런 '우리 자신'이 사물 속에 내면화(기억; erinnern)되면서 마치 현상을 넘어 물자체로 주어지는 것처럼 보인다. 그러므로 직관은 실상 '우리 자신'에 대한 직관이며, 따라서 슐레겔은 이를 정신적 직관이라 한다.

그는 이처럼 직관에서 대상화되어 나타나는 '우리 자신'을 사물이 아니라 우리 자신이라는 점에서 '너Du'라고 명명한다. 그것은 나와 똑같은 것은 아니다. 나는 유한한 자아이다. 반면 이 대상은 '우리 자신' 즉 무한한 자아이다. 그러므로 나와 동일한 거울상이 아니라 나와 대립하는 또 하나의 자아 즉 '대상화된 자아gegen sich', '너'라고 말한다.

이런 정신적 직관을 통해 얻는 것은 상Bild이다. 이미 직관에서 낮은 단계이지만 구상력이 작용한다. 그러나 그것이 직관이라는 제한 속에 나타나므로 '너' 자체로 드러나는 것이 아니라, 대상성을 가진 것 즉 관념적 상이라는 형태로 나타난다. 이렇게 정신적 직관에 나타나는 것이 구체적인 감각적 상이므로 이 정신적 직관은 곧 미적(아름다운 fein 이라는 의미가 아니라, 심미적 aethethic)인 직관에 해당된다. 이 상은 '너'가 직관에 나타난 것이며 따라서 대상처럼 나타난 것이기에 슐레겔은 이를 '대상화된 사물 gegen Ding'이라 말한다. 이런 상이 지시하는 것, 곧 그 의미는 배후에 있는 자기 자신 즉 '우리 자신'이다. 이 상은 우리 자신을 가리는 껍질이다. 이 껍질 때문에 '우리 자신'은 모호한 상으로, 대상적인 상으로 나타난다.

이렇게 직관이 이미 '우리 자신'에 대한 직관이므로, 여기서 가장 낮은 단계의 자기의식 즉 확실성, 즉 '자기에 대한 느낌Selbstgefühl'이 주어진다. 이 느낌은 직관 속에 주어지는 것이기에 모호하게 주어질 뿐이다. 하지만 이미 이런 느낌 속에 전체의 진리가 주어진다. 따라서 그는 이런 느낌은 전체로 향한 길을 암시하는 것 즉 예감Ahnung을 준다고 한다.

슐레겔은 이런 예감에 충실하기 위해서는 의지가 필요하다고 한다. 그 의지는 곧 신앙Glauben이다. 그것은 초월적 존재로서 신에 대한 신앙이 아니라 직관 속에 주어지는 '우리 자신'에 대한 신앙이다. 이런 신앙은 유한한 자아를 따르는 것이 아니다. 그것은 자아 속의 느낌을 통해 주어지는 예감을 따르는 것이다. 신앙은 우리 자신에 대한 느낌을 신뢰하는 것이다. 이런 신앙이 직관을 진리에로 인도할 것이다. 이런 신앙을 통해 우리는 진리를 향해 자기 자신을 내던진다.

9) 오성과 사랑

슐레겔에게서 오성은 이성과 대립된다. 둘 다 개념의 능력이지만 슐레겔에서 이성은 다만 형식적인 개념이고, 그것은 외적으로 주어지는 대상에 외면적으로 관계한다. 그러므로 이런 이성은 공허하다. 이런 이성을 그는 '수동적 사유das leidende Denken'라 한다. 이런 이성은 형식논리학에서 사용되는 이성이다. 반면 오성은 구상력의 최고 단계 즉 대상을 구성(산출)하는 가장 극한적인 능력이다. 슐레겔에서 오성은 이런 점에서 칸트의 선험적 범주의 능력인 오성과 동일한 역할을 수행한다. 이런 오성은 칸트가 말한 오성의 인과적 개념을 포함하며 동시에 칸트가 이성의 범주라 간주했던 목적론적 자유의 개념도 포함된다.

이런 오성에 의해 구성되는 개념은 단순히 개별적인 개념이 아니다. 그 개념은 다른 개녀들과 유기적으로 구성된 개념이며 따라서 하나의 체계 속에 들어있는 개념이다. 이 체계는 사물을 선험적으로 규정하는 유기적 체계, 생동적인 체계이다.

직관이 전체를 예감하지만 그 예감은 주관적인 것에 그치는 것과 달리 오성의 경우 추상화된 개념을 사용하므로 이 개념의 체계는 누구에게나 전달가능한 것이 되며 따라서 보편적이다. 그러므로 오성은 '공동적인 사유gemein Denken'로 규정된다. 이런 개념의 체계는 직관에서 주어진 상Bild 속에 느낌으로 제시되는 '우리 자신'을 분절된 언어, 기호화된 언어로 언표하며 이런 언어는 정신의 직접적인 표현이므로 모호한 의미를 명확하게 표현한다.

오성이 직관에 다가가는 과정은 구상적이다. 즉 오성은 개념을 체계적으로 구성하여 하나의 대상을 구성하려 한다. 그런데 슐레겔은 이런 개념의 체계와 이야기를 구분하지 않는다. 왜냐하면 이런 오성의 개념체계는 그 배후에 이미 상상력이 작용하기 때문이다. 그러므로 이런 구상력의 작용을 슐레겔은 '시작(詩作;dichten)'이라고 한다. 때로 그는 이 구성적 능력을 위해 환상Phantasie(자유로운 가상의 유희) 능력이라는 말을 사용하기도 한다. 시작은 이런 환상의 능력이다. 이런 시작 능력이 구성하는 이야기가 곧 '서술darstellen'이다.

직관의 느낌이 다가가야 할 원에 해당된다면 개념의 체계는 그것을 표현하는 다각형에 해당된다. 개념의 체계는 끊임없이 변화되면서 더욱 더 직관에 다가가려 한다. 그러나 개념의 체계는 영원히 그 직관의 느낌에 이를 수는 없다. 시의 능력은 끝없는 완성 즉 직관의 느낌을 향하여 다가가지만 영원히 직관에서 주어진 것을 이야기하지 못한다. 바로 이런 점 때문에 오성은 끊임없이 다시 직관으로 돌아가 그것에 기대고 그것에 의존한다. 그러나 오성을 인도하는 직관의 에감은 다만 어두운 예감(직관)으로서 출현할 뿐이다. 오성은 이 어두운 예감에 대한 신앙 즉 자기 자신의 기투 위에서 성립한다.

개념의 체계를 통한 인식은 감각적 직관 속에 내재된 어두운 예감을 구현하고 이를 명시적으로 표현한다. 이런 명시적인 표현이 있기에 직관이 가진 오류의 가능성이 배제된다. 그러므로 슐레겔은 오성의 능력을 회의의 능력이라 말하기도 한다. 이 회의는 직관에 대한 회의가 아니라 오성이 수립한 체계 자체에 대한 회의 즉 자기 자신에 대한 회의, 자기부정에 속한다. 오성의 자기부정은 이를 통해 진정한 진리 즉 직관의 느낌이 밝혀지는 것이므로 오히려 긍정적인 역할을 수행한다. 여기에 지적 인식, 회의의 적극적인 기능이 존재한다.

오성적 인식은 어두운 예감 없이 작동할 수 없다. 이런 어두운 예감이 없다면 개념의 체계는 공상적인 것, 자의적인 것에 그치고 말 것이다. 어두운 예감이 있으므로 오성의 인식은 자신의 방향을 찾아나갈 수가 있다. 그러므로 슐레겔에게서 직관과 오성, 느낌과 회의, 구체적 상과 이야기(즉 이미지와 말)은 하나로 통일되어야 한다. 따라서 문학은 철학이며 철학은 문학이 되어야 한다. 바로 이와 같은 직관과 오성의 관계, 신앙과 회의의 관계가 앞에서 설명한 미적인 아이러니 개념의 철학적인 토대가 된다.

슐레겔은 이런 상상력의 두 대립된 개념과 그 결합인 직관과 오성으로 이루어지는 평면에 또 하나의 축을 개입시킨다. 그것은 인간의 의지의 축이다. 이 의지의 축은 무규정적인 충동으로서 동경(Sehnsucht)으로부터 규정적인 목표를 향한 기계적 충동(자유로운 욕망)을 거쳐 규정적이면서 자유로운 추구 즉 사랑이라는 순수의지로 향한다. 슐레겔의 경우 인식은 이미 이런 실천적인 의지의 축에 의해 깊은 영향을 받는다. 이 관계에서 칸트에게서 인식이 실천에 대해 우위이라면 슐레겔에게서는 실천이 인식에 대해 우위이다. 즉 그에게서 인식은 실천적인 노력 즉 사랑을 향한 노력에 의해 영향을 받는다. 이런 사랑의 노력이 없다면 인식은 높은 단계로 발전할 수 없다.

> "의식의 단초는 사랑 속에 있다. 바로 사랑을 통해서 지극한 곤란과 모순을 해결하는 것이 가능하게 된다. 지금까지 가장 탁월한 관념론자와 지적인 철학자들조차 이를 제쳐놓았다. 그들의 본질적인 오류는 인간의 실천적인 능력과 이론적인 능력을 분리한다는 데 있다."(「철학의 발전」, 373)[258]

10) 무한의 미학을 향하여

슐레겔의 존재론은 존재를 두 가지 대립된 힘의 통일로 파악하는 헤라클레이토스에서 스피노자로 이어지는 전통을 계승한다. 이 전통 위에서 자아의 이면은 자연이며, 자연의 이면은 자아이다. 양자는 뫼비우스적인 통일체를 이룬다. 이 통일체가 바로 무한한 존재이다. 이런 통일적 존재론 위에서 그는 인식론적으로 직관과 개념, 감각과 오성의 균형을 추구한다. 직관에서 주어진 예감이 진리를 인도하며, 오성의 개념 체계를 통한 회의가 오류를 제거한다. 슐레겔의 이런 존재론과 인식론은 결국 감각에 치중하는 미학과 오성에 기초한 철학의 통일을 요구한다. 문학은 철학이 되어야 하고 철학은 문학이 되어야 한다. 이런 가운데 슐레겔의 미학은 무한의 미학을 전개한다.

---

258 『철학의 발전』 역시 전집 12권을 인용한다.

슐레겔의 미학은 현대에 이르기까지 엄청난 영향을 미쳤다. 그의 아이러니 미학은 50년대 개념미술의 아방가르드적 미학의 기초로 이해될 수 있으며 그가 말한 감각적 물질적 미학은 최근 들뢰즈가 전개하는 감각적 미학의 원류로 이해될 수 있다. 그 뿐만 아니라 우리는 그이 미학적 체계를 통해서 지금까지 위치시키기 곤란했던 다양한 미학의 자리를 찾아 줄 수 있을 것으로 본다.

그의 미학이 지닌 미덕은 여기에 그치지 않는다. 그의 미학은 현대의 아방가르드 예술인 모더니즘과 포스트모더니즘을 예고하고 있다. 아방가르드 미학은 그 동안 시대의 조류로서 받아들여져 왔을 뿐 그것이 지닌 미학적 토대는 거의 밝혀지지 않았다. 우리는 슐레겔의 미적 개념들의 근거가 되는 그의 철학과 미학을 통하여 현대 아방가르드주의의 미학을 이해하는 단서를 얻을 수 있을 것으로 보인다.

슐레겔의 철학과 미학이 지닌 이런 엄청난 가능성에도 불구하고 그의 철학과 미학은 거의 연구되지 않았다. 그것은 그가 정치적으로 범한 오류 때문이다. 역사는 그를 중세를 낭만화하는 그의 기대를 무시했다. 또 한 가지 그의 저서가 엄밀한 개념 사용과 철저한 서술이 결여한다는 사실도 그의 철학이 간과되게 만든 원이라 하겠다. 그는 그의 형 아우구스트가 말했듯이 체계적 서술보다는 단편적인 경구를 좋아했던 철학자이다. 이런 점에서 그는 후일 체계를 거부하는 니체의 선구자가 되지만 유감스럽게도 그를 이해하기 어렵게 만드는 요소가 된다. 그의 철학과 미학에 대한 본격적인 연구를 위한 자그마한 디딤돌이 되기를 기대하며 이 글을 마친다.

그리스 문학 연구

초판 1 쇄 인쇄　2015년 3월 21일
초판 1 쇄 발행　2015년 4월　4일
지은이　이병창
펴낸곳　먼빛으로
주소　151-050 서울특별시 관악구 봉천동 865-2
세종오피스텔 716호
전화　070 8742 5830
팩스　051 980 0609
이메일 bclee1972@gmail.net
법인 617-91-76607
ISBN 978-89-963381-6-1